"十三五"规划民航特色专业统编教材

民航服务概论

MINHANG FUWU GAILUN

主编 辜英智 刘存绪 魏春霖

 四川大学出版社

责任编辑:何　静
责任校对:周　颖
封面设计:墨创文化
责任印制:王　炜

图书在版编目(CIP)数据

民航服务概论/辜英智，刘存绪，魏春霖主编.
—成都：四川大学出版社，2017.8
"十三五"规划民航特色专业统编教材
ISBN 978－7－5690－1108－1

Ⅰ.①民… Ⅱ.①辜… ②刘… ③魏… Ⅲ.①民航运输－商业服务－高等学校－教材 Ⅳ.①F560.9

中国版本图书馆CIP数据核字（2017）第208650号

书名	民航服务概论
主　编	辜英智　刘存绪　魏春霖
出　版	四川大学出版社
地　址	成都市一环路南一段24号（610065）
发　行	四川大学出版社
书　号	ISBN 978－7－5690－1108－1
印　刷	郫县犀浦印刷厂
成品尺寸	185 mm×260 mm
印　张	17
字　数	278千字
版　次	2017年10月第1版
印　次	2020年9月第5次印刷
定　价	45.00元

◆读者邮购本书，请与本社发行科联系。
电话:(028)85408408/(028)85401670/
(028)85408023　邮政编码:610065

◆本社图书如有印装质量问题，请
寄回出版社调换。

◆网址:http://press.scu.edu.cn

版权所有◆侵权必究

"十三五"规划民航特色专业统编教材编写指导委员会

主　　编：辜英智　　刘存绪　　魏春霖

编　　委：李筱浉　　顾建庄　　杨　军　　刘志惠
　　　　　罗娅兰　　李清霞　　冷　静　　胡启潮
　　　　　马秀英　　黄孟颖　　王俊雷　　李　目
　　　　　魏　薇　　王　平　　吴　易　　石文娟
　　　　　魏　庆　　黄怡川　　陈　刚　　何珊珊
　　　　　张　闪　　罗致远　　李宛融　　王志鸿
　　　　　李潇潇

前　言

2017年2月，中国民用航空局、国家发展和改革委员会、交通运输部联合发布了《中国民用航空发展第十三个五年规划》，明确了"十三五"时期民航发展的五大任务，包括确保航空持续安全，构建国家综合机场体系，全面提升航空服务能力，努力提升空管保障服务水平，以改革创新推动转型发展等。随着中国民航业的高速发展，民航服务人才需求量增大，民航服务专业就业前景广阔。为培养具有较高专业应用水平，综合素质优秀，熟练掌握民航服务理论和基本技能，符合民航业发展需要的复合型、技能型、应用型的高级航空服务专业人才，在大力发展高等职业教育的同时，各级部门和高等院校重视发挥教师的积极性与创造性，鼓励和支持教师编写具有高职教育特色和民航服务特色的教材。

四川东星航空教育集团从2007年创建伊始，就致力于为中国民航培养高素质的航空服务类专门人才。集团旗下的成都东星航空旅游专修学院汇集了一大批热爱民航的专兼职教师，聘请了行业专家指导办学。2011年，学院组织校内教师及校外专家学者，编写了"十二五"规划航空服务专业共计14门课程的统编教材，由四川大学出版社正式出版发行。这套教材在使用过程中，得到了广大师生与同业专家的一致好评。但是，伴随着我国民航业突飞猛进的发展，"十三五"规划对我国民用航空发展提出了新理念、新要求，人民群众对航空安全便捷出行方式有了新期盼，原有教材已不能满足新时代对航空人才培养的需求。

2016年，四川东星航空教育集团成立了"十三五"规划民航特色专业统编教材编委会，启动了对"十二五"规划航空服务专业统编教材的全面修订工作。按照"理论联系实际，图文并茂，与时俱进，科学发展"的

思路，经过近一年多的辛勤工作，这套"十三五"规划民航特色专业统编教材即将付梓，由四川大学出版社正式出版。本系列教材包括《民航服务概论》《民航服务礼仪》《民航实用英语》《民航服务心理学》《民航安全检查基础》《民航物流基础概论》等16种，参与编纂的人员有李筱泇、顾建庄、杨军、刘志惠、罗娅兰、李清霞、冷静、胡启潮、马秀英、黄孟颖、王俊雷、李目、魏薇、王平、吴易、石文娟、魏庆、黄怡川、陈刚、何珊珊、张闪、罗致远、李宛融、王志鸿、李潇潇等。辜英智、刘存绪、魏春霖对全书进行了审读、统稿并定稿。

在本系列教材的编写过程中，四川大学出版社的编辑提出了许多宝贵的意见，航空业界的学者与同行专家提供了有益的思路，相关学者的文章和专著提供了实用的信息，在此一并致以诚挚的谢意。相对于我国高速发展的民航服务业，本书还难以概其全貌，疏漏不妥之处在所难免，恳请读者批评指正。

编写组
2017 年 8 月

目 录

第一章 总 论 …………………………………………………… (001)
　第一节 民用航空的基本概念 …………………………………… (001)
　　一、民用航空在航空业中的位置 …………………………… (001)
　　二、飞行器和航空器的概念与分类 ………………………… (002)
　　三、民用航空的定义与分类 ………………………………… (003)
　　四、民用航空系统的组成部分 ……………………………… (005)
　第二节 世界民航发展概况 ……………………………………… (007)
　　一、民用航空的萌芽 ………………………………………… (008)
　　二、民用航空的发展 ………………………………………… (012)
　　三、民用航空的全球化、大众化 …………………………… (015)
　第三节 中国民航发展概况 ……………………………………… (016)
　　一、旧中国时期 ……………………………………………… (017)
　　二、新中国时期 ……………………………………………… (018)

第二章 飞机基础常识 …………………………………………… (024)
　第一节 飞机的分类与结构 ……………………………………… (024)
　　一、飞机的分类 ……………………………………………… (024)
　　二、飞机的基本结构 ………………………………………… (024)
　第二节 飞机的动力装置 ………………………………………… (037)
　　一、活塞式发动机 …………………………………………… (038)
　　二、喷气式发动机 …………………………………………… (041)
　第三节 飞机电子仪表系统 ……………………………………… (047)
　　一、飞行控制仪表系统 ……………………………………… (047)

　　二、飞机综合电子控制系统…………………………………（049）
　　三、导航系统……………………………………………………（051）
　　四、通信系统……………………………………………………（053）
 第四节　飞机的其他系统……………………………………………（055）
　　一、液压、气压传动与刹车系统………………………………（055）
　　二、燃油系统……………………………………………………（057）
　　三、电气系统……………………………………………………（060）
　　四、照明系统……………………………………………………（061）
　　五、飞机座舱环境控制系统……………………………………（063）
　　六、防冰、防雨系统……………………………………………（066）
　　七、防火系统……………………………………………………（068）
　　八、客、货舱设备………………………………………………（069）

第三章　飞行基本原理………………………………………………（073）
 第一节　大气的基本性质……………………………………………（073）
　　一、大气的组成…………………………………………………（073）
　　二、大气分层……………………………………………………（074）
　　三、大气物理参数………………………………………………（076）
　　四、国际标准大气………………………………………………（077）
　　五、飞行高度的确定……………………………………………（079）
　　六、大气与飞行安全……………………………………………（080）
 第二节　飞机的飞行原理……………………………………………（084）
　　一、空气动力学与流体原理……………………………………（084）
　　二、升力产生原理………………………………………………（088）
　　三、飞机上的作用力……………………………………………（091）
 第三节　飞机的飞行过程……………………………………………（092）
　　一、滑行和起飞阶段……………………………………………（092）
　　二、爬升阶段……………………………………………………（094）
　　三、巡航阶段……………………………………………………（095）
　　四、下降阶段……………………………………………………（095）
　　五、进近和着陆阶段……………………………………………（095）

  第四节 飞机的飞行控制……………………………………………（096）
    一、飞机的平衡性…………………………………………………（096）
    二、飞机的稳定性…………………………………………………（099）
    三、飞机的操纵性…………………………………………………（101）

第四章 机 场…………………………………………………………（103）
  第一节 民用机场概述……………………………………………（103）
    一、机场发展历史…………………………………………………（103）
    二、中国民用航空港发展概况……………………………………（104）
    三、机场的分类……………………………………………………（105）
    四、航空港在经济发展中的作用…………………………………（106）
    五、航空港的选址…………………………………………………（107）

  第二节 航空港的构成……………………………………………（108）
    一、飞行区…………………………………………………………（108）
    二、候机楼区………………………………………………………（114）
    三、地面运输区……………………………………………………（117）

  第三节 机场的管理和运行…………………………………………（118）
    一、机场的管理体制………………………………………………（118）
    二、我国机场的管理模式…………………………………………（120）
    三、机场的运行……………………………………………………（120）
    四、民用机场与航空公司的关系…………………………………（127）

第五章 空中交通管制…………………………………………………（129）
  第一节 空中交通管理概述………………………………………（129）
    一、空中交通管理的任务…………………………………………（129）
    二、空中交通管理机构……………………………………………（130）
    三、飞行间隔标准…………………………………………………（131）

  第二节 空中交通管制服务………………………………………（133）
    一、机场管制………………………………………………………（134）
    二、进近管制………………………………………………………（135）
    三、区域（航路）管制……………………………………………（136）
    四、程序管制………………………………………………………（137）

　　五、雷达管制……………………………………………………（139）
　　六、空中交通管制的移交…………………………………………（142）
　　七、空中交通通信、通话及其使用的语言、时间………………（143）
　第三节　飞行情报服务………………………………………………（144）
　　一、航图……………………………………………………………（144）
　　二、航行资料………………………………………………………（145）
　　三、气象预报………………………………………………………（146）
　　四、雷达情报服务…………………………………………………（146）
　第四节　空域规划与空中交通流量管理……………………………（147）
　　一、空域规划管理…………………………………………………（147）
　　二、空中交通流量管理……………………………………………（150）
　第五节　空中交通管制设施及新航行系统…………………………（152）
　　一、空中交通管制设施……………………………………………（152）
　　二、新航行系统（CNS/ATM）概述……………………………（155）
第六章　民航运输………………………………………………………（161）
　第一节　民航运输概况………………………………………………（161）
　　一、交通运输业的性质……………………………………………（161）
　　二、航空运输的特点………………………………………………（164）
　　三、航线及航线网的建立…………………………………………（165）
　第二节　民航旅客运输业务…………………………………………（168）
　　一、民航旅客运输市场……………………………………………（168）
　　二、航班组织………………………………………………………（169）
　　三、客票销售………………………………………………………（171）
　　四、航空公司收益管理……………………………………………（176）
　　五、航班座位管理…………………………………………………（178）
　　六、值机与行李运输………………………………………………（179）
　　七、特殊旅客运输…………………………………………………（185）
　第三节　民航货物运输业务…………………………………………（189）
　　一、航空货物运输的特征…………………………………………（189）
　　二、航空货物运输的有关规定……………………………………（192）

  第四节 航空运输企业……………………………………………（197）
    一、航空运输企业的经营特征………………………………（197）
    二、航空运输企业的组织和运营……………………………（198）
    三、中国航空运输保障企业…………………………………（199）
    四、航空联盟…………………………………………………（200）

第七章 通用航空……………………………………………………（203）
  第一节 概 述……………………………………………（203）
    一、世界的发展情况…………………………………………（203）
    二、我国的发展情况…………………………………………（205）
    三、通用航空企业的组织形式………………………………（206）
  第二节 农业航空……………………………………………（208）
    一、概况………………………………………………………（208）
    二、农业航空的任务…………………………………………（208）
    三、农业航空的装备…………………………………………（212）
    四、农业航空的发展和面临的问题…………………………（213）
  第三节 工业航空……………………………………………（214）
    一、概况………………………………………………………（214）
    二、航空观察和探测…………………………………………（215）
    三、航空作业…………………………………………………（217）
  第四节 驾驶员培训…………………………………………（219）
    一、概况………………………………………………………（219）
    二、民航驾驶员的分级和培训要求…………………………（219）
    三、飞行训练设备……………………………………………（220）
    四、驾驶员训练的进展………………………………………（221）
  第五节 公务航空和私人航空………………………………（222）
    一、公务航空…………………………………………………（223）
    二、私人航空…………………………………………………（225）
  第六节 通用航空的空域使用和未来发展…………………（226）
    一、通用航空的空域使用……………………………………（226）
    二、发展前景…………………………………………………（227）

　　三、自由飞行设想和小型飞机运输系统……………………………(227)
附录一　中国主要机场三字代码………………………………………(230)
附录二　国内主要航空公司二字代码…………………………………(237)
附录三　国内主要航空公司性质、总部、主运营基地、IATA 代码
　　　　以及机型……………………………………………………(238)
参考文献……………………………………………………………………(259)

第一章 总 论

第一节 民用航空的基本概念

一、民用航空在航空业中的位置

航空业在发展初期只是一个单一的行业,随着航空制造技术的不断进步和航空活动在各个领域的不断开展,航空业在 20 世纪 20 年代逐渐形成了三个相对独立而又紧密联系的行业:航空器制造业、军事航空和民用航空。

航空器制造业也称航空制造业,是整个航空业的基础,旨在制造出适用于各种目的、各种条件的航空活动的航空器以及相应的配套设备,是所有军事航空活动和民用航空活动赖以进行的先决条件。航空制造技术是高度综合的现代科学技术,对人类社会生活影响巨大,是衡量一个国家科学技术水平、国防力量和综合实力的重要标志。

军事航空是为了保卫国家、维护国家安定而进行的军事性质的航空活动。其主要组成部分为空军航空活动,如保卫国家领空、歼灭入侵之敌等军事航空任务。除此之外,警察、海关使用航空器执行任务的航空活动也属于军事航空范畴。军事航空是国防的重要组成部分。

民用航空则是使用航空器从事民间性质的活动。第二次世界大战后,民用航空运输迅速成长为一个庞大的行业,它是交通运输业的重要组成部分，对国民经济的发展有着巨大的贡献。

二、飞行器和航空器的概念与分类

（一）飞行器

在地球大气层内或大气层之外的空间（太空）飞行的器械统称飞行器。飞行器通常可分为三类：航空器、航天器、火箭和导弹。

在大气层内飞行的飞行器称为航空器，如气球、飞艇、飞机等。主要在大气层之外的空间飞行的飞行器，称为航天器，如人造地球卫星、空间站、航天飞机、载人飞船等。航天器在运载火箭的推动下获得必要的速度进入太空，然后在引力作用下完成与天体类似的轨迹运动。

靠火箭发动机提供推进力的飞行器，称为火箭。它可以在大气层内飞行，也可以在大气层之外飞行。它不靠空气静浮力，也不靠空气动力，而是靠火箭发动机的推力升空。有时，火箭单指火箭发动机。

依靠制导系统控制其飞行轨迹的飞行武器，称为导弹。导弹有主要在大气层之外飞行的弹道导弹和装有翼面在大气层内飞行的地空导弹、巡航导弹、空空导弹等。导弹的动力装置可以是火箭发动机，也可以是涡轮喷气发动机或冲压发动机。每类导弹都可以按用途或射程大小再予以细分。导弹与火箭通常只能使用一次，人们往往把它们归为一类。

（二）航空器

能在地球大气层内进行可控飞行的飞行器统称航空器。任何航空器都必须产生大于自身重力的升力才能升入空中。

根据升力产生原理的不同，航空器可分为两大类：一类为轻于空气的航空器，主要依靠空气静浮力升空；另一类为重于空气的航空器，主要依靠空气动力克服自身重力升空。

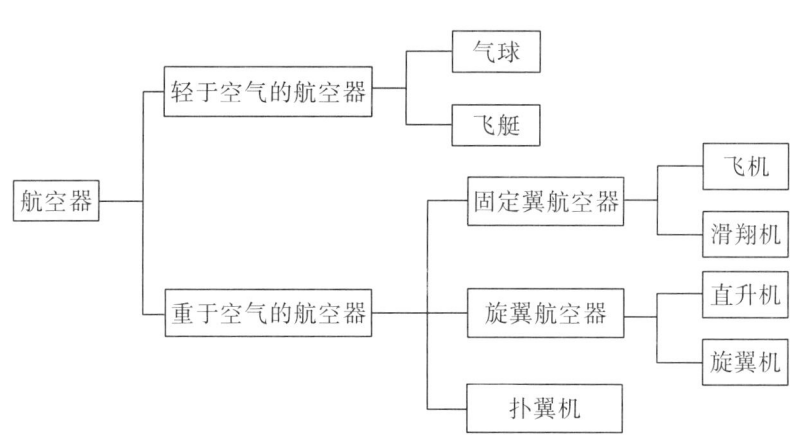

图1-1 航空器的分类

三、民用航空的定义与分类

民用航空简称民航，泛指使用各类航空器从事除了军事性质（包括国防、警察和海关）以外的所有的航空活动。

民用航空是航空业的一部分，同时"使用航空器"界定了它和航空制造业的区别，"非军事性质"表明了它和军事航空的不同。

民用航空包括两大组成部分，一是商业航空，一是通用航空。

（一）商业航空

商业航空，也称航空运输，指使用航空器进行经营性客货运输的航空活动。"经营性"表明商业航空是一种以盈利为目的的商业活动；同时，它又是一种运输活动，是交通运输的组成部分，与铁路运输、公路运输、水路运输和管道运输共同构成了国家立体交通运输体系。与其他运输方式相比，尽管航空运输在运输量方面相对较小，但其具备快速、高效的运输特点及远距离运输的能力，因而在经济全球化的浪潮中和国际交往上发挥着不可替代的、越来越大的作用。

（二）通用航空

航空运输作为民用航空的一个部分划分出去之后，民用航空的其余部分统称通用航空。通用航空包罗万象，涵盖内容广泛。

按照国际民航组织（ICAO）的分类，通用航空可以划分为航空作业和其他类通用航空两个部分。

1. 航空作业

航空作业是指使用航空器进行专业性工作或提供专业性操作，为工业、农业以及其他行业服务的航空活动，在我国也称专业航空。具体可以分为下列几类。

（1）工业航空

工业航空是指使用航空器进行与工矿业有关的各种专业活动，如航空摄影、航空遥感、航空测绘、航空物探、航空吊装、海上采油、航空环境监测等。这些领域运用先进的航空技术，完成了许多以前难以完成的任务或无法进行的工程。例如，现在蓬勃发展的海上采油业就是借助航空器进行相关勘测，并依靠航空器实现交通和后勤保障的。其他如地图测绘、矿藏勘探等都是因为使用了航空技术而显著提高了工作效率。

（2）农业航空

农业航空是指使用航空器为包括农、林、牧、渔等在内的行业提供航空服务的活动，如森林防火灭火、除虫、除草、播撒树种、喷洒农药等。其作业效率和作业效果是其他任何方式都无法比拟的。

图1-2　海上石油平台　　　　　　图1-3　农业航空喷洒农药

（3）航空科研和探险活动

包括新飞机的试飞、新技术的验证，以及使用航空器进行的气象天文观测和相关探险活动。

（4）航空技术在其他领域的应用

主要如巡逻、搜救、医疗等，再如空中广告作业、空中考古等。航空技术在更多的领域和行业中得到了广泛应用。

2. 其他类通用航空

其他类通用航空指除了以上各类航空作业活动之外的各种航空活动。常见的有以下几类。

（1）公务航空

公务航空是指大型企业、事业单位以及政府单位等自备航空器为其自身业务服务的航空活动。由于企业规模的扩大，跨国公司的出现以及航空器的普及，公务航空器越来越多，公务航空已成为通用航空的一个重要组成部分。

图 1-4　湾流 G550　　　　　图 1-5　湾流 G550 内部

（2）私人航空

私人航空是指私人拥有航空器进行的航空活动。在一些航空强国，私人使用航空器进行交通或娱乐活动，已经成为一种中高层人士的时尚。在这些国家，私人飞机的数量占飞机总量的绝大部分。随着我国经济的迅速发展，在一些沿海发达地区也逐渐出现了私人航空。

（3）飞行训练

飞行训练是指以培养各类飞行人员（军事航空飞行人员除外）为目的而进行的航空活动。多见于飞行学校及民间飞行俱乐部。

（4）航空体育活动

航空体育活动是指使用各类航空器进行的体育和娱乐活动，如跳伞、滑翔伞运动、热气球飞行及航空模型运动等。

四、民用航空系统的组成部分

从组织结构看，民用航空系统由以下四大部分组成。

（一）政府部门

民用航空业对安全的要求相对较高，涉及国家主权和外事交往的事务多，要求各板块迅速协调、统一调度，因而几乎各个国家都设立了独立的政府机构来管理民用航空事务。我国是由中国民用航空局负责管理。其管理的主要内容如下：

①负责民用航空各项法规、条例的制定与监督执行。

②对航空企业进行规划、审批和管理。

③对航路进行开辟规划和管理控制，并进行日常空中交通管理，保障空中飞行安全。

④研发、制造民用航空器及相关技术装备，出台技术审核及发证标准，监督管理民航安全，调查处理民航飞行事故。

⑤代表国家进行国际民航的交往、谈判，参加国际民航组织，监督外国航空企业在我国的活动，维护国家利益。

⑥对民航机场进行统一规划和业务领导。

⑦制定民航各岗位工作标准，对民航各类从业人员进行培训、业务考核并颁发相应执照。

（二）民航企业

民航企业指参与民航业有关活动的各类企业，其中最主要的是航空运输企业，即我们常说的航空公司。航空公司使用航空器从事生产运输，是民航业生产收入的主要来源。其他类型的航空企业，如从事航油供应、航材销售等业务的企业，都是围绕着航空运输企业开展活动的。航空公司的业务主要分为两个部分：一是航空器的使用（飞行）、维修和管理，一是公司的经营和销售。航空公司必须安全飞行和占有一定份额的市场，才能获得利润。

（三）民航机场

机场是民用航空活动和社会活动的结合点，机场也是一个地区的公众服务设施。因此，机场既带有赢利的企业性质，也带有为地区公众服务的事业性质。世界上大多数机场是地方政府管辖下的半企业性质的机构。

主要为航空运输服务的机场通常称为航空港，或简称空港。使用空港的一般是较大的运输飞机，空港要有为旅客提供配套服务的区域（候机楼）和相应的服务设施。

（四）参与通用航空各类活动的个人和企事业单位

一般包括飞行学校、通用航空公司、为通用航空服务的各类企业、航空研究单位、航空体育活动单位以及拥有飞机的个人和企事业单位等。该群体活动形式多样，涵盖内容广泛，其存在有利于满足人们对航空活动的多种需要。

民用航空系统是一个庞大而复杂的系统，既有事业性质的政府机构，又有企业性质的航空公司和半企业性质的空港，以及大量的参与通用航空活动的个人和团体。民用航空事业的和谐、快速发展需要这四个部分协调运行。

第二节　世界民航发展概况

飞行是人类对自身和自然界的挑战，也是人类有史以来不断追求的夙愿。

人类征服天空的历史始于神话传说。在古希腊和古罗马的神话中，众神都长有翅膀，或拥有飞车（飞鹰）作为坐骑。《圣经》里详尽描写的耶和华乘坐的飞行器，还被一些学者看作是外星人的飞船。阿拉伯著名故事集《一千零一夜》中也有许多飞行的神话，如《阿拉丁神灯》中可飞行百里的巨毯，反映了人们对跨海越山飞行的渴望。

在航空发展方面，意大利著名学者、艺术家达·芬奇（1452—1519）是世界公认的航空先知。达·芬奇的航空学研究可以分成三大部分。第一部分是飞行理论和飞行原理。达·芬奇通过对鸟类飞行的观察、解剖和试验，做了大量对鸟类飞行原理的研究，并提出人类有能力仿制一种机器来模仿鸟的全部运动。第二部分是关于飞行器的稳定和控制。达·芬奇认为在研究鸟的飞行的同时，还必须研究鸟的飞行环境，即流动的空气对鸟的飞行的影响。第三部分是飞行器设计。达·芬奇设计过扑翼机、降落伞和直升机。达·芬奇大约在1485年设计了第一架扑翼机，并在研究手稿上绘制过降落伞的草图；同时，他还在一张草图上画出了直升机设计图，并第一次阐述了直升机飞行原理。

图1-6 达·芬奇

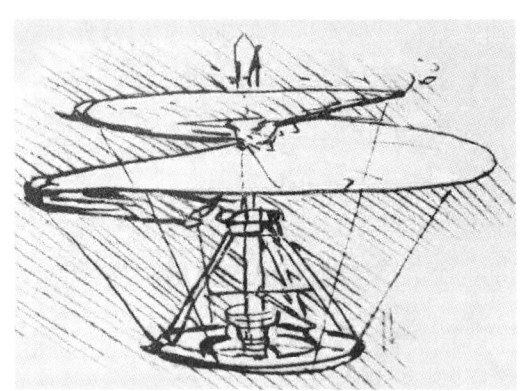
图1-7 达·芬奇设计的直升机草图

一、民用航空的萌芽

（一）航空先导——从气球到飞艇

18世纪后期，西方研究者们在研究扑翼飞行器失败后，转而开始研制轻于空气的飞行器——气球。气球比飞机早一百多年问世，成为人类征服天空的先导。首次成功实现热气球载人升空的是法国的蒙特哥菲尔（Montgolfier）兄弟。

1. 热气球飞行成功

法国人蒙特哥菲尔兄弟——哥哥约瑟夫·米歇尔·蒙特哥菲尔和弟弟雅克·艾蒂尔·蒙特哥菲尔本以造纸为生，一天，他们在面对自家壁炉时突生疑问：为什么烟、火星和许多固态物质能平稳地从烟筒中消散出去？可不可以将带动它们的"气体"收集起来，从而使一个类似气球的东西升起来呢？兄弟二人用麻布和纸制成一个直径达10米的热空气气球，以燃烧湿稻草和碎羊毛产生的热空气充满气球，经过多次实验和改进，于1783年6月4日在法国昂诺内省首次升空，轰动全国。

1783年9月19日，蒙特哥菲尔兄弟奉命为国王路易十六表演，他们在气球下吊了一个笼子，里面放了绵羊、公鸡和鸭子，实现了8分钟升到450米高度并飞行3200米，最后降落在一处树林中。这是载人飞行前用动物所做的搭乘飞行实验。这只热气球被公认为世界上第一个热空气气球。

同年11月21日，法国人罗齐埃和达尔朗德乘坐蒙特哥菲尔兄弟制造的热气球在巴黎上空飘行了25分钟，最后平安降落在距起飞地约9千米处。这是人类使用航空器进行的首次载人飞行。

图1-8　蒙特哥菲尔兄弟　　图1-9　蒙特哥菲尔兄弟制造的热气球

2. 有动力可操纵的飞艇

气球只能在空中随风飘荡而不能控制前进的方向，于是带有动力并可以人为操纵的气球——飞艇应运而生。飞艇是轻于空气的航空器发展的必然结果。

1852年，法国人亨利·吉法尔制成了人类历史上第一艘部分可操纵的飞艇。该飞艇呈雪茄烟形，长44米，最大直径12米，以一台2.2千瓦的蒸汽机作为动力装置，驱动一副三叶螺旋桨，并设有方向舵，人员和发动机均装在吊舱内。1852年9月24日，亨利·吉法尔驾驶这艘飞艇由巴黎飞到特拉普，航程28千米。这是人类历史上首次成功的飞艇载人飞行，人类有了可操纵的有动力的航空器。

19世纪末至20世纪初，飞艇的发展进入全盛时期。早期的飞艇都是软式或半硬式结构。19世纪末铝问世后，开始运用于飞艇的骨架制作，薄铝板成为气囊的外壳，硬式飞艇出现。1900年，德国的齐伯林伯爵的硬式飞艇完善了操纵系统，飞艇成为第一种空中交通工具。第一次世界大战后，齐伯林公司先后制造了两艘巨型飞艇——"齐伯林伯爵号"和"兴登堡号"，运营欧洲到美洲的商业航线。1937年，"兴登堡号"在从德国飞往美国途中发生爆炸，36名乘客遇难，飞艇的商业飞行从此结束。

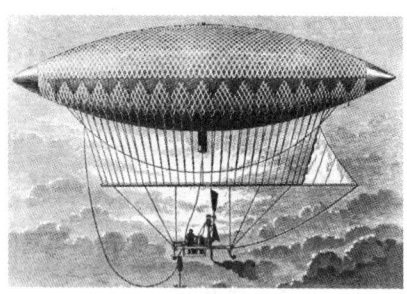
图1-10　亨利·吉法尔制造的飞艇

图1-11　"兴登堡号"硬式飞艇

（二）飞机之父与"飞行者一号"

在飞机发明前，许多先驱曾为研制人类第一架飞机进行过努力，甚至献出了自己的生命。在莱特兄弟的历史性飞行之前，各类滑翔机是当时世界上最先进的飞行器，是现代飞机诞生的基础。

现代飞机的发明人被认为是美国的莱特（Wright）兄弟——哥哥威尔伯·莱特和弟弟奥维尔·莱特。莱特兄弟自幼对飞行怀有浓厚的兴趣，曾潜心观察和研究鸟的飞行，制作风筝和竹蜻蜓，阅读有关飞行试验的新闻和报道。他们刻苦钻研飞行先驱科学家的著作，在前人一百多年的探索经验中加入了自己的研究成果，研制出"飞行者"号飞机并试飞成功，开创了人类航空新时代。

1903年12月17日，这是一个载入史册的日子。在美国北卡罗来纳州的一块空地上，莱特兄弟正在准备对他们制造的"飞行者一号"进行第一次试飞。

上午11时左右，发动机经过暖机后，弟弟奥维尔·莱特在飞机上俯伏就位。发动机启动后，飞机开始向前滑动。由于不时有大风迎面吹来，哥哥威尔伯·莱特一只手扶着飞机的翼尖跟着飞机向前跑，不让飞机有太大的晃动。飞机的滑行速度越来越快，威尔伯·莱特放开了手，"飞行者一号"晃晃悠悠地升到了空中。

这次飞行留空时间只有短短的不到1分钟，飞行距离只有微不足道的

36.6 米，但它却是人类历史上有动力、载人、持续、稳定和可操纵的重于空气的飞行器首次成功升空并飞行，具有十分重要的历史意义，标志着人类征服天空的梦想开始变为现实，开创了现代航空新纪元，莱特兄弟也因此被誉为"飞机之父"。

图 1-12　莱特兄弟

图 1-13　"飞行者一号"的试飞

"飞行者一号"采用了一副前翼和一副主机翼，并且都是双翼结构，用蒙皮木支柱和张线联结而成。一台汽油活塞发动机被固定在主机翼下的一个翼面之上，机翼后面安装着左右各一副双叶螺旋桨，机尾是一个双翼结构的方向舵，用来控制飞机的方向，而飞机上下运动则由前翼来操纵。飞机没有起落架和机轮，只有滑橇式的着陆装置。起飞时飞机装在滑轨上，用带轮子的小车拉动和辅助弹射起飞。驾驶员俯伏在主机翼的下机翼中间，拉动操纵绳索的手柄操纵飞机。飞机翼展达12.3 米，翼面积47.4 平方米，机长6.43 米，连同驾驶员在内总重约360 千克。发动机由莱特自行车公司的技师查理·泰勒设计制造，能够产生9 千瓦的功率。

1904 年 1-5 月，莱特兄弟制造了"飞行者二号"飞机，性能有了很大提升。1905 年又制造了"飞行者三号"。它在试验中留空时间多次超过20 分钟，距离超过30 千米。10 月 5 日的试飞取得的最好成绩是飞行时间38 分钟，飞行距离38.6 千米。"飞行者三号"共飞行了50 次，全面考察了飞机的重复起降能力、倾斜飞行能力、转弯能力和完全圆周飞行能力、"8"字飞行能力。这些难度较大的机动飞行和有效操纵表明，这架飞机已具备实用性，被视为第一架实用飞机。

莱特兄弟在人类航空史上有三大贡献：

（1）首次在有动力的飞机上完成持续的、可操纵的飞行，并降落于起飞的地面（1903年12月17日）。

（2）首次制造成功实用的动力飞机，可以完成起飞、直线飞行、转弯和"8"字盘旋等飞行动作，并能安全地着陆（1905年秋）。

（3）首次制造和试飞了可以载客的实用飞机（1908年）。

（三）民用航空雏形初现

1903年莱特兄弟发明飞机后，不到十年的时间，试图将飞机应用于航空运输的努力就已经开始了。

首次国际航行是在1909年，法国飞行家布莱里奥（Louis Bleriot）驾驶自行研制的飞机成功飞越40千米宽的英吉利海峡降落，历时37分钟。

首次货运飞行是在1910年，美国飞行员菲利浦·帕马利受莫尔豪斯貂皮公司的委托，驾驶莱特B型双翼机，将一批丝织品从代顿运往哥伦布。这可以算作是第一次航空货运。

首次邮政飞行是在1911年，英国皇家海军中校温德哈姆请法国飞行员亨利·佩凯驾驶飞机，把一批信件从印度的阿拉哈巴德市带往奈尼·章克申。每封信附加航空邮费约合2.5便士。

首次航班飞行是在1914年，美国著名长途飞行员托尼·贾纳斯驾驶"伯努瓦"号水上飞机，搭载一名乘客，开始从圣彼得斯堡到坦帕的第一次航班飞行。航线全长31千米，航行时间约20分钟。

在第一次世界大战前，这些使用简陋的飞机进行的航空客货运尝试尚处于摸索阶段。第一次世界大战后，随着航空技术的成熟，民用航空才迅速发展起来。

二、民用航空的发展

（一）民用航空的初创

1914—1918年发生的第一次世界大战使得大部分民用航空飞行被迫停止，各国的航空技术力量都集中起来为战争服务。战争使航空技术有了突飞猛进的发展。在战前，飞机可以说尚处于实验阶段；但当战争结束时，飞机已成为现代战争中不可缺少的武器，它的运载能力、飞行速度有了很大提高。飞机生产能力也大大增长，由战前的每年几十架达到战后的数千架甚至上万架。

随着第一次世界大战的结束，新生的航空工业遇到了打击，一方面是战时遗留下来大量的军用飞机，另一方面是战时形成的大量的过剩生产力。过剩危机使欧洲航空事业陷入了困境。欧洲和美国的航空企业和飞行员开始思考民用航线的开辟。

第一次世界大战后，各工业发达国家都开始走上了建立民航产业的历程，大量军机被改装为客机。1919年初，德国首先开始了国内的民航运输。同年8月，英国和法国开通了定期的空中客运业务。经过几年的努力，遍布欧美的空中航线网已基本建成，欧洲各国创办的航空公司也如雨后春笋般出现。

也正是在第一次世界大战结束后的巴黎和会上，法国政府建议草拟一个航空公约，作为巴黎和约的一部分，后来有38个国家签署了这一公约。这就是《巴黎公约》，世界上第一部国家间的航空法。随后欧洲的几个航空公司组建了国际航空运输协会（IATA），目的在于促进国际航空的发展。

1919—1939年这20年是民航初创并发展的年代。民用航空迅速从欧洲发展到北美洲，然后普及到亚洲、非洲、拉丁美洲。

（二）喷气时代的到来

1939—1945年爆发的第二次世界大战中断了民用航空的发展，但战争再度使航空技术取得质的飞跃，为战后民用航空运输业的兴旺发达奠定了基础。

1945—1958年民用航空经历了恢复和大发展的时期。这一时期，民用航空的发展主要表现在以下几个方面：

第一，国际航空迅速发展。1944年，54个国家在美国芝加哥签署了《国际民用航空公约》（《芝加哥公约》）。这个公约成为现代世界国际航空法的基础。根据该公约，在1947年成立了国际民航组织（ICAO），从此在世界范围内有了统一的民用航空管理和协调机构。各个国家随即建立相应的民航主管机构，代表政府参加这一国际组织，民用航空从此变成了有

统一规章制度的世界范围的行业。在此基础上,国际航空业务迅速发展起来。到 2000 年,全世界有 185 个国家参加了这一组织。

第二,机场和航路网等基础设施大量兴建,使民用航空由过去的点线结构向面上发展,逐步形成了一个全球范围的航空网。

第三,直升机进入民航服务,成为民航的又一种主要航空器,开辟了民航的新领域。

第四,喷气式客机的研制进入了实用阶段,为民航第二阶段的发展准备了条件。

喷气式发动机的出现和应用,为民航飞机的喷气化奠定了基础。第二次世界大战末期和战后不久,英国、美国、苏联等国就将喷气式战斗机和喷气式轰炸机推向了实用化。后来,喷气式发动机进入民用飞机领域,为民航的发展带来革命性的变化:喷气式发动机不仅使民航飞机的速度提高了一倍,而且使飞行高度提高到 11 千米左右的平流层,同时增强了航程的安全性、舒适性,提高了载客量。

喷气式飞机是 1939 年在德国首先出现的。1949 年,英国成功试飞第一架喷气式客机"彗星(Comet)号",1955 年苏联也成功试飞图 104 喷气式客机。美国波音公司生产的波音 707 客机被公认为商业上最成功的干线喷气式客机,它使喷气式客机真正得到了全世界的认可。1954 年,波音 707(编号 367-80)原型机试飞成功。

1958 年美国的波音 707 和 DC-8 投入航线使用,标志着喷气航空新时代的到来。作为喷气时代的代表机种,波音 707 装有 4 台喷气式发动机,飞行速度为每小时 900~1000 千米,航程可达 12000 千米,乘客最大运载量为 158 人。

图 1—14 波音 707

喷气时代的到来,使得全球民航业发生了变化。首先,对于航空公司来说,由于喷气式飞机的出现,远程、大众化和廉价的航空运输成为可能,在巨大的需求和利润驱使下,航空公司积极地开拓市场,参与国际竞争。发达国家出现了大量航空公司,发展中国家也把参与国际航空市场竞争作为国家尊严和地位的象征,全力支持航空公司的发展,民航事业一片繁荣。其次,对于机场系统来说,由于喷气式飞机的尺寸、重量、噪声带来的问题,旧的机场已不适合使用,于是,改造旧机场,兴建新机场,满足不断增大的客流、货流,成为一个难以间断的过程。时至今日,这个过程仍在继续。第三,对航空管理系统的各部分来说,从空中交通管制到航路建设、航行情报,都要紧跟喷气时代的速度和容量,因而整个系统都在进行改造和更新。

总之,1958年开始的民用飞机喷气时代是民航发展的一个新的阶段,它标志着民航进入了全球的、大众化运输的新时代。

三、民用航空的全球化、大众化

20世纪70年代开始,民航继续朝着大型化和高速度的方向发展,呈现出全球化、大众化的特点。世界各国放宽了对民营航空企业的经营控制,通过一系列的安全法规使之按市场经济的法则展开竞争,航空企业迅速成长、壮大。大型航空公司跨国联合组成集团，通过代码共享、开放天空来争夺国际市场上的更大份额。

巨型化民航飞机的研发和投入航线是这一民航发展阶段的时代产物。1970年波音747巨型宽体客机投入航线。2005年空中客车A380首航，2007年第一次进行商业飞行。

图1-15　波音747

图1-16　空客A380

时至今日，民航已经成长为一个巨大的国际性行业，对一国国民经济的发展乃至世界经济的发展都有着举足轻重的影响，各国的政府和企业都对民航进行了大量的投资，把它作为一个有着巨大潜力的行业来开拓。

展望未来，民航作为一个整体系统，要在结构上和运营上继续适应全球一体化的要求，不断加强技术改进，继续降低价格，在保证旅客安全的同时开发更多的服务内容，节能减排，保护环境。民航将迎来一个更加繁荣的发展阶段。

第三节　中国民航发展概况

风筝起源于中国，是中国古代劳动人民实现飞行梦想的杰出贡献之一，被英国博物馆称为"中国的第五大发明"。

风筝的飞行原理与滑翔飞机和固定翼飞机的飞行原理相同，所不同的是，固定翼飞机多了推进系统。风筝在性质上属于重于空气的飞行器，具有良好的空气动力性能。风筝产生升力的原理：当迎面的风吹到倾斜的动力面上,就会产生一个向后、向上的空气动力,地面上的牵引克服一部分向后的阻力和一部分向上的升力,余下的一部分向上的升力支持风筝的重量,使它上升,而余下的一部分拉力则使风筝向前飞翔。风筝传到西方后,启迪了西方的众多航空先驱。

中国古代的"孔明灯"被公认为热气球的鼻祖,中国也因此成为最早懂得利用热空气获得升力原理的国家。18世纪,"孔明灯"逐渐流传到西方,在法国巴黎的一次博览会上,观看"孔明灯"表演的人群中就有蒙特哥菲尔兄弟。

一、旧中国时期

近代中国人真正开始走向天空,是从冯如开始的。12岁就随父漂洋过海来到美国谋生的冯如目睹了美国先进的工业。1903年,当得知美国莱特兄弟发明飞机后,冯如预见到了飞机在军事上的价值,于1907年在旧金山以东的奥克兰设立飞机制造厂,于1909年正式成立广东飞行器公司,自己任总工程师。当年,公司便投入飞机制造。1910年7月,冯如根据寇蒂斯"金箭"和莱特兄弟的"飞行者一号"制造了一架飞机,并于同年10—12月驾驶它在奥克兰进行飞行表演且大获成功。1911年2月,冯如谢绝国外的高薪邀请,带着助手及两架飞机回到中国。辛亥革命后,冯如被广东革命军政府委任为飞行队长。1912年8月25日,冯如在广州燕塘的一场飞行表演中不幸牺牲,被追授为陆军少将,遗体被安葬在黄花岗并立碑纪念。冯如被誉为"中国首创飞行大家""中国航空之父"。

图 1—17 冯如和"冯如一号"

图 1—18 冯如

中国其他著名的航空先驱者，还有创造了水上飞机世界飞行高度纪录后回国筹建广东航空学校的谭根，以及造出了由宋庆龄随机试飞成功的"乐士文"号的杨仙逸等。

自从有了飞机以后，中国人便开始了对中国航空事业的艰难探索。

1910年，清政府在北京南苑修建了机场、飞机修理库和简易跑道，北京南苑机场成为中国历史上的第一座机场，至今已经有一百多年的历史。1913年，北洋政府从法国购进了12架教练机，在南苑建立了中国第一所正规的航空学校——南苑航空学校，前后培养出一百多名飞行员。1918年，北洋政府成立了筹办航空事宜处，这是中国近代最早的民用航空管理机构。1919年以后，北洋政府先后从英国、法国、美国购买爱佛罗、高德隆和道济等各种型号飞机135架，开始建立空军和发展民航事业。1920年5月，一架飞机从南苑机场携带邮件飞往天津，开始了中国民航和航空邮件的首航，南苑机场逐渐成为中国北方的民航重要基地。

1929年，国民政府与美国合办的中国航空公司在南京宣告成立。1931年，国民政府与德国合办的欧亚航空公司成立，后发展为中央航空公司。

1937年，日本开始全面侵略中国，中国航空公司从上海撤至汉口，欧亚航空公司从上海撤至西安，两家公司所有上海通向各地的航线全部停航。抗日战争期间，中国航空公司在"驼峰航线"上完成了大量空运任务，对中国抗日战争和国际反法西斯战争做出了巨大贡献。1945年8月15日，日本宣布无条件投降，抗日战争取得最后胜利。中国航空公司、中央航空公司把公司总部陆续迁往上海。

随着解放战争的爆发，1948—1949年，中国航空公司和中央航空公司又陆续迁往香港。

二、新中国时期

（一）创立发展，艰难前行（1949—1978）

1949年，中华人民共和国成立，拉开了新中国民航事业发展的序幕。在旧中国民航基础薄弱的背景下，新中国民航开始了艰难前行。

1. "两航"起义

1949年11月9日,在中国共产党直接领导下,中国航空公司总经理刘敬宜、中央航空公司总经理陈卓林代表两家公司在香港的员工宣布起义,脱离国民党政权,接受中央人民政府的领导。在缺乏地面导航及气象保障的困难条件下,冒着可能遭到国民党空军袭击的危险,两航总经理等人乘坐潘国定机长驾驶的CV-240型飞机由香港直飞北京,其余11架飞机(包括3架C-46型飞机、8架C-47型飞机)由陈礼达机长带队从香港直飞天津,史称"两航"起义。

"两航"起义是对国民党在政治上、军事上的沉重打击,是具有重大意义的爱国举动,为新中国的建设,特别是新中国民航事业的建设和发展,提供了技术、人才、设备等多方面的重要条件。

图1-19 部分"两航"起义人员

2. 民航局的建立

中华人民共和国成立后,面临着复杂多变的国内外形势和连续不断的政治运动,民航管理领导体制几经变迁。

1949年,中共中央做出建立民航事业的决定,同时决定在人民革命军事委员会下设立民用航空局。1952年5月,中央军委、政务院决定将民航归空军建制,并将民航行政管理和业务经营分开,改设民航局作为行政领导机构,设民航公司为经营业务的机构。1954年11月,中国民航局直属国务院领导。1958年2月,中国民航局划归交通部领导,后改为交通部民航总局。1962年4月,恢复为国务院直属局。1969年11月,国务

院、中央军委批准并转发中共民航总局委员会《关于进一步改革民航体制和制度的报告》，决定把民航划归中国人民解放军建制，成为空军的组成部分，各项制度按军队执行。以上管理体制的变迁都是根据当时政治、经济和社会发展的形势做出的决定。

在中华人民共和国成立之初，我国仅有12架小型飞机，12条短程航线和40个能起降小型飞机的简易机场，运输总周转量仅150多万公里，旅客运量仅1万人。新中国民航事业初创发展，艰难前行。

（二）改革开放，全面发展（1978—1988）

十一届三中全会以后，中国进入改革和发展的新时期，中国民航事业进入全面发展阶段，机场建设、航空运输、机群更新、适航管理、航线布局、航行保障、飞行安全、人才培训、通用航空等方面都取得了很大的成绩，开创了中国民航发展史上崭新的局面。

1980年3月，国务院、中央军委发出《关于民航总局不再由空军代管的通知》，决定民航总局成为国务院的直属局。同一天，《人民日报》发表题为《民航要走企业化的道路》的社论，指出民航是国家的重要运输部门，是一个企业单位，要按照办企业的方针来经营管理。民航业要打开新的局面，必须走企业化的道路。民航业进入了一个以企业化为中心，改革、发展全面展开的新的历史时期。

1. 以开放姿态加速与国际接轨

1980年5月，由中国民航北京管理局与香港中国航空食品有限公司合资经营的北京航空食品有限公司正式成立，这是我国批准的第一家中外合资企业。同年9月，中国加入《关于制止非法劫持航空器的公约》（《海牙公约》）和《关于制止危害民用航空安全的非法行为的公约》（《蒙特利尔公约》）。

1981年3月，中国民航加入国际电信协定并正式启用该协会的加布里尔自动订座第一系统，中国民航所有国际航班实现计算机自动订座，标志着中国民航与国际民航的全面接轨。

1984年9月，全国所有省会城市实现民航班机通达。

2. 民航体制改革全面展开

1987年1月30日，国务院批准中国民航局《关于民航系统管理体制改革方案和实施步骤的报告》。根据政企分开、减少管理层次和简政放权的原则，将原民航局、地区管理局、省（区、市）局和航空站四级管理改为民航局和地区管理局两级管理，组建六家骨干航空公司，并将机场和航务管理分开。

（1）把原政企合一的地区管理局的政府职责部分分离出来，组建专一的行政机构——民航地区管理局，即民航华北、华东、中南、西南、西北和东北六个地区管理局。六个地区管理局是管理地区民航事务的政府部门，领导和管理各民航省（区、市）局和机场。

（2）把原政企合一的地区管理局中属于企业或事业性质的单位独立出来，组成实体，使其成为具有法人资格的自主经营、自负盈亏的经营管理单位，如组建航空公司、机场公司、航空油料公司等。这一阶段组建的六家国家骨干航空公司是中国国际航空公司、中国东方航空公司、中国南方航空公司、中国西南航空公司、中国西北航空公司、中国北方航空公司。此外，以经营通用航空业务为主，兼营航空运输业务的中国通用航空公司于1989年7月成立。同时组建北京首都机场、上海虹桥机场、广州白云机场、成都双流机场、西安西关机场和沈阳桃仙机场。除此之外，中国民航空中交通管理局、中国航空油料总公司及地区公司、中国民航乌鲁木齐管理局、中国航空结算中心、中国民航计算机中心等单位也相继成立。民航政企分开的新的管理体制和格局逐步形成。

3. 全面推动民航事业发展

20世纪80年代，中国民航大量引进欧美先进飞机，机群更新速度加快。1980年至1983年，中国民航购买了波音747、波音737、麦道80等现代化机型。1985年至1987年，中国民航又购买了波音767、波音757、空中客车A310、图154等机型飞机一百多架，中国民航在拥有运输飞机方面达到了国际民航的先进水平。至1987年底，中国民航已拥有各型号生产用飞机402架，其中起飞全重60吨以上的运输机104架。中国民航运力、技术结构和人员知识结构等发生了重大变化，为20世纪90年代民航业的飞速发展奠定了物质技术基础。

1980年4月，中国民航总局因国内航班不断增加，决定航班号由三位升为四位。

同时，机场建设规模进一步扩大，民航运输量出现新的增长。

至1987年，中国民航共开辟航线327条，通航里程387102千米，比1978年增长1.6倍。航空运输总周转量达到20.2亿吨公里，旅客运输量和货物邮件运输量为1310万人次和29.87万吨，分别比1978年增长5.8倍、4.6倍和3.6倍。

（三）从民航大国走向民航强国（1988年至今）

随着中国社会经济的发展和民航体制改革的进行，中国逐渐成长为世界民航大国。到2002年底，中国民航飞机总数1095架；全国开通航线的民用运输机场143个，全国所有省会城市、直辖市、自治区首府（不含台湾地区）及沿海开放城市和主要旅游城市都拥有设施较齐全的民用机场；国内航线已达1015条，国际航线161条。

党的十六大之后，中国进入全面建设快速增长时期。中国加入WTO，对外开放进一步全方位扩大，与世界各国在政治、经济、科技、文化等方面的联系日益密切。经过几十年的建设和发展，中国已成长为民航大国。

在2008年的全国民航工作会议上，中国民用航空局正式提出全面建设民航强国的战略构想。根据国民经济和社会发展以及参与国际竞争的需要，中国民航局确定了三大战略，即持续安全战略、大众化战略、全球化战略，并把实施这三大战略作为推进民航强国建设的突破口。

第一，实施持续安全战略，就是始终把安全工作放在第一位，通过强化职责，提升素质，完善法规，改进监管，改善设施装备，提高管理水平，使中国民航百万飞行小时事故率保持在航空界、政府和公众可接受的范围以内，实现持续安全发展。

第二，实施大众化战略，就是使民航从提供高端型消费向满足大众的经济型消费扩展，让社会大众能够享受到安全、便捷、经济的航空客货运服务，增强民航服务的覆盖能力，实现"县县通、及时达"。

第三，实施全球化战略，就是要充分利用全球化市场、全球化资源，重点是加大力度"走出去"，使更多的航班飞出去，构筑全球航线网络；更多的资金投出去，形成国际竞争海外桥头堡；更多的标准打出去，扩大国际影响力，为国家对外经济贸易政策和国际政治交往的总体战略服务。

通过扩大和深化开放，加强与民航发达国家的交流与合作，把更多、更好的东西"引进来"。

2015年，民用航空全行业完成运输总周转量851.65亿吨公里，完成旅客运输量43618万人次，其中国际航线完成旅客运输量4207万人次；全国民航运输机场完成旅客吞吐量9.15亿人次，完成起降架次856.55万架次，其中年旅客吞吐量100万人次以上的运输机场有70个，北京首都机场旅客吞吐量连续六年位居世界第二，上海浦东机场货邮吞吐量连续八年位居世界第三。

2015年，通用航空全行业完成生产飞行77.93万小时。截至2015年年底，获得通用航空经营许可证的通用航空企业共有281家，在册航空器总数达到1904架。

截至2015年年底，民航全行业运输飞机在册架数2650架，颁证运输机场210个，定期航班航线3326条，运输航空公司55家，其中国有控股公司41家，民营和民营控股公司14家。全部运输航空公司中，全货运航空公司7家，中外合资航空公司12家，上市公司7家。

复习思考题

1. 简述航空器的分类。
2. 简述民用航空的定义与分类。
3. 简要介绍莱特兄弟的飞机发明情况。
4. 简述世界民航发展史的三大阶段。
5. 查找资料，介绍波音747和空客A380机型概况。
6. 简要介绍"两航"起义的情况。
7. 归纳整理十一届三中全会以后我国民航体制改革的情况。

第二章　飞机基础常识

第一节　飞机的分类与结构

飞机是有动力驱动、有固定机翼且重于空气的航空器。

一、飞机的分类

飞机按照不同的分类方法可分为许多不同的类型。

①按用途可分为民用飞机、军用飞机。民用航空的各类民航运输机是民用飞机中的一类，包括客机、货机和公务机等。

②按座级数可分为大型飞机、中型飞机和小型飞机。旅客座位数大于200的称为大型飞机，旅客座位数为100~200的称为中型飞机，旅客座位数小于100的称为小型飞机。

③按机身直径可分为宽体客机、窄体客机。机身直径大于3.75米的称为宽体客机，机身直径小于3.75米的称为窄体客机。

④按发动机种类可分为涡轮喷气式飞机、涡轮风扇式飞机和涡轮螺旋桨式飞机等。

⑤按任务性质可分为客机和货机。

二、飞机的基本结构

飞机的组成部分包括机身、机翼、尾翼、起落架、动力装置和仪表设备等。飞机机体指的是构成飞机外部形状的部分和承受飞机的主要受力结构，分为机身、机翼、尾翼、起落架。

图 2-1　波音 787 客机

（一）机身

机身是飞机的主体部分，主要承担运载功能，并把机翼、尾翼和起落架连在一起。现代民航飞机的机身绝大部分是筒状的，机身外形呈两头小、中间大的纺锤状。机身由大梁、桁条、隔框构成的骨架及外面包裹的蒙皮构成。

机头呈圆滑的流线型，以减少空气阻力和稳定机头侧面的气流；同时，机头向下收缩，可扩大驾驶员视野。机头最前端是雷达整流罩。机头上半部分是驾驶舱，驾驶舱中装置着各种仪表设备，用于对飞机进行操控。

中间舱段分为上、下两部分，常见的民航飞机会将上部用来装载旅客，称为客舱；下部用来装载旅客行李、货物、燃油和设备等，称为货舱。货舱又分为前、后货舱，中间有设备舱隔开。客舱地板上固定有导轨，座椅固定在导轨上，可以根据要求改变客舱的布局。货舱地板上有托盘装置，以便于货物的装卸。

机尾向上收缩以防止飞机起飞、着陆时尾部擦地。

图 2-2 波音 737—800 机身

图 2-3 波音 737—800 客舱布局

飞机机身按规定必须喷涂国籍标志和登记标志。根据《国际民用航空公约》的规定，从事国际航行的每一个航空器都应载有国籍标志和登记标志。例如，中国民用航空器的国籍标志为"B"，登记标志为阿拉伯数字、罗马体大写字母或二者的组合。国籍标志和登记标志之间有一个短横线"-"。中国大陆地区航空器国籍和登记标志格式为 B-×××× （编号为四位数字），香港、澳门地区为 B-××× （编号为三位字母），台湾地区为 B-××××× （编号为五位数字）。

目前我国民航飞机登记标志编号如下：

0 字头号段，滑翔机，气球，如 B-0005，"海燕"；

2 字头号段，大型喷气式运输机，如 B-2456（波音系列如波音 707、波音 737、波音 747 等）；

3 字头号段，小型喷气、螺旋桨式运输机，如运 7：B-3441；

5 字头号段，波音系列飞机，如波音 737-800：B-5111；

6 字头号段，空客系列飞机，如空客 319-100：B-6014；

7 字头号段，旋翼机、固定翼小型飞机，如赛斯纳：B-7900，贝尔 212：B-7710；

8 字头号段，农用飞机、固定翼公务机和教练机，如"湾流"Ⅳ：

B—8080，运 5：B—8001，TB200；B—8830；

9 字头号段，小型固定翼飞机、飞艇和教练机，如 B—9000，B—9003（飞艇）。

图 2—4　东航 737 客机（编号 B—2976）

（二）机翼

飞机飞行时克服重力的升力是由机翼产生的，机翼是飞机升力的主要来源。机翼产生升力的同时也产生阻力，升力和阻力是同生同灭的，阻力是获得升力的代价。升力和阻力的比值叫作升阻比。升阻比是机翼使用性能的基本参数，升阻比越高，飞机就越省油。

机翼一般分为左、右两个翼面，对称地分布在机身两边。机翼分为四个部分：前缘、后缘、翼根、翼尖。机翼的前缘和后缘一般可以活动，驾驶员操纵这些部位可以改变机翼的形状，控制机翼升力或阻力的分布，以达到增加升力或改变飞机姿态的目的。机翼上常用的活动翼面有襟翼、副翼、扰流板等。

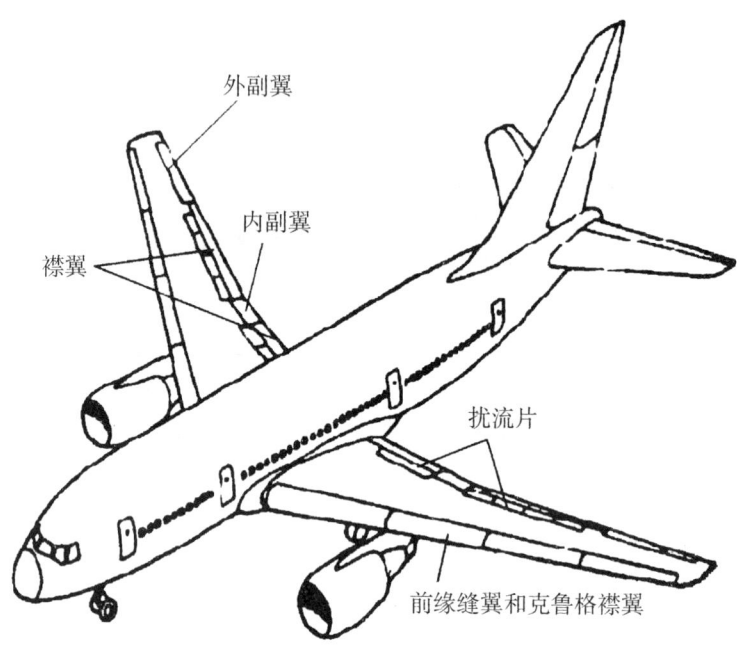

图 2-5　机翼和机翼上的活动翼面

1. 机翼的形状

机翼的形状主要指机翼的平面形状、翼剖面形状等。

常见的机翼平面形状有矩形、梯形、椭圆形、后掠形、三角形等。早期的飞机，机翼的平面形状大都为矩形。矩形机翼制造工艺简单，但阻力较大，因此一般用于旧式飞机和现代的小型飞机。为了适应提高飞机飞行速度的需要，解决阻力与飞行速度之间的矛盾，后来又制造出了椭圆翼和梯形翼。椭圆翼阻力最小，但因制造工艺复杂，未被广泛采用。梯形翼的阻力也较小，制造工艺简单，因而是目前活塞式发动机飞机广泛采用的一种机翼。随着喷气式飞机的出现，飞行速度在接近或超过声速时，会产生新的阻力——激波阻力。为减小激波阻力，提高飞行速度，适应高速飞行，相继出现了后掠翼、三角翼、S形前缘翼、双三角翼、变后掠翼等，并获得广泛应用。目前高速客机一般采用后掠机翼。

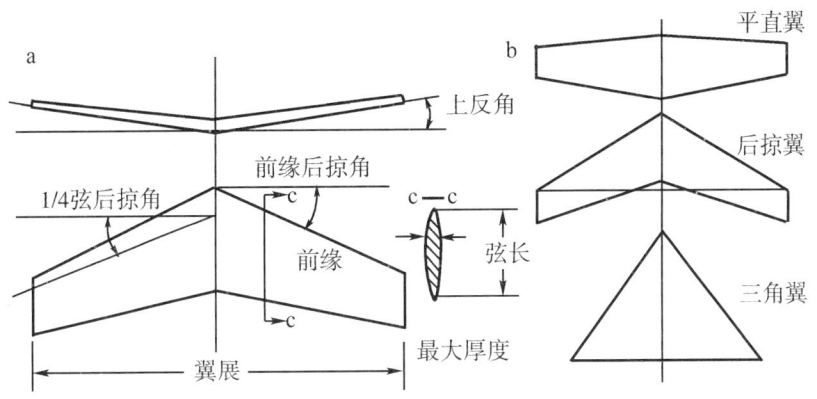

图 2-6 机翼的几何参数和三种基本翼型

描述机翼外形的主要几何参数有翼展、机翼面积、后掠角等。翼展指翼尖两点之间的距离；机翼面积指机翼在水平面的投影面积；机翼与机身在水平方向上形成一定的角度可减少飞机受到的阻力，该角度被称为后掠角，这种机翼叫后掠翼。

机翼横切面的轮廓叫翼型或翼剖面。早期飞机机翼是升力较小的平板，后来出现了升力增大但阻力也较大的类似鸟翼的弓形翼。随着飞行速度的进一步提高，出现了平凸型、对称型、凹凸型、双凸型等翼型。现代民航客机广泛采用平凸型和双凸型机翼。

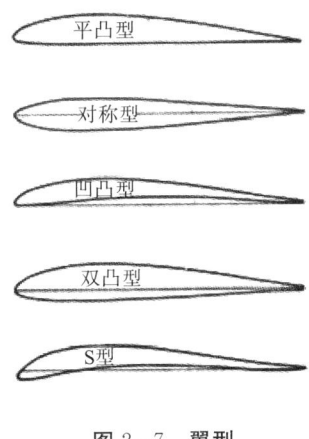

图 2-7 翼型

2. 机翼的结构

机翼通常是由翼梁、桁条、翼肋和蒙皮等构件组成。机翼的结构：由翼梁和桁条作为纵向骨架，翼肋作为横向骨架，整个骨架外面包裹蒙皮，构成机翼。机翼各种构件的基本作用：一是形成和保持必需的机翼外形，二是承担作用在机翼上的外部载荷。

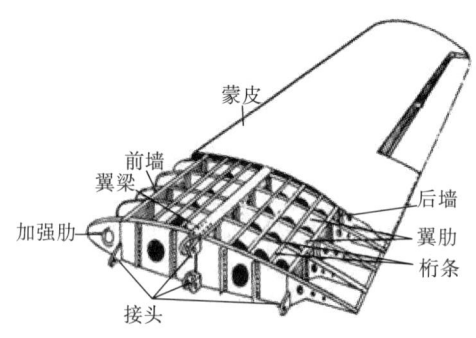

图 2-8　机翼结构

现代客机机翼内部空间和前后翼梁之间的结构经密封后，可以用来存储燃油，叫结构油箱。机翼内部还可安置飞机起落架舱、附加翼面的操纵装置、防冰装置和灯光设备等。此外，大部分客机的发动机吊装在机翼下，少量飞机的发动机也会安装在机翼上。

3. 机翼与机身的连接

翼根是机翼和机身的接合部分，也是机翼受力最大的部位。翼根在垂直方向上和水平方向上承受机翼传递给机身的力及弯矩，如果使用时发生粗暴的重着陆或飞机进入乱气流剧烈颠簸，一定要检查翼根是否发生损伤。机翼和机身之间的翼根处有整流罩，不仅能够减少飞行阻力，而且整流罩内的空间可用来安置起落架、空调等设备。

4. 机翼配置形式

现代民航飞机除个别低速飞机会采用双翼以外，大部分飞机都是单翼机。根据机翼在机身上的配置形式，可以把飞机分为上单翼飞机、中单翼飞机、下单翼飞机。上单翼飞机的机翼安装在机身上部，中单翼飞机的机翼安装在机身中部，下单翼飞机的机翼安装在机身下部。

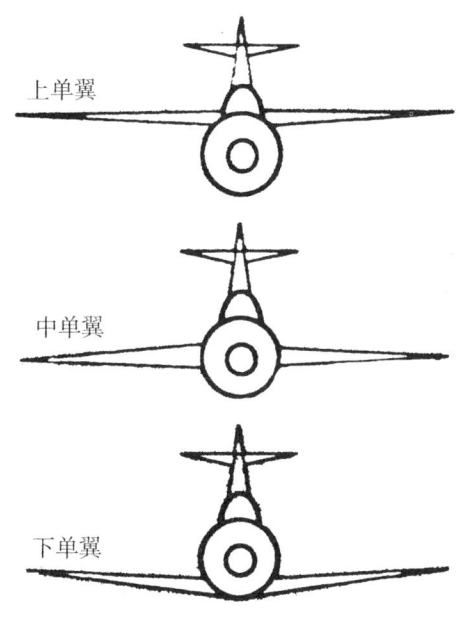

图 2-9　机翼的配置形式

图 2-10　民航客机多采用下单翼布局

现代民航喷气式飞机以采用下单翼布局的为多，主要原因有以下几点：

（1）下单翼飞机的机翼离地面近，起落架支柱长度短，减轻了重量，且飞机主起落架轮距宽，飞机重心低，起降稳定性高。

（2）迫降时机身触地，下单翼飞机机翼能够吸收大部分能量，从而保护机身内的乘客和机组人员。

（3）机翼距离地面近，便于接近，有利于维护和使用。

下单翼布局的缺点：

（1）机身离地面高，人和货物上下不便，需要使用廊桥和梯车。

（2）发动机离地面太近，使用时易吸入跑道表面的沙石、冰雪等，不仅会损伤发动机，而且对地面人员不安全。因此，军用运输机和支线螺旋桨飞机多数选用上单翼布局。

中单翼布局的空气阻力最小，但是因为机翼占用机身空间，影响载客量，所以不被民用飞机采用。

5. 安装角

机翼安装在机身上的角度，称为安装角。它是机翼与水平线所构成的角度。安装角向上的称为上反角，向下的称为下反角。上反角能提高飞机的侧向稳定性，所以下单翼飞机都具有一定的上反角，而上单翼飞机通常有一定的下反角。

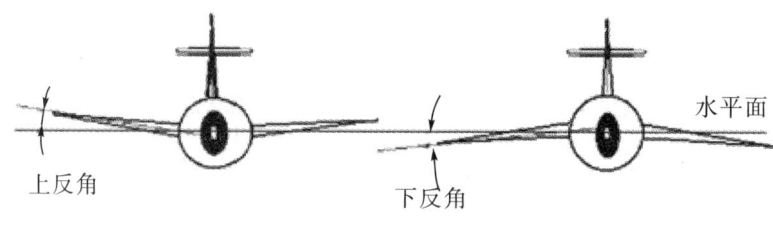

图 2-11 安装角

（三）尾翼

尾翼由飞机尾部的水平尾翼和垂直尾翼组成，用以保证飞机的纵向（俯仰）平衡和方向（偏航）平衡，使飞机在纵向和方向两方面具有必要的安定性和操纵性。

1. 水平尾翼

水平尾翼由固定的水平安定面和活动的升降舵组成。水平安定面维持飞机纵向的安定性，升降舵可以上下转动以控制飞机向上抬头或向下低头（控制飞机俯仰）。现代高速客机的水平尾翼一般安装在机身尾段上，但有些飞机为了避免发动机喷气干扰及平尾震颤，会将水平尾翼安装在垂直尾翼上，又称"T"形尾翼。

2. 垂直尾翼

垂直尾翼由固定的垂直安定面和活动的方向舵组成。垂直安定面维持飞机方向的安定性；方向舵可以左右转动以控制飞机向左偏转或向右偏转（控制飞机偏航）。当飞机需要左转飞行时，驾驶员就会操纵方向舵向左偏转，此时方向舵所受到的气动力就会产生一个使机头向左偏转的力矩，飞机的航向随之改变；同样，如果驾驶员操纵方向舵向右偏转，飞机的机头就会在气动力矩的作用下向右转。方向舵上面还有小舵面，可用来纠正飞行中的航向偏差，叫作方向舵调整片。

尾翼一般是由梁、肋、桁条和蒙皮构成，构成方法与机翼类似。

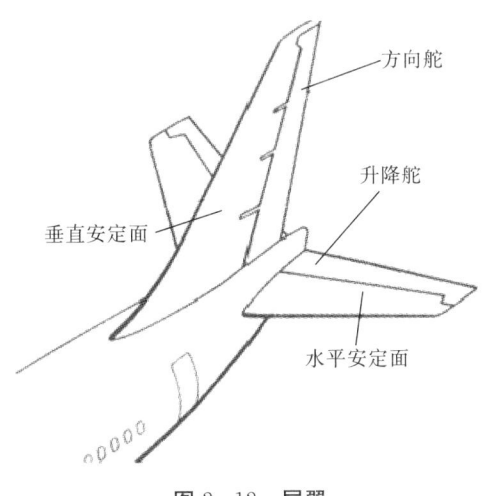

图 2-12　尾翼

（四）起落架

1. 起落架的主要功用

起落架的主要功用是在飞机停放、滑行及起飞着陆滑行的过程中支撑飞机，承受和吸收飞机在地面运动及着陆时的震动和冲击载荷，同时操纵飞机在地面行走、转向和制动。

图 2-13 起落架

2. 起落架配置形式

起落架配置形式有前三点式、后三点式、自行车式、多点式等。

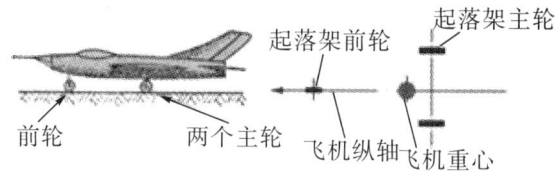

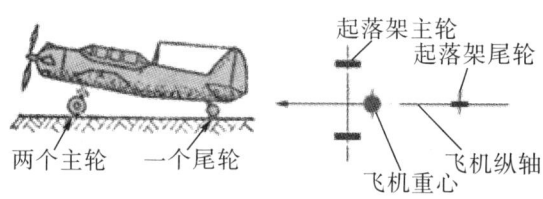

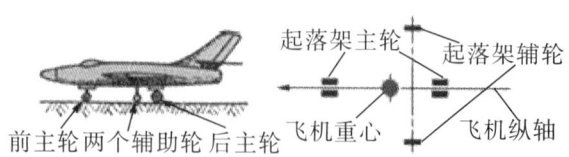

图 2-14 起落架配置形式

(1) 前三点式起落架

两个支点（主轮）对称地安置在飞机重心后面，第三个支点（前轮）位于机身前部，形成正三角形（一轮在前，两轮在后）。采用这种布局，飞机降落的稳定性好，降落时抬起机头，主轮先落地，并逐渐减速，然后飞机低头，恢复成水平状态，前轮落地。现代民航飞机一般采用前三点式起落架。

(2) 后三点式起落架

两个支点（主轮）对称地安置在飞机重心前面，第三个支点（尾轮）位于飞机尾部，形成倒三角形（两轮在前，一轮在后）。这种布局的起落架，地面转向机动能力强，但由于重心在主轮后面，所以降落时不稳定，容易发生侧滑甚至翻滚。这种布局常见于早期的活塞式螺旋桨飞机或现代民用小型低速飞机。

(3) 自行车式起落架

除了在飞机重心前后各有一个主起落架外，还具有翼下支柱，即在飞机的左、右机翼下各有一个辅助轮。

(4) 多点式起落架

多点式起落架常用于重型飞机。因为机场跑道所能承受的载荷有限，重型飞机采用多点式起落架的布局。轮子的数量取决于飞机的重量和使用的机场跑道所能承受的载荷，飞机重量越大，机轮越多。如波音747，它由一个前起落架、两个机身起落架和两个大翼起落架构成，仅主起落架就有16个机轮。这种布局可以将飞机的重量分散在一个较大的面积上，从而增强稳定性。

现代飞机前起落架为两个机轮，每个主起落架有2~6个机轮。机轮一般无内胎，充气后依靠内气压使机轮和轮毂贴紧密封以保持轮胎压力。轮胎按照充气压力分为高压轮胎、中压轮胎和低压轮胎。现代民航飞机普遍使用高压轮胎。飞机轮胎须按要求充气到规定气压，轮胎磨损应及时更换，以保证安全。

无论起落架配置形式如何，着陆时都是主起落架先触地。主起落架支撑飞机十分之九的重量，前起落架虽仅承受飞机十分之一的重量，但它兼具转向功能，驾驶员通过踏板或手柄操纵转向作动筒，以控制飞机在地面滑行时的方向。起落架收在起落架舱内,起落架舱门只在起落架收、放过程中打开,其余时间舱门关闭以减小飞行阻力和防止异物进入舱内。

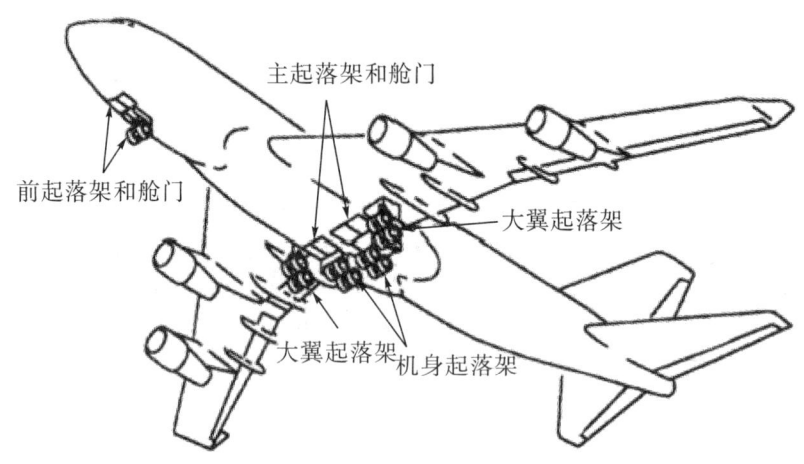

图 2-15 波音 747 的起落架

3. 起落架的结构及其分类

现代飞机的起落架一般包括起落架舱、制动装置、减震装置、收放装置几个部分。通用航空的小型飞机因为飞行速度不高,对飞机气动外形的要求不是十分严格,一般采用简单廉价的固定式起落架,省去了起落架舱和收放装置。现代客机飞行速度高,起落架暴露在外,会严重影响飞机的气动性能。使用可收放的起落架,当飞机在空中飞行时,就可以将起落架收到机翼或机身之内,以获得良好的气动性能。

起落架按结构可分为构架式起落架、支柱式起落架和摇臂式起落架。民航飞机主起落架采用多轮支柱式。如空客 A320 的主起落架由四个机轮构成一个轮式小车,车架和减震支柱连在一起,支柱旁有斜支柱和扭力撑杆,斜支柱承受水平方向的力,扭力撑杆抵抗轮车的扭转,使减震器主要承受垂直方向的力。减震支柱上端的收放作动筒可以将起落架收起或放下。轮架和支柱采用铰接,使几个轮子可以上下左右做相对运动,后部的轮架也可以绕支柱转动,以保证小车有最大的接地面积和较小的转弯半径。

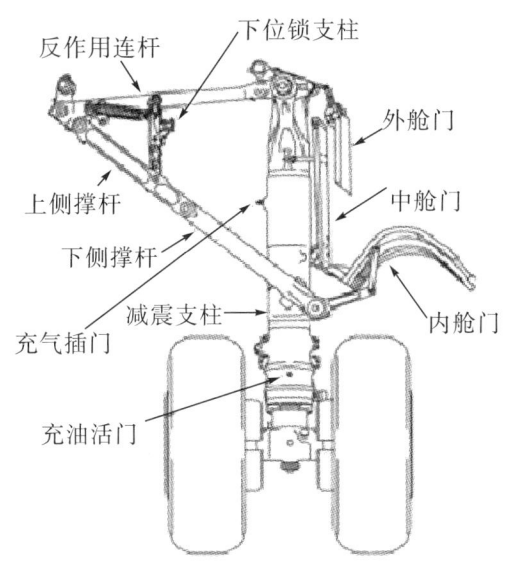

图 2-16 多轮支柱式右主起落架

第二节　飞机的动力装置

飞机的性能在很大程度上取决于动力装置的性能，因此发动机被称为飞机的心脏。当前民用航空发动机市场基本被美国通用电气、英国罗尔斯·罗伊斯和美国普拉特·惠特尼三家公司垄断。

航空发动机分为活塞式发动机和喷气式发动机。

第二次世界大战前，飞机使用的动力装置是由航空活塞式发动机和螺旋桨组成。随着飞行高度和飞行速度的增加，活塞式发动机的功率和螺旋桨的效率急剧下降，为解决这一问题，德国和英国率先开发出了喷气式发动机。喷气式发动机重量轻、推力大，能显著提升飞机的飞行速度。

20 世纪 40 年代，涡轮喷气发动机逐步取代活塞式发动机成为飞机主流动力装置，开辟了喷气航空新纪元。

20 世纪 50 年代，在涡轮喷气发动机的基础上发展出了更适合民用飞机的涡轮风扇喷气发动机、涡轮轴喷气发动机和涡轮螺旋桨喷气发动机。

20世纪70年代，为应对石油危机，又催生了具有高燃油经济性能的桨扇发动机。

上述航空发动机都是热机，是将燃料的化学能燃烧释放出的热能转变为机械能。就热力循环的方式而言，喷气式发动机是布莱顿循环，而活塞式发动机是定容燃烧循环。

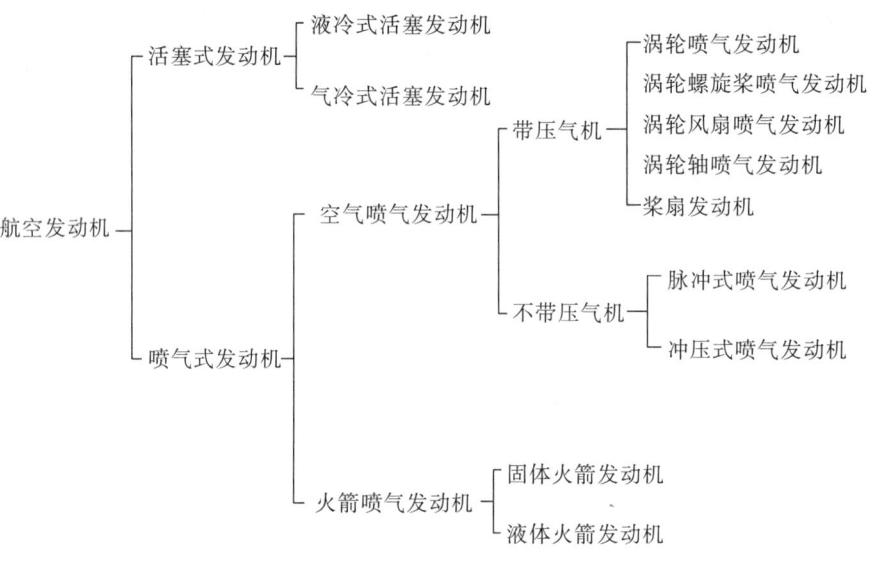

图 2-17 发动机的分类

一、活塞式发动机

活塞式航空发动机是一种烧汽油的内燃机，与汽车发动机的工作原理相同。活塞式航空发动机必须带动螺旋桨等推进器才能为飞行器提供动力。发动机产生的扭矩通过减速器降低转速传输给螺旋桨，产生飞机前进所需要的拉力。

活塞式动力装置由航空活塞发动机（热机）和螺旋桨（推进器）组成。

活塞式发动机是四行程发动机，主要由汽缸、移动活塞、连杆、曲轴、机匣及进排气门等构件组成。

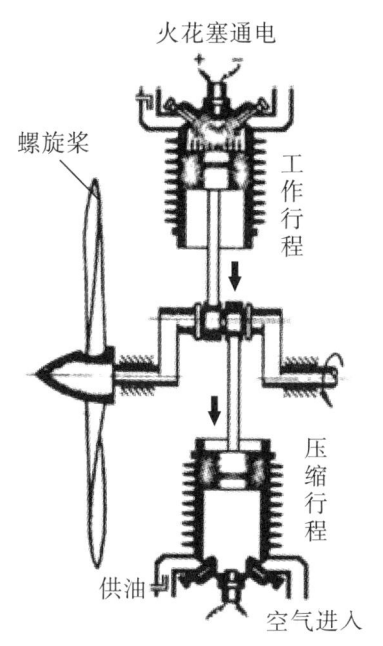

图 2-18 对置的双缸活塞发动机

汽缸是发动机的工作室，油气混合气在其中燃烧所产生的高温高压燃气推动活塞做直线运动，带动曲轴旋转。在汽缸头上有保证油气混合气进入汽缸的阀门，叫进气门；用来排出燃气的阀门，叫排气门。活塞的主要功用是承受油气混合气在燃烧时产生的燃气压力，并将燃料的热能转变为机械能。连杆将活塞上的燃气压力传递给曲轴，并将曲轴的运动传递给活塞，曲轴将活塞的往返运动变为自身的旋转运动，并带动螺旋桨（推进器）旋转，产生拉力，即发动机的推力。

发动机工作时，曲轴不断地旋转，活塞则在汽缸中上下来回做往复运动。汽缸头上的进气门和排气门上分别装有可上下移动的进气阀和排气阀。当进气阀向下移动时，进气门被打开，空气与燃油的混合物进入汽缸；同样，当排气阀向下移动时，排气门被打开，汽缸内燃烧过的气体被排出缸外。航空活塞式发动机中，曲轴每转两转，活塞在汽缸中上下各移动两次，经过进气、压缩、做功与排气四个行程，完成发动机的一个热力循环。

图 2-19 活塞发动机的四个行程

活塞离曲轴轴线最远的位置叫上死点，离曲轴轴线最近的位置叫下死点。上死点和下死点之间的距离称为活塞行程（做功冲程）。

进气行程：活塞在上死点时开始，活塞到下死点时结束。活塞从上死点走到下死点，进气门开放而排气门关闭，汽缸内进入新鲜混合气。

压缩行程：活塞从下死点走向上死点，进气门和排气门都关闭，燃料混合气在汽缸内被压缩，在上死点附近进行点火及燃烧。

做功行程：具有高温高压的燃气进行膨胀，使活塞从上死点向下死点运动。在此行程提供转动曲轴连杆机构所需要的有效功。

排气行程：始于下死点，终于上死点。活塞从下死点走向上死点，排气门开放而进气门关闭，燃烧后的废气被活塞排出汽缸。

活塞式航空发动机一般都用汽油作为燃料，它的每一循环包括五个过程：①进气过程；②压缩过程；③燃烧过程；④膨胀过程；⑤排气过程。往复式活塞发动机的这五个过程可以在两个行程内完成（该发动机称为二冲程发动机），也可以在四个行程内完成（该发动机称为四冲程发动机）。活塞式航空发动机大都为四个行程，并且大都带有增压器，使空气进入汽缸前先经过增压器增压，从而增加进入汽缸的空气量。

发动机按活塞的运动方式分为往复式活塞发动机和转子活塞发动机，按汽缸的排列形式分为直立形、对立形、星形、X形和Y形，按喷油的方式分为汽化器式和直喷式，按冷却方式分为液冷式和气冷式。

活塞式发动机是航空发动机的先驱。20世纪中期以前，航空动力装置方面，活塞式发动机独占鳌头，四冲程活塞式发动机于20世纪初期应用于飞机上，获得成功，它与螺旋桨组成飞机的推进系统，不断推动飞机发展，直到20世纪中期被涡轮喷气发动机取代。与喷气式发动机相比，活塞式发动机具有经济性好、寿命长等优点，目前仍在少数农业飞机、短途运输机和超轻型飞机上使用。

二、喷气式发动机

喷气式发动机产生推力，是作用力和反作用力在喷气式发动机上工作的一种表现。如步枪抵在肩上射击，扳机一扣，子弹出膛的同时肩膀会受到一股力量的冲击，这就是步枪的后坐力。由图2-20所示的这个简单的气球试验不难理解喷气式发动机产生推力的基本原理。把气球吹足了气，用手捏紧吹气口，使气体排不出来，气球内部各个方向的力都是平衡的，这时它静止不动。一旦放手，气球内部的力失去平衡，气体便会膨胀，加速从吹气口向外排出。这是气球给了气体一个向后的作用力，使气体加速向后流出，此时，这股流出的气体就有一个大小相等、方向相反的力作用在气球上，使气球向相反的方向飞去。

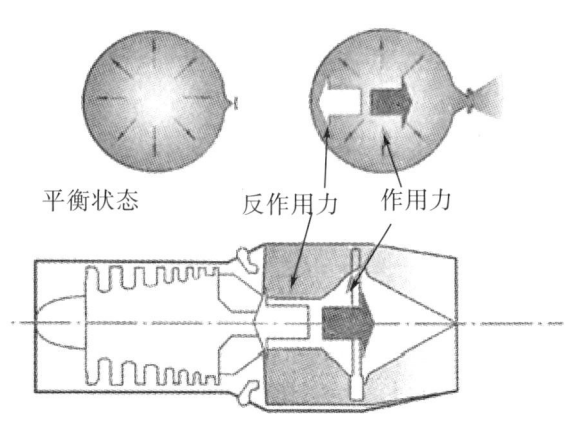

图2-20 喷气式发动机产生推力的原理

空气喷气发动机同活塞式发动机的不同之处在于，空气喷气发动机既是热机又是推进器。作为热机，其工作时燃料燃烧释放的热能转换为发动机气流的动能；作为推进器，其进出口速度的变化产生动量差，直接产生反作用推力。

空气喷气发动机有着同活塞式发动机类似的工作冲程：首先空气经进气道进入压气机，压气机通过叶片对空气做功，增大了空气的压力，为压缩行程；接着高压空气在燃烧室内和雾状燃油混合，燃烧形成高温高压的燃气，膨胀气体对涡轮做功，涡轮转动，带动压气机工作，为做功行程；最后气体从尾喷管中喷出，为排气行程。

（一）涡轮喷气发动机（涡喷发动机）

涡轮喷气发动机由进气道、压气机、燃烧室、涡轮和尾喷管组成，部分军用发动机的涡轮和尾喷管之间还有加力燃烧室。

工作时，发动机首先从进气道吸入空气。这一过程并非简单开一个进气道，由于飞机的飞行速度是变化的，而压气机对进气速度有严格要求，因而进气道必须将进气速度控制在适当的范围内。

压气机用于增大吸入空气的压力。压气机主要为扇叶形式，叶片转动对气流做功，使气流的压力、温度升高。随后高压气流进入燃烧室。燃烧室的燃油喷嘴喷出燃油，与空气混合后点火，产生高温高压燃气并向后排出。

高温高压燃气向后流过高温涡轮，部分内能在涡轮中膨胀转化为机械能，驱动涡轮旋转。由于高温涡轮同压气机装在同一条轴上，因此也驱动压气机旋转，从而反复地压缩吸入的空气。

从高温涡轮中排出的高温高压燃气在尾喷管中继续膨胀，以高速从尾部喷口向后排出。这部分气流速度比进入发动机的气流速度快得多，从而产生对发动机的反推力，驱动飞机向前飞行。现代高速飞机多数使用喷气发动机。

图 2-21（a）为涡轮喷气发动机剖面图，图 2-21（b）为涡轮喷气发动机结构图。一排排压气风扇从进气口中吸入空气，并且一级一级地压缩空气。风扇后面的空腔是燃烧室，空气和油料的混合气体在这里被点燃，燃烧膨胀向后喷出，推动后面的涡轮旋转，最后排出发动机。后面的涡轮和前面的压气风扇安装在同一条中轴上，因此会带动压气风扇继续吸入空气，完成一个工作循环。

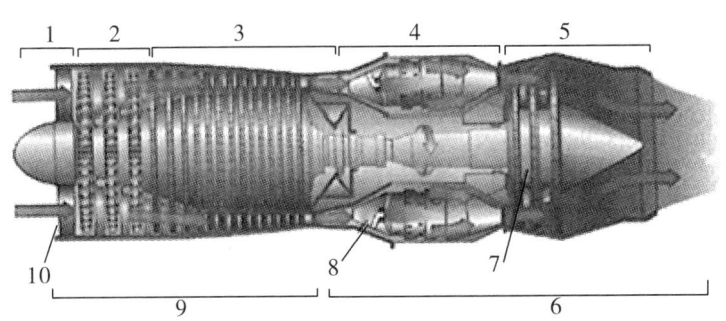

（a）涡轮喷气发动机剖面图

注：1. 吸入；2. 低压压缩；3. 高压压缩；4. 燃烧；5. 排气；6. 热区域；7. 涡轮机；8. 燃烧室；9. 冷区域；10. 进气口。

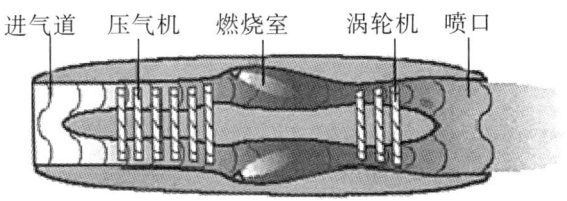

（b）涡轮喷气发动机结构图

图 2-21 涡轮喷气发动机

涡轮喷气发动机具有加速快、推力大和油耗高的特点。涡轮喷气发动机油耗高，这对于商业民航飞机来说是一个致命弱点。

（二）涡轮风扇喷气发动机（涡扇发动机）

涡轮风扇喷气发动机是现代民用喷气客机的主流发动机型。

涡轮风扇喷气发动机在涡轮喷气发动机的基础上增加了几级涡轮，并由这些涡轮带动一排或几排风扇。由于涡轮风扇喷气发动机一部分的燃气能量被用来带动前端的风扇，因此降低了排气速度，提高了推进效率，涡轮风扇喷气发动机吸入的空气一部分从外部管道（外涵道）后吹，一部分送入内涵道核心机（相当于一个涡轮喷气发动机），通过降低排气速度达到提高喷气发动机推进效率的目的。同时，通过精确设计，使更多的燃气能量经风扇传递到外涵道，同样解决了排气速度过快的问题，从而降低了发动机的油耗。由于该风扇设计要兼顾内外涵道的需要，因此难度远大于涡轮喷气发动机。其结构如图 2-22 所示。

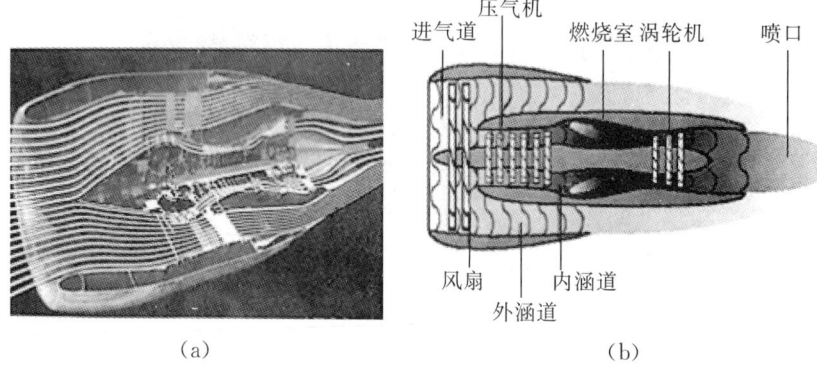

图 2-22 涡轮风扇喷气发动机结构

将涡轮风扇喷气发动机与涡轮喷气发动机进行比较：核心机相同时，涡轮风扇喷气发动机比涡轮喷气发动机推进效率高、油耗低且推力大；油量相同时，飞机的航程更远。因此，民航飞机多使用涡轮风扇喷气发动机。图 2-23 所示为空客 A380 发动机。

图 2-23 空客 A380 发动机

（三）涡轮螺旋桨喷气发动机（涡桨发动机）

早期的飞机动力装置是螺旋桨与活塞的组合，后来发明了喷气式发动机。然而喷气式发动机的低速性能差，对于支线客机而言，巡航飞行速度最好在 500 千米/小时左右，涡轮螺旋桨发动机应运而生。

涡轮螺旋桨发动机由螺旋桨和燃气发生器、减速器组成，螺旋桨由涡轮带动。螺旋桨就好像一个竖放的机翼，凸起面向前，平滑面向后。涡轮螺旋桨发动机产生的是拉力，旋转时压力合力向前，拉动螺旋桨向前，从而带动飞机向前。螺旋桨有着复杂的曲面结构。老式螺旋桨是固定的外形，现在的螺旋桨可以通过改变相对角度来改善螺旋桨性能。涡桨发动机的动力主要是由螺旋桨产生的拉力，而尾喷管喷出的燃气推力极小，只占总推力的5%左右。

同活塞式发动机加螺旋桨相比，涡桨发动机有很多优点。首先，涡桨发动机功率大，而活塞式发动机功率最大不过三四千马力。其次，由于减少了运动部件，尤其是没有做往复运动的活塞，涡桨发动机运转稳定性好，噪声小，工作寿命长，维修费用也较低；而且，由于核心部分采用燃气发生器，涡桨发动机的适用高度和速度范围都要比活塞式发动机高（广）。最后，在耗油率方面，二者相差不多，但涡桨发动机所使用的煤油要比活塞式发动机所使用的汽油便宜。

采用涡桨发动机的飞机都是两个同轴螺旋桨紧靠着，反方向转动，扭矩相互抵消，这样两个对转的螺旋桨产生的力都是向着同一个方向的拉力，飞机就不会发生侧翻。对于大型飞机来说，对转螺旋桨所带来的平衡性尤其重要。

图2-24为国产新舟60客机，属50~60座级双涡轮螺旋桨发动机支线客机。

图2-24 新舟60客机

（四）辅助动力装置

大中型飞机和大型直升机上，为了减少对地面（机场）供电设备的依赖，都装有独立的小型动力装置，称为辅助动力装置（Auxiliary Power Unit，APU）。

辅助动力装置的主要作用是向飞机独立地提供电力和压缩空气（有的只提供电力），也有少量的辅助动力装置可以向飞机提供附加推力。飞机从地面上起飞前，由辅助动力装置供电或供气来启动主发动机，从而不需依靠地面电源或气源车来启动发动机；在地面时，辅助动力装置提供电力保证客舱和驾驶舱内的使用，并供给空调系统压缩空气；飞机起飞时，使发动机功率全部用于地面加速和爬升，改善了起飞性能；飞机降落后，仍由辅助动力装置供应电力照明和空调，使主发动机提早关闭，从而节省燃油，降低机场噪声。

通常在飞机爬升到一定高度（5000 米以下）时辅助动力装置关闭，但在飞行中当主发动机空中停车时，辅助动力装置可在一定高度（一般为10000 米以下）的高空及时启动，为发动机重新启动提供动力。

图 2-25　辅助动力装置（APU）

辅助动力装置一般装在机身最后段的尾椎之内，在机身上方垂尾附近开有进气口，空气直接由尾椎后端的排气口排出。辅助动力装置的核心部分是一个小型的涡轮发动机。发动机前端除正常压气机外还装有一个工作压气机，它向机身前部的空调组件输送高温的压缩空气，在保证机舱空调系统工作的同时还带动一个发电机，可以向飞机电网送出 115V 的三相电流。辅助动力装置自带启动电动机，由专门的蓄电池供电，有独立的附加齿轮箱、润滑系统、冷却系统和防火装置。它的燃油来自飞机上的总燃油系统。

辅助动力装置是动力装置中一个完整的独立系统，它的控制板装在驾驶员上方的仪表板上，它的启动程序、操纵、监控及空气输出都由电子控制组件协调，并显示到驾驶舱相关位置。

现代化的大、中型客机上，辅助动力装置是保证发动机在空中停车后再次启动的主要装备，它直接影响飞行安全。辅助动力装置又是保证飞机停在地面时客舱舒适度的必要条件，而客舱舒适度会影响旅客对所乘机型的选择。总之，辅助动力装置已成为飞机上一个不可或缺的系统。

第三节 飞机电子仪表系统

飞机仪表和电子装置是飞机感知外部情况和控制飞行状态的核心，它相当于飞机的大脑和神经系统，对于保障飞行安全、改善飞行性能起着关键作用。

在飞机发展初期，机上只有简单的计时、记温的仪表，驾驶员主要靠目视飞行，飞机的控制由驾驶员手动完成。随着科技的进步与计算机技术在飞机上的应用，飞机的仪表和控制系统有了重大进步，机械和气压式的仪表被精密的数字电子式仪表取代，人工操作控制系统被计算机自动化控制系统取代，人为差错有了明显减少，飞行的安全性大为提高。

飞机的电子仪表系统分为四部分：飞行控制仪表系统、飞机综合电子控制系统、导航系统和通信系统。

一、飞行控制仪表系统

飞行控制仪表系统的基本功能是控制飞机气动操纵面，改变飞机的布局，增加飞机的稳定性，改善操纵品质，优化飞行性能。其具体功能有保持飞机姿态和航向、控制空速及飞行轨迹、自动导航和自动着陆、地形跟随及地形回避、编队飞行以及配合自动空中交通管制等，目的是减轻飞行员的工作负担，做到安全飞行，提高完成任务的效率和经济性。

飞行控制仪表系统一般由传感器、计算机、伺服作动器、控制显示装置、检测装置及能源部分组成。

飞行控制仪表系统提供飞机飞行中的各种信息和数据，使驾驶员及时了解飞行情况，对飞机进行控制，顺利完成飞行任务。早期的飞机飞行高度低、飞行速度慢，只装有温度计和气压计等简单仪表，主要是靠飞行员的感觉获得信息。现在的飞机则装备了大量仪表，并由计算机统一管理，用先进的显示技术直接显示出来，大大方便了驾驶员的工作。

飞行控制仪表系统包含以下几种类型：

第一类是大气数据仪表，由气压高度表、飞行速度表、大气温度表、大气数据计算机等组成。

第二类是飞行姿态指引仪表。驾驶员必须知道飞机的飞行姿态，才能正确地操纵飞机。飞行姿态是指飞机的三个轴与地平面所形成的角度和飞机的航向，它靠飞行仪表来确定。飞行姿态指引仪表是以陀螺为基础的，包括陀螺地平仪、侧滑指示器、姿态指引仪和陀螺航向仪。

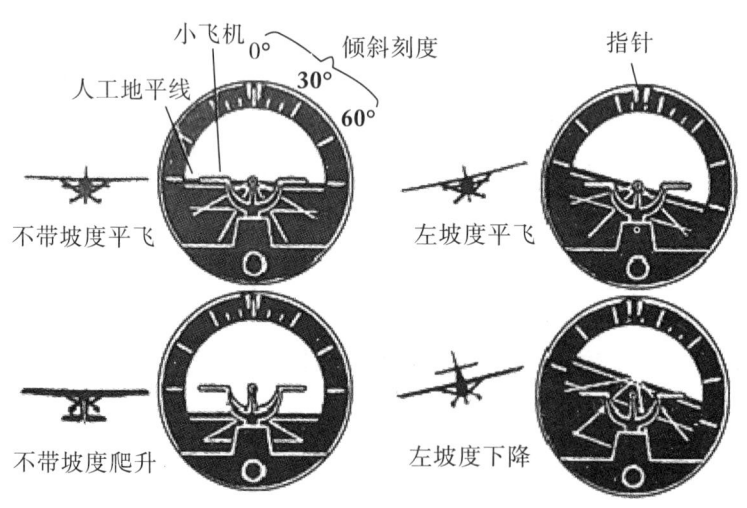

图 2-26　地平仪指示飞机与地平面之间的相对关系

第三类是惯性基准系统，该系统可提供一套精确的飞机姿态数据如位置、倾斜、航向、速度和加速度等，实现了飞机导航、控制及显示一体化。

二、飞机综合电子控制系统

（一）飞行管理计算机系统

飞机驾驶自动化的进一步发展，要求对飞机的信号基准系统启动驾驶系统和显示系统进行统一综合管理，使飞机在整个航线实现最佳性能的自动驾驶飞行，这个任务即由飞行管理计算机系统完成。

（二）飞行信息记录系统

飞行信息记录系统，或称飞行数据记录仪，俗称"黑匣子"，它可以提供飞机失事瞬间和失事前一段时间飞机的飞行状况和机上设备的工作情况。它包括两套仪器：一套是驾驶舱话音记录器，可记录飞行最后30分钟内驾驶舱内的各种声音，包括飞行员与地面指挥机构的通话，正、副驾驶员之间的对话，机长、空中乘务员对乘客的广播，以及驾驶舱内的各种声音；另一套是数字飞行数据记录器，它能将飞机系统工作状况和发动机工作参数等飞行参数记录下来。记录器可记录25个小时的60多种数据，其中有16种是必录数据（主要是加速度、姿态、空速、时间、推力及各操纵面的位置等）。

"黑匣子"被放在一个耐热抗震的特殊材质的金属容器中，该容器可承受自身重力1000倍的冲击、30分钟11000℃的高温而不被破坏，在海水中浸泡30天而不会进水。"黑匣子"通常安装在飞机最安全的尾翼下方，被漆成醒目的橘红色，并带有自动信号发生器和水下定位标。在飞机失事之后，绝大多数"黑匣子"都能被找到。

国际民航组织规定大型民航客机必须安装飞行信息记录系统。飞行信息记录系统的用途：①事故分析。将所记录的数据在飞机失事后用模拟器模拟再现，是分析事故原因最直接可行的方法。②故障维修。从这些记录中可以发现飞机出现的故障，从而适时进行维修。③监控飞行质量。从这些记录中可以发现飞行员的不安全操作，及时加以纠正。

图 2-27 "黑匣子"

（三）飞机自动驾驶系统

飞机自动驾驶功能很早就出现了，只是它所能控制的范围太小，一开始是利用陀螺仪控制和纠正飞机的飞行姿态；20 世纪 30 年代发展成可控制和保持飞机的高度、速度和航迹的自动驾驶仪；50 年代时又出现导航系统、仪表着陆系统相配合的自动驾驶仪，实现了飞机长距离自动飞行、起飞和着陆；而到 70 年代中期，因为计算机的应用，自动驾驶仪实现了更高程度的自动化。

在现代化大中型民航飞机中，飞机自动驾驶系统由四个部分组成：自动驾驶仪指引系统、推力管理系统、偏航阻导系统和自动安定面配平系统。

（四）电传操纵系统

简单地说，电传操纵系统把传统的对飞机的机械操纵全部改为电信号操纵。其优点是：减少了机械系统的摩擦和时间延迟，反应速度更快，操纵灵敏性更高；避免了原来的手动操纵与自动操纵间转换时的不协调，并减少了机械系统的装置及重量，飞机驾驶更为方便省力；更重要的是，它提高了飞机的机动性。

在民航飞机中，最先采用电传操纵系统的是空中客车 A320。至 20 世纪 90 年代，各飞机制造商所生产的大型客机都改为电传操纵。

（五）增强型近地警告系统

增强型近地警告系统是 20 世纪 70 年代后开始装备飞机的。增强型近地警告系统使用自身的全球机场位置数据库和地形数据库，并且利用飞机位置、气压高度和飞行轨迹信息来确定潜在的撞地危险，通过灯光和声音通知驾驶员飞机正在以不安全的方式或速度靠近地面，警告驾驶员预防因疏忽或计算不周而可能发生的可控飞行触地事故。该系统目前已成为新出厂大型客机的标准配备。

（六）空中警告及避撞系统（TCAS）

空中警告及避撞系统是根据二次雷达用应答机确定飞机编号、航向和高度的原理，通过安装在飞机上的询问装置，使飞机之间可以显示彼此的间隔距离，帮助驾驶员采取相应的措施，防止空中碰撞。防撞系统可显示飞机周围的情况，并在需要时提供语音告警，同时帮助驾驶员以适当的机动方式躲避危险，避免灾难性事故的发生。

空中警告及避撞系统主要由询问器、应答机、收发机和计算机组成。监视范围一般为前方30海里，上、下方3000米。空中警告及避撞系统的询问器发出脉冲信号，这种无线电信号称为询问信号，与地面发射的空中雷达交通管制信号类似，当其他飞机的应答器接收到询问信号时，就会发射应答信号。空中警告及避撞系统的计算机根据发射信号和应答信号之间的时间间隔来计算两机之间的距离，同时根据方向天线确定方位，为驾驶员提供信息和警告。这些信息都显示在驾驶员的导航信息显示器上。

有能力辨别飞机的识别代码和气压高度的地面管制雷达称为二次雷达。二次雷达向飞机发出询问信号，机上的应答机就会被触发，根据地面询问的模式自动产生应答脉冲信号，向地面雷达报告飞机的编码或飞行高度，这样在雷达屏幕上的飞机光点就会显示出飞机的编码和高度。这使得航行管制工作的准确性大为提高，管制方式也由程序管制变为雷达管制。应答机的工作频率为1090MHz。

三、导航系统

飞机导航系统是用来确定飞机位置、速度和航向，并引导飞机按预定航线飞行的整套设备。在军用飞机上，导航系统还兼有为武器投放、侦察、巡逻、反潜和救援等任务提供基准的功能。

根据工作原理，导航系统可分为他备式导航和自备式导航两大类。为发挥不同导航系统的优点，出现了组合导航系统。他备式导航系统的数据是由飞机上的导航设备依靠外部的基准导航台（包括地面或卫星）取得，包括各种无线电导航系统，如塔康、伏尔、罗兰、奥米加以及卫星导航系统等。组合导航系统是两种或两种以上导航系统的结合，这类系统多以惯性导航作为分系统，然后构成惯性/多普勒、惯性/罗兰、惯性/奥米加、惯性/天文和惯性/全球定位等组合系统。

根据作用距离不同，机载导航系统可分为远程、中近程、区域和进场着陆几种。

1. 远程导航系统

通常把作用距离达几千千米以上的归为远程导航系统，10000千米以上的归为超远程导航系统。目前绝大部分飞机的无线电导航系统已被全球定位系统（GPS）取代，该系统属于测距型卫星导航系统，工作范围可覆盖全球大部分地区。

2. 中近程导航系统

典型的有无线电罗盘、台卡、伏尔和塔康等。塔康即战术空中导航系统，能同时完成测距和测向任务。

3. 区域导航系统

区域导航系统由各导向设备（如VOR、DME、大气数据计算机等）、计算机、控制显示器等组成，是航空导航的一种新发展。

4. 进场着陆系统

进场着陆是飞机航行的最后一个重要阶段。飞机沿下滑线从30~50千米处开始，一直降至跑道延长线上空20~30千米高度，这一阶段称为进场；飞机在垂直平面内由曲线飞行至触地，并沿跑道滑行至完全停止，这一阶段称为着陆。仪表着陆系统（ILS）是国际上广泛采用的标准无线电进场着陆系统；微波着陆系统（MLS）则是着陆系统的新发展，其主要优点是精度高，可满足Ⅲ类着陆要求。

仪表着陆系统能在低天气标准或驾驶员看不到任何目视参考的天气情况下，引导飞机进近着陆，所以人们也把仪表着陆系统称为盲降系统。盲降的作用在天气恶劣、能见度低的情况下尤为突出。它可以在驾驶员肉眼难以发现跑道或标志时，给飞机提供一个可靠的进近着陆通道，以便让驾驶员掌握位置、方位、下降高度，从而安全着陆。

根据盲降的精密度，盲降给飞机提供的进近着陆标准不一样，可分为Ⅰ、Ⅱ、Ⅲ类标准。

Ⅰ类盲降的天气标准是前方能见度不低于800米或跑道视程不小于550米，着陆最低标准的决断高不低于60米。也就是说，在Ⅰ类盲降标准下，盲降系统可引导飞机在下滑道上自动驾驶并下降至机轮距跑道标高60米的高度。若在此高度驾驶员能看清跑道，即可实施落地；否则就得复飞。

Ⅱ类盲降的天气标准是前方能见度为400米或跑道视程不小于350米，着陆最低标准的决断高不低于30米。同Ⅰ类盲降标准一样，盲降系统引导飞机自动驾驶并下降至决断高度30米。若在此高度驾驶员能目视到跑道，即可实施着陆；否则就得复飞。

Ⅲ类盲降的天气标准指任何高度都不能有效地看到跑道，只能由驾驶员自行作出着陆的决定，无决断高度。Ⅲ类盲降的天气标准又可以细分为ⅢA、ⅢB、ⅢC三个子类。ⅢA类天气标准是前方能见度为200米，决断高度低于30米或无决断高度，但应考虑有足够的中止着陆距离，跑道视程不小于200米。ⅢB类天气标准是前方能见度为50米，决断高度低于15米或无决断高度，跑道视程小于200米但不小于50米，保证接地后有足够的允许滑行的距离。ⅢC类天气标准是无决断高度和无跑道视程的限制，也就是说在"伸手不见五指"的情况下，飞机借助盲降系统的引导可自动驾驶，安全着陆滑行。目前国际民航组织（ICAO）还没有批准ⅢC类天气标准运行。

此外，还有空中交通管制系统（ATC）和空中防撞系统，用以确保飞行安全和提高飞行效率。近年来由于计算机和通信卫星技术的迅速发展，空中交通管制系统由人工管制系统逐步向半自动化和自动化的空中交通管理系统发展。

四、通信系统

通信系统是指完成通信过程的全部设备和传输媒介，其作用是实现飞机与飞机之间、飞机与地面（水面）之间信息的传输。机载通信系统主要由机载通信设备、机内通话设备、通信终端设备和数据传输引导设备等组成。其中，机载通信设备主要包括高频（HF）、甚高频（VHF）、超高频（UHF）和甚高频（VHF）/超高频（UHF）通信设备，卫星通信设备及救生通信电台等。

机载通信设备主要承担指挥、联络和内部通信三个方面的任务。它具有三种通信形式：近距离通信、远距离通信和机内通信。

（一）甚高频通信系统（VHF：Very High Frequency）

该系统使用甚高频无线电波，它的有效作用范围较短，只在目视范围之内。作用距离随高度变化，在高度为 300 米时，作用距离为 74 千米。它是目前民航飞机主要的通信工具，用于飞机在起飞、降落或通过控制空域时机组人员和地面管制人员的双向语音通信。起飞和降落时期是驾驶员处理问题最繁忙的时期，也是飞行中最容易发生事故的时期，因此必须保证甚高频通信的高度可靠。民航飞机上一般都装有一套以上的备用系统。

（二）高频通信系统（HF：High Frequency）

高频通信系统是远距离通信系统。它使用与短波广播的频率范围相同的电磁波，利用了电离层的反射，因而通信距离可达数千千米，用于在飞行中保持与基地和远方航站的联络。

（三）选择呼叫系统（SELCAL）

当地面呼叫一架飞机时，飞机上的选择呼叫系统以灯光和音响通知机组有人呼叫，从而进行联络，避免了驾驶员长时间等候呼叫或是由于疏漏而不能接通联系。

（四）音频综合系统（AIS）

音频综合系统包括飞机内部的通话系统（如机组人员之间的通话系统），对旅客的广播和电视等娱乐设施，以及飞机在地面时机组人员和地面维护人员之间的通话系统。

它分为飞行内话系统、勤务内话系统、客舱广播及娱乐系统、呼唤系统。

1. 飞行内话系统

飞行内话系统的主要功能是使驾驶员使用音频选择盒，把话筒连接到所选择的通信系统，向外发射信号，同时使这个系统的音频信号输入驾驶员的耳机或扬声器中；也可以使用这个系统选择收听从各种导航设备发来的音频信号，或利用相连的线路进行机组成员之间的通话。

2. 勤务内话系统

勤务内话系统是指在飞机上各个服务站位，包括驾驶舱和客舱乘务员、地面服务维修人员站位上安装的话筒或插孔组成的通话系统，机组人员之间和机组人员与地面服务人员之间利用它进行联络。例如，地面维护服务站位一般是安装在前起落架上方，地面服务人员将话筒接头插入插孔，就可以与机组人员进行通话。

3. 客舱广播及娱乐系统

客舱广播及娱乐系统是机内向旅客广播通知和放送音乐的系统。各种客机的旅客娱乐系统差别较大。旅客广播系统（PA）用来供驾驶员或空服人员通过客舱喇叭向旅客进行广播、播放预录音频或音乐。客舱服务员面板用于乘务人员向旅客广播，上面装有手提话筒。磁带放音机用于播放登机音乐和预录的广播，具有紧急情况下自动播放的功能。广播的优先权通过逻辑电路进行控制，分别为驾驶舱广播、乘务员广播、自动信息广播、登机音乐广播。旅客娱乐系统用于向旅客播放录像、电视节目及音乐等。

4. 呼唤系统

与飞行内话系统相配合，呼唤系统由各站位上的呼唤灯、谐音器和呼唤按钮组成，如果某个内话站位上的人员按下要通话的站位按钮，那个站位上的扬声器就会发出声音或接通指示灯，以呼唤对方接通电话。呼唤系统还包括旅客座椅上用于呼唤乘务员的按钮和乘务员站位的指示灯。

第四节 飞机的其他系统

一、液压、气压传动与刹车系统

（一）液压系统

液压系统是以油液为介质传递动力的系统，它通过压力源给系统增压以达到驱动负载的目的。根据帕斯卡定理，在充满液体的密封容器中，因为液体的不可压缩性，对液体的任何一部分施加压力，压力都会被液体不变地传到整个容器的任一点。飞机液压系统是飞机的关键系统，主要用于飞机操纵，如副翼、扰流板、方向舵和升降舵的操纵，也用于起落架和襟翼的收放等。

应用于飞机的液压系统有不同的种类，可划分为单液压源系统和多液压源系统。中、小型飞机通常采用单液压源系统，即飞机上仅有一个单独的液压系统，主要用于传动起落架收放（有的还包括襟翼收放等）；大型飞机则采用多液压源系统，即飞机上有多个相对独立的液压系统，为飞机多个系统和部件提供动力。

现代大型运输机上许多重要部件需要液压传动。出于提高可靠性的考虑，这些飞机都采用多液压源系统，通常有3~4个相对独立工作的液压系统。如图2-28所示。

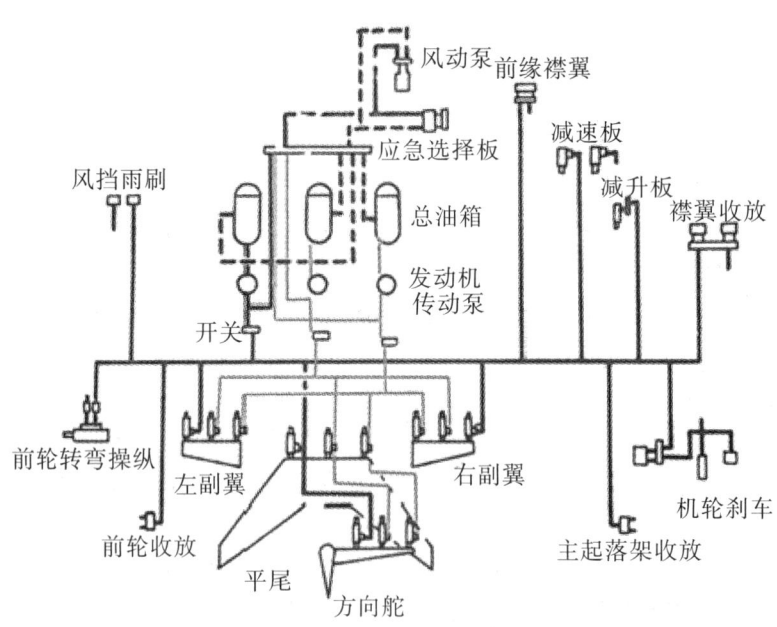

图2-28 飞机液压系统示意图

液压系统按功能分为两大部分：

1. 液压源系统

包括液压增压泵、油箱、油滤、冷却装置、压力调节装置及蓄压器等。

2. 工作系统

利用液压源提供的液压能量实现工作任务的系统。包括动作执行机构和控制调节元件，能够完成不同形式和顺序的运动。液压油是系统的工作介质，其作用是传递压力能量、润滑、冷却和防止锈蚀。液压油要求润滑性好、黏度适中、不易燃、不可压缩。

（二）气压传动系统

气压传动系统是利用压缩气体膨胀时能够对外做功的特性来传动部件运动的系统。

在一些早期的小型飞机上常使用压缩空气（俗称"冷气"）传动某些部件，如农用喷洒设备和刹车等。气压传动的特点是工作介质（空气）成本低、清洁、维护简单且工作环境适应性好，但工作速度稳定性较差、输出功率较小、传动速度过快、密封性差。大型飞机上的气压传动系统是液压系统辅助系统，用于紧急情况或辅助动力。

（三）刹车系统

刹车系统包括机轮防滑刹车系统、直升机旋翼刹车系统以及减速伞系统、反推力系统、减速板装置以及反桨装置等。机轮防滑刹车系统主要向采用数字技术和电刹车装置的方向发展，也有的采用碳—碳复合材料的盘式刹车装置。

二、燃油系统

燃油系统是用来储存燃油并在各种飞行条件下连续可靠地向发动机供给燃油的系统。燃油系统是保证飞机获取动力的必要装置，包括飞机上的储油设备和向发动机供应油料的系统，具体由燃油油箱、加放油系统、供油系统、燃油管理系统、通气增压系统、防火防爆装置以及防冰装置等部分组成。

（一）燃油油箱

大部分现代民航客机利用位于机翼、中央翼及尾翼内结构的空间储存燃油，即采用整体结构油箱。现代民航客机一般有三个油箱，即两个主油箱分布在左右大翼上，一个中央油箱在左右大翼的根部和机身相连处，三个油箱之间可以通过管路和活门相互输送燃油。大型客机如波音747、空客A330等还会在水平尾翼上安置配平油箱。该油箱一般不直接参与飞机的用油，它可以用来调整飞机的飞行姿态，必要时也可以将该油箱的油输送到主油箱。

将飞机的油箱对称地配置在机翼内，这样的设计有以下好处：

①油箱不占机身容积，有利于提高飞机的客货运输能力；

②在燃料消耗的过程中，飞机重心位置移动量较小，利于飞机的飞行平衡与安全；

③由于油料的重量与飞机升力方向相反，有助于减轻机翼结构的受力；

④置于机翼的油箱距地面较远，在飞机强迫着陆等特殊情况下比较安全。

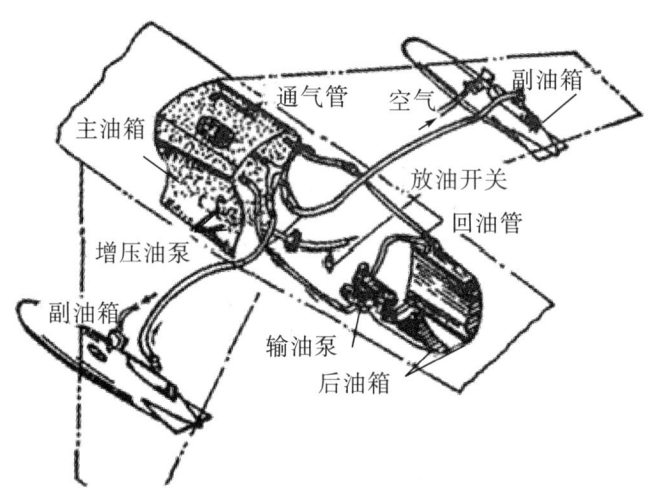

图2-29　飞机整体结构油箱

（二）加放油系统

飞机加油方式分为空中加油和陆地加油两种。

空中加油多见于军用飞机，以适应其效率高、机动性强的特点。现代空中加油需要加油机和受油机按照预定时间在预定地点汇合,在空中实施对接。对接成功后,加油系统根据信号自动接通油路。加油完毕后,受油机根据加油机的指挥进行脱离,加油过程结束。

陆地加油的方式有两种,一种是翼上加油,一种是翼下加油。采用翼上加油方式的主要是小型单翼飞机,此类飞机油箱的位置一般比发动机的位置高,燃油依靠重力流入发动机,亦称重力加油。现代大型客机耗油量很大,均采用翼下加油方式。例如,波音747每小时耗油量为9~10吨,最大载油量约170吨,重力加油效率低下,不能满足其要求,必须采用压力加油方式。压力加油是将地面加油车的软管连接在翼下加油接头上,在增压泵驱动下给各个油箱加油。

加油车分油罐加油车和管线加油车两种。油罐加油车是将燃油从储油库输至油车罐内,驱车至飞机旁加油。油罐加油车以其容量大小为标准,从1200公升至85000公升不等。管线加油车是在燃油从储油库经地下管道输至停机坪的加油井后,用加油车软管连接油井与飞机加油接头的方式加油。管线加油缩短了加油时间,减少了燃油蒸发和污染的可能,安全高效,但修建输油管道、加油井和购买管线加油车的费用昂贵。

图 2-30　飞机加油

飞机飞行时产生的升力会抵消掉机翼内燃油的重力,减轻机翼的结构重量和载荷,但是飞机着陆时在垂直加速度作用下,飞机重量过大会对起落架和机翼造成破坏。因此,当飞机起飞后需要紧急着陆时,为减轻飞机重量,需要将油箱内多余的燃油放掉,以免着陆时损坏飞机结构。此外,过多的燃油极易引起飞机燃烧和爆炸。远程客机上一般都有紧急排油装置，可以迅速地把燃油泄出，减轻飞机着陆重量；中短程客机一般不设紧急排油装置，但可通过飞机在机场空域附近盘旋耗油的方法来消耗机上燃油，至安全油量后再降落。

三、电气系统

飞机的电气系统由电源系统、输配电系统和用电设备三大部分组成，也可将前两部分总称为供电系统。电气系统的功能是产生、变换和分配电能，它是确保飞机各系统正常工作和飞机安全飞行必不可少的重要系统之一。用电设备则分属各机载系统。

（一）供电系统

飞机上电能的产生、调节、控制、变换和传输分配系统统称飞机供电系统，包括从电能产生一直到用电设备端，即飞机电源系统和飞机输配电系统。飞机电源系统是飞机上电能产生、调节、控制和电能变换部分的总称。通常飞机电源系统由主电源、辅助电源、应急电源、二次电源和地面电源接口等组成。

①主电源由航空发动机直接或间接传动的发电机组及其变换调节、控制保护设备等构成，飞机正常飞行时向全机提供足够数量和一定质量的电能，满足用电设备的需要。

②辅助电源是飞机发动机未工作或部分主电源发生故障时向飞机供电的电源，来自航空蓄电池和辅助动力装置驱动的发电机。

③应急电源是主电源发生故障后向飞机飞行所必需的用电设备供电的电源，来自应急发电机，用于应急供电。

④二次电源由电能变换器构成，用于将主电源产生的一种形式的电能转变为另一种或多种形式的电能，以适应不同用电设备的需要。

⑤地面电源接口支持飞机在地面时使用地面外接电源。飞机停于机场时，最好由机场的地面电源供电，地面电源通过电缆和机身的插头插座向飞机供电，以供在地面通电检查机上用电设备和启动发动机之用。

（二）用电设备

飞机用电设备按其重要性可分为三类：飞行关键设备、任务关键设备和一般用电设备。

1. 飞行关键设备

飞行关键设备，如仪表、飞行控制系统、仪表着陆系统和通信电台等，它们是维持可操纵飞行所必需的最低限度的用电设备。正常供电期间由主电源供电；当主电源失效，需要应急供电时，可自动或人工转为由应急电源供电。

2. 任务关键设备

任务关键设备是完成飞行任务所必需的设备，如民用飞机中的座舱增压设备、空调设备等。在飞机应急供电时，为确保重要负载得到供电，将视故障的严重程度，切除部分乃至全部任务关键设备电源。

3. 一般用电设备

一般用电设备，如座舱照明系统和厨房炊具等，它们正常工作与否并不危及飞行安全，故当主电源发生局部故障而提供的功率有限时，为确保对重要负载和主要负载的供电，根据故障的严重程度，将首先切除部分以至全部一般用电设备电源。

四、照明系统

飞机灯光照明系统分为机外照明、机内照明和应急照明。

机外照明供夜间或能见度低等情况下使用；机内照明用于为旅客提供舒适明亮的乘机环境，以及空勤、地勤人员工作及机内维修等；应急照明供飞机主电源失效时完成紧急迫降及迫降后机上人员应急撤离使用。

（一）机外照明

机外照明包括航行灯、防撞灯、着陆灯、滑行灯、跑道脱离灯、大翼照明灯、航徽标志灯等。

航行灯（Navigation Light）又称位置灯，即航行时需要打开的灯。顺着飞机飞行的方向看去，左翼尖上有红灯，右翼尖上有绿灯，垂尾顶端则为白灯，即左红、右绿、尾白。之所以选择红、绿、白三种颜色，是因为它们在漆黑的夜晚非常醒目，而且相互之间的差别很大，不会混淆。三盏灯可以连续燃亮，也可以间隙燃亮。航行灯的作用：一是向临近飞机指示本机的飞行方向和方位；二是除了交通管制员和避撞系统（TCAS）对临近飞机的监控之外，飞行员还可以通过自行观察航行灯，进一步判断周围空域的情况。

防撞灯（Anti-collision Light）又称频闪灯，以高强度短间隔进行爆破闪烁来警示周围的航空器以及人员，以避免相撞。防撞灯分为红光防撞灯和白光防撞灯，俗称"红闪"和"白闪"。它们分别安装在机身上下部和翼梢后尖，有些机型还会将白色防撞灯安装在翼梢前部和尾椎。

着陆灯（Landing Light）安装在两侧机翼翼根以及前起落架处，可在夜间以及低能见度天气条件下对前方跑道道面提供大面积照明。

滑行灯（Taxi Light）位于前起落架，只有一个。在自行滑出和脱离跑道后，飞行员会开启滑行灯。它的作用是在飞机低速滑行时对前方跑道提供照明。由于其亮度和功率比着陆灯弱，所以可以较长时间使用。滑行灯和着陆灯可互为补充，无论高速滑行还是低速滑行，都能给机组人员提供清晰、开阔的视野。

跑道脱离灯（Runway Turn-off Light）又叫转弯灯或跑道边灯，安装在前起落架减震支柱及翼根处，分别提供机头前方两侧照明。用于照明滑行道、跑道边线，夜间示意地勤人员飞机准备滑出。

大翼照明灯（Wing Light）又叫机翼灯，位于翼根前部机身两侧，用于照明机翼前缘及发动机唇口区域，按需打开以便机组通过目视检查此区域的结冰和损伤情况。

航徽标志灯，安装于水平安定面翼尖附近，对垂直安定面上航空公司标志提供照明。

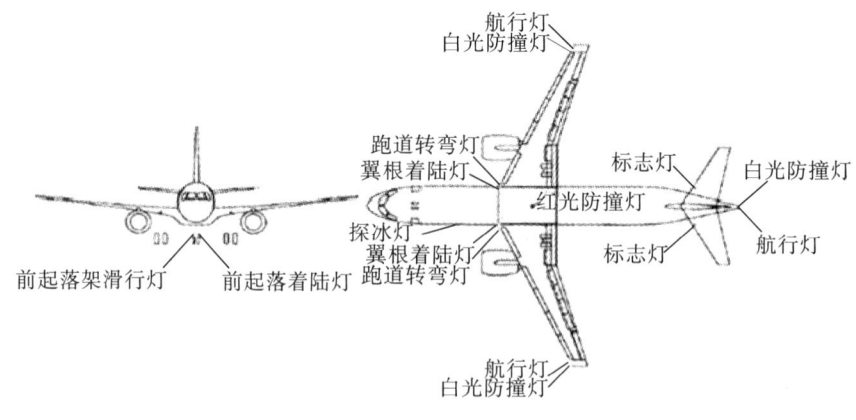

图2-31 机外照明

（二）机内照明

机内照明包括驾驶舱照明、客舱照明、货舱照明、各类警告指示信号灯等，如客舱顶灯和窗灯（明暗可调节）、旅客单独使用的阅读灯、服务间工作灯、禁止吸烟信号灯、安全带信号灯、出口灯等。

（三）应急照明

应急照明主要包括紧急降落所需要的仪表照明，以及降落后乘客撤离飞机所需的舱顶灯、客舱走廊灯、地板逃生路径接近灯、出口标志灯、逃生滑梯的应急照明等。

客舱内的应急灯和出口标志灯在飞机电源全部失效时能够自动点亮。有些灯光组件可以从其安装架上拆下，作为手提灯使用。

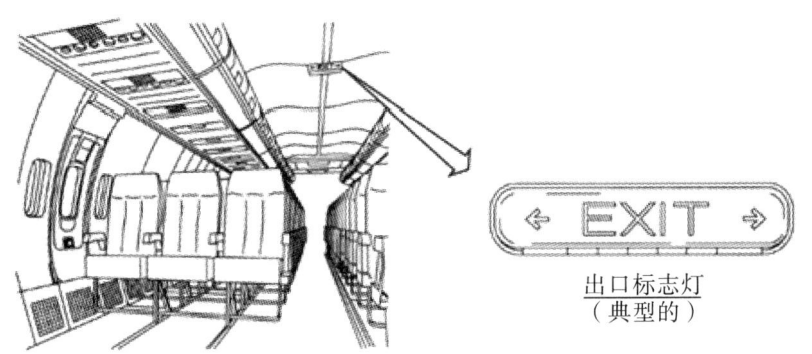

出口标志灯
（典型的）

图 2-32　飞机出口标志灯

五、飞机座舱环境控制系统

飞机在天空飞行时，随着高度的增加，气压不断下降，大气中含氧量也随之降低。海拔高度超过 4000 米，人就会出现头晕、恶心、呼吸困难等缺氧症状。座舱环境控制系统，就是在不同的飞行状况和外界条件下，使飞机的驾驶舱、客舱、设备舱及货舱具有良好的环境参数，以保证飞行人员和乘客的正常工作条件和生活环境、设备的正常工作环境及货物安全。该系统由氧气系统、增压座舱和空调系统三个部分组成。

表 2—1　高度与缺氧反应

高　度	症　状
海平面	正常
1000 英尺	头痛，疲劳
1400 英尺	发困，头痛，视力减弱，肌肉组织相互不协调，指甲发紫，晕厥
18000 英尺	除上述症状外，记忆力减退，重复同一动作
22000 英尺	惊厥，虚脱，昏迷，休克
28000 英尺	5 分钟之内出现虚脱、昏迷

注：1 英尺=0.3048 米。下同。

表 2—2　高度与有效知觉时间

高　度	有效知觉时间
22000 英尺	5~10 分钟
25000 英尺	3~5 分钟
30000 英尺	1~2 分钟
35000 英尺	30 秒
40000 英尺	15 秒

（一）氧气系统

现代民航飞机的氧气系统只在紧急情况下供救生使用。它由氧源、供氧管路、氧气面罩三个部分组成。一般情况下，绝大多数客机的氧气是用高压气瓶储存的，但有的飞机上会配有化学的氧气发生器作为备用气源，还有个别的客机及军用飞机以液氧为氧气源。氧气经由供氧管路送到氧气面罩上。

客机上的氧气面罩在乘客座位上方的天花板上，一旦气压降到 4500 米高度以上的气压值时，氧气面罩会自动落下，供乘客使用。

图 2-33 飞机氧气面罩

（二）增压座舱

飞机飞行高度超过 4000 米，就会使人产生减压症状，为此人们开始想办法进行增压保护。早期活塞式飞机的解决办法是给乘员戴上氧气面罩或穿上抗荷服。喷气式飞机的飞行高度长时间维持在 7000 米以上，因此必须向座舱增压，并把整个座舱的压力控制在适当范围，使舱内压力大于外界大气压。增压的座舱要有一定的密封性能，以保证舱内压力，所以增压座舱又叫气密座舱。

增压座舱的主要气源来自发动机，喷气式飞机一般依靠发动机的压气机引出气体来进行加压。现代飞机座舱内的压力高度一般维持在 1800~2400 米，以保证旅客乘坐的舒适性。

（三）空调系统

空调系统用于保证座舱内的温度、湿度和二氧化碳浓度适宜，提供舒适、安全的飞行环境。

现在的民航运输机普遍采用空气循环冷却系统。从气源系统获得高温高压引气，经过调节装置，流过热交换器进行初步冷却，再在冷却涡轮里进一步膨胀冷却，供应座舱。座舱温度的控制是通过不断改变冷热路空气的混合比例来实现的。

六、防冰、防雨系统

飞机防冰排雨系统的主要作用是防止飞机的某些关键部位或部件结冰，并且保证在雨天飞行时驾驶舱风挡的干燥，使其不致妨碍驾驶员的视线。

（一）飞机防冰

当飞机在温度为零度左右的云层和雨区中飞行时，它的突前部分容易结冰，如机翼前缘、展翼前缘、发动机进气道前缘、伸出的天线和风挡玻璃上等。结冰会对飞行性能产生很大的影响，严重时会导致坠机事故的发生。机翼、尾翼前缘结冰使翼型改变，升力降低，破坏操纵性能；进气道前缘结冰会导致进气不畅，影响发动机推力，如果冰层碎裂，冰块吸入发动机，还易损坏发动机；天线结冰会影响仪表的指示；风挡玻璃结冰会妨碍驾驶员视线；等等。总之，飞机的各部位都不允许结冰。防止或消除飞机结冰一般采用四种方式：气热防冰、电热防冰、化学溶液防冰和机械除冰。

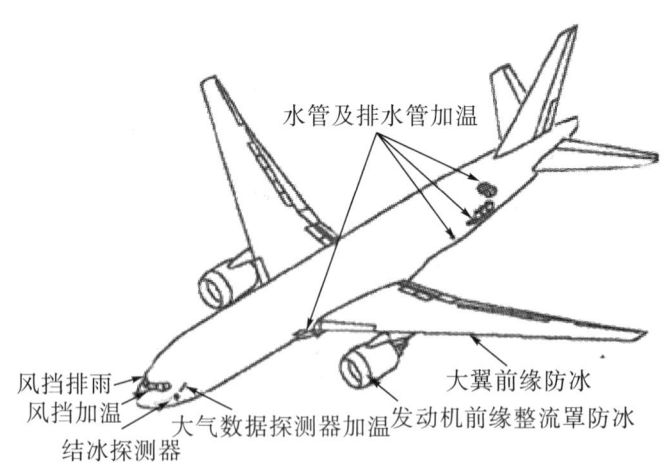

图 2-34 防冰排雨系统

1. 气热防冰

气热防冰用于机上防冰面积较大的部位，如机翼前缘、尾翼前缘、发动机进气道前缘。喷气式飞机的热气源引自发动机压气机，活塞式飞机则要用加热器加热空气，把热空气经由导道送到需防冰的部位，防止结冰。目前大中型飞机均采用这种方法进行大面积防冰。

2. 电热防冰

电热防冰是利用电阻把电能转化为热能进行防冰。用于面积较小、较为突前的部位，如空速管和风挡玻璃的防冰。空速管内装有功率很大的电阻丝，可在结冰时通电把冰融化。风挡玻璃则通过加热玻璃上的金属涂层进行防冰。

3. 化学溶液防冰

化学溶液防冰是将防冻液喷洒到防冰表面进行防冰或除冰。防冰液是冰点很低的化学液体，一般是酒精和甘油的混合物或异丙基乙醇，它们可使水的冰点降低或使已结冰融化，主要用于螺旋桨飞机的螺旋桨防冰或小型飞机的机翼等部位的防冰。

4. 机械除冰

机械除冰方法较为传统，在小型飞机上尚有使用。机翼前缘装有一层橡胶防冰管带，平时防冰管带紧贴在机翼上，结冰后管带内会充放压缩空气，使管带反复膨胀、收缩，使冰层破裂为碎块，让迎面气流吹掉。

5. 结冰探测装置

大型飞机在机身外侧都装有结冰探测器，遇有结冰就会启动机内警告灯，并启动防冰系统。在气热防冰的地方有温度传感器，防止该区域在冰融化后产生过热现象。机身上还装有防冰灯，在夜晚飞行时可照亮机翼，以便驾驶员检查结冰情况。

小型飞机主要靠驾驶员目视检查结冰情况；也有的在机头外侧装有探冰杆，使驾驶员易于发现结冰情况。

（二）防雨装置

飞机防雨主要是防止雨水在风挡玻璃上聚集，保持驾驶员的良好视线。中小型飞机采用的是和汽车同样的雨刷，用来刷去雨水，只不过这种雨刷要承担更大的速度和空气动力载荷，功率更大。大型飞机多使用化学

液体喷洒在风挡玻璃上,这种防雨液的作用是使雨点聚积成球状被吹走,不在玻璃上依附,因而不会影响驾驶员的视线。这种方法只有在雨水较大,能使风挡玻璃湿透时才会使用;在雨水较小时,防雨液可能会粘在玻璃上,清洗比较困难。也有飞机将从发动机引来的热气吹在风挡玻璃外面来防雨。

七、防火系统

飞机在使用中有发生火灾的危险,因此现代飞机上都有专门的防火系统,当飞机发生火险后,能迅速扑灭火源。

防火系统包括火警探测系统和灭火系统。火警探测系统由发动机和辅助动力装置火警探测系统、货舱温度和烟雾探测系统、机轮舱和引气管道过热探测系统等组成。灭火系统由灭火剂贮存器、灭火剂释放装置等组成。防火系统平常不工作,但一旦发生火险,必须迅速扑灭火源,因此需要定期检查、测试,以保证系统的可靠性。

(一)火警探测系统

火警探测系统的工作原理是将火警发生时的特征物理量转换成电信号,超过阈值时,即接通火险报警。

火警探测系统按照探测部位的不同分为单元型和连续型两种。单元型火警探测器用于探测最有可能发生火险部位的温度,是点探测器,分为熔融—连接开关和热电偶探测器两种。连续型火警探测器可以对可能的防火区域进行全方位的探测,是面探测器。系统通过电线或管路围绕防火区形成探温环路。探温环路分为电阻型和电容型两种。电阻型探温环路,在正常温度下,环路内通过的微量电流不足以作动火警警电路;当温度上升时,因为材料的负温度电阻特性,电流超过预定值,接通火警警告电路。电容型探温环路利用温度和电容同比的特性探测火警。与电阻型探温环路相比,电容型探温环路接地或短路时,不会产生错误的火警信号。

烟雾探测系统安装在飞机的货舱、设备舱、厕所等处,它通过探测燃烧烟雾来判断火险是否存在。它包括 CO 探测和烟雾探测。CO 探测器用于客舱和驾驶舱的火警探测。飞机燃烧时产生大量的 CO,CO 探测器通过指示器的变色程度来判断 CO 浓度,进而判断火警。烟雾探测器分为光电池型和电离型两种。光电池型烟雾探测器中有烟雾时，烟雾微粒被光线照射、反射，引起光电池产生电流，经放大后接通警告灯和警铃。电离型探测器内有被电离的空气，当烟雾进入探测室内时，烟雾被吸附在空气离子上，会减弱空气的电离度。

（二）灭火系统

火警探测系统发现火警后发出声音和灯光警告，驾驶员操作灭火手柄激发电爆管，将灭火剂释放到相应区域。若火警探测系统没有触发火警信号，灭火瓶温度过高时，易熔塞熔化，灭火瓶释放压力，自动排出灭火剂。

八、客、货舱设备

（一）客舱

客舱是指飞机中用于载运旅客的舱。

飞机制造商对客舱的布局可以按照航空公司的需求进行。常见大中型客机客舱一般按头等舱、商务舱、经济舱三级舱布局，或按头等舱、经济舱双级舱布局，也有布局成全普舱以增加旅客运输量的情况。舱位之间用可拆卸的隔板隔开。不同等级的客舱，座椅宽度和座椅间距也不同。航空公司为了多装载旅客，一般会尽量减小排间距，但为了保证紧急情况下旅客撤离飞机的迅速性，国际民航组织规定，排间距不得小于736毫米（29英寸）。

客舱厨房和卫生间的数量一般按照乘客座位数进行配置。大中型单通道窄体干线客机的厨房一般布置在机舱头、尾两部；双通道宽体干线客机的厨房一般布置在机舱头、中、尾三部；中小型支线客机一般没有厨房。通常60~70名旅客配备一个厨房。厨房中有烤箱、烧水器、餐车、储物格等设施设备。飞机上的卫生间按照飞机的大小分别安置在客舱前部和后部。通常40~50名旅客配备一个卫生间。厨房和卫生间的用水构成机上用水系统，水箱装在机身后部，通过加压向厨房和卫生间供水。机上用水系统分为饮用水和循环用水两个独立系统。

（二）货舱

1. 客机货舱

客机客舱地板下面是货舱，用来存放乘客的托运行李。除此之外，货舱还可以运输货物，产生货运收入。受机身结构的限制，货舱舱门一般开在机身下部，尺寸较小，只能运输散货。

2. 快速转换性飞机货舱

有些客机被设计成能够按照需要在客机和货机之间快速转换。通常这种飞机已经预置了货舱门，飞机的座椅与导轨采用快卸式连接，可以迅速拆下并装上滚棒系统。

3. 专用货机货舱

这种飞机除驾驶舱外全部为货舱。专用货机中很大一部分是由客机改装而成的，即在机身侧面改装出货舱门，以使标准航空集装箱进入货舱。有一些机型还设计成机头段或机尾段可整体打开的形式，可让货物直接进入。为了加快货物装卸的速度，提高飞机的使用效率，货舱内装有滚棒系统，可使货物或集装箱顺利推入。

（三）机舱内的救生设施

飞机一旦发生事故，保障旅客和机组人员迅速安全撤离飞机是最重要的任务。

1. 撤离通道和应急出口

飞机遇险，机上乘员应急撤离时，陆地撤离时间应控制在90秒以内，此时间是从飞机完全停稳到机上最后一人撤离为止；水上撤离时间一般情况下为20分钟，最少13分钟，机上所有人员必须在13分钟内撤离完毕。客舱中预先划分了撤离分区，每个分区在陆地撤离和水上撤离时有专用的逃生路线通往最近的应急出口。

机上出口除了正常的舱门以外，还根据旅客的数量布局了应急出口，供紧急情况下加快撤离速度使用。

2. 部分陆上应急撤离设施

（1）充气撤离滑梯

大中型客机的出口距地面高度至少两米，紧急情况下必须有媒介供乘客使用以平安到达地面。因此，现代客机在飞机舱门和部分机型的应急出口处都装有撤离滑梯。该滑梯平时以不充气状态折叠存放，在紧急情况下打开后自动充气，乘客跳入滑梯，滑到地面，逃离飞机。

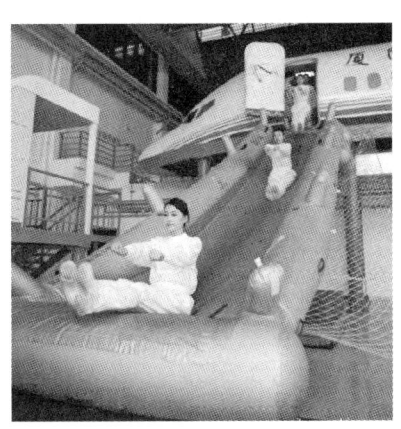

图 2-35　波音 737 的充气撤离滑梯

（2）应急定位发报机

飞机机身内有多个应急定位发报机，在飞机迫降后会自动发出位置信号。撤离人员可带走机上便携式应急定位发报机，撤离至安全区域后，立即打开，发出定位信号，以便搜救。应急定位发报机的工作范围为 30 千米左右，可以连续工作 48 小时。

3. 部分水上应急撤离设施

（1）救生衣

每位旅客座椅下方均有一个救生衣供落水后逃生使用。拿出救生衣后穿上，拉动充气阀门可自动充气。救生衣的颜色为黄色或橘红色，并配有水下定位灯，便于救援。

（2）救生筏

救生筏是充气式漂浮救生设备，根据机型与座位数有不同规格。例如，波音 737 的救生筏载客量为 46~69 人。

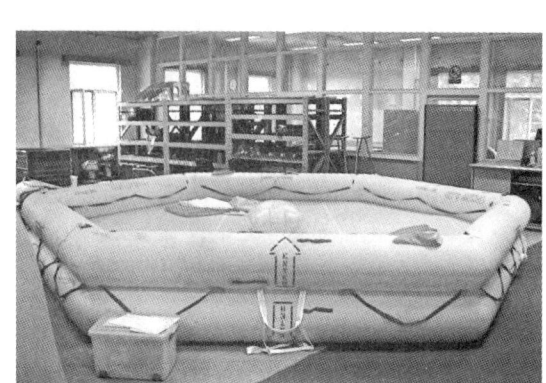

图 2—36 波音 777 的应急救生筏

复习思考题

1. 简述飞机各组成部分的名称。
2. 简述机身的形状及设计原理。
3. 简要介绍机翼的作用。
4. 简要介绍机翼的配置形式和安装角的定义与分类。
5. 简述尾翼的构成及作用。
6. 简述起落架的功能及配置形式。
7. 简述飞机发动机的分类及各种发动机的工作原理。
8. 简要介绍飞机的辅助动力装置及其作用。
9. 简要说明飞机的仪表和电子装置。
10. 简要说明飞机的常见系统。

第三章 飞行基本原理

第一节 大气的基本性质

不论是轻于空气的航空器还是重于空气的航空器，都要在大气层中飞行，大气层中的各种现象和空气运动对航空器的活动有着重要影响。

一、大气的组成

大气由三个部分组成：干结空气、水汽和大气杂质。

干结空气是构成大气的最主要部分，一般意义上所说的空气就是指这一部分。空气是由不同成分的气体分子组成的，这些分子不停地、无规则地运动着，分子之间有着很大的自由距离。分子以不同的运动速度向不同方向运动，并且互相碰撞，它们的动能以热能和压力的形式表现出来。空气按体积计算，氮气约占78%，氧气约占21%，其余为二氧化碳和氢、氩、氖、氦等气体。

水汽由地表和潮湿物体表面的水分蒸发形成。大气中水汽的含量平均占整个大气体积的0%~5%，并随高度增加而逐渐减少。水汽是成云致雨的物质基础，因此大多数复杂天气都出现在中低空，高空天气往往很晴朗。水汽随大气运动而运动，并在一定条件下发生状态变化，即气态、液态和固态之间的相互转换。

大气杂质又称气溶胶粒子，是指悬浮于大气中的固体微粒或水汽凝结物。固体微粒包括烟粒、盐粒、尘粒等。烟粒主要来源于物质燃烧，盐粒主要是溅入空中的海水蒸发后留下的盐核,而尘粒则是被风吹起的土壤微粒和火山喷发后在空中留下的尘埃。水汽凝结物包括大气中的水滴和冰粒。在一定的天气条件下,大气杂质常聚集在一起,形成各种天气现象,如云、雾、雨、雪、风沙等,它们使大气透明度变差,并能吸收、散射和反射地面和太阳辐射,影响大气的温度。

二、大气分层

根据不同的气象条件和气温变化等特征,可以把大气分成若干层。例如,以气温变化为基础,可将整个大气分为对流层、平流层、中间层、电离层和散逸层等五层。

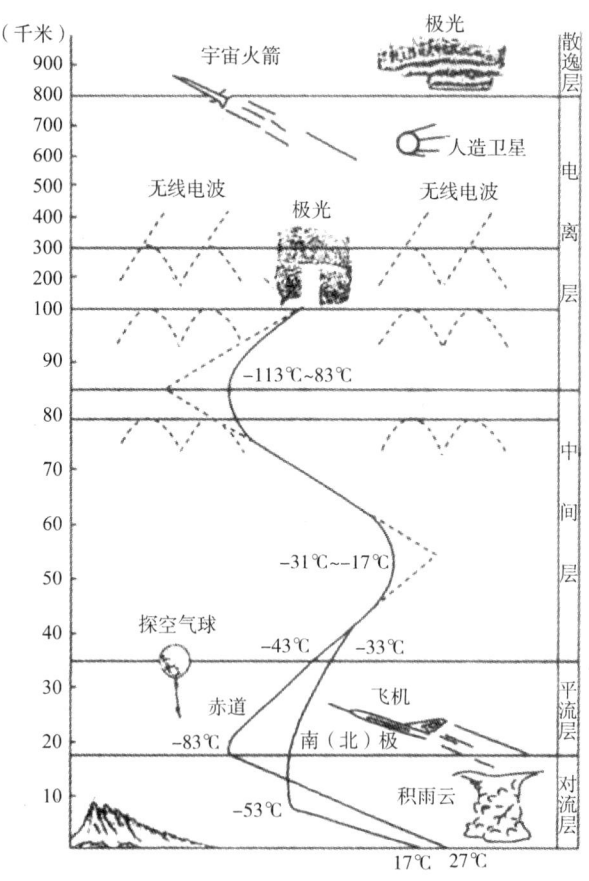

图 3-1 大气分层示意图

（一）对流层

对流层是最接近地球表面的一层，它的底界是地面，顶界则随着纬度、季节等因素而变化。根据观测，对流层顶的高度，就纬度而言，在赤道地区平均为17～18千米，在中纬度地区平均为10～12千米，在南、北极地区平均为8～9千米；就季节而言，对流层顶的高度是夏季高于冬季。在这一层，空气不仅水平流动而且垂直流动，因而称为对流层。

对流层有以下特点：

1. 气温随高度增加而降低

在对流层中，空气受热的直接来源不是太阳，而是地面。太阳放射出的能量，大部分被地面吸收，空气是被太阳晒热的地面烤热的，所以越临近地面，空气温度就越高。

2. 风向、风速经常变化

由于太阳对地面照射情况不一，加之地形、地貌不同，地面各地区空气气温和密度均不同，气压也不相等。即使是在同一地区，气温、气压也经常会发生变化，使大气产生对流现象，形成不同风向、风速的风。

3. 空气上下对流激烈

地面各处的温度不同，受热多的空气因膨胀而上升，受热少的空气因冷却而下降，就形成空气上下对流。

4. 有云、雨、雾、雪等天气现象

海、江、河的水由于太阳照射而不断蒸发，使大气中常常聚集着各种形态的水蒸气，并由此产生云、雨、雪、雾、雹等天气现象。

对流层的上述特点给飞行安全带来极大影响。

（二）平流层

平流层位于对流层之上（通常把平流层和对流层的分界线定为11000米），其顶部距离地面35～40千米。由于这一层受地表影响较小，所以在一定范围内气温基本保持不变，大约维持在-56℃，故又称同温层。整层空气几乎没有垂直运动，气流平稳，空气稀薄，水汽和杂质含量极少，只有少数发展旺盛的云才能伸展到这一层，所以，平流层天气晴朗，飞行气象条件良好，适合飞行。现代大型喷气式飞机和大型运输机可达平流层底层。

(三) 中间层

中间层在平流层之上,上界距离地面 80~100 千米。其特点是,气温随高度增加,先增加,然后降低。这是由臭氧层吸收太阳紫外线释放出的热量所致,越临近臭氧层气温越高,高度继续上升,超越臭氧层上界后温度随之降低。在 55 千米高度附近,气温由 -43℃~-33℃ 上升到 -31℃~-17℃;随后,高度增加,气温又开始下降,降到 -83℃ 以下。中间层有水平方向的风,且风速相当大,在 60 千米高度,风速可达 140 米/秒。

(四) 电离层

电离层位于中间层以上,上界距离地面约 800 千米。其特点是高度升高,气温迅速上升,并且空气具有很大的导电性,故称电离层。由于温度较高,又称暖层。

(五) 散逸层

这是大气的最外层,该层内常有一些气体向星际空间散逸,故称散逸层。据推算,散逸层距离地球表面 2000~3000 千米。

民用航空器活动在对流层和平流层下部,从地面算起到 18000 米高度之内。没有增压座舱的飞机和小型喷气式飞机在 6000 米以下的对流层中飞行。大型高速的喷气客机装有增压装置,可在 7000~13000 米的对流层顶部和平流层中飞行。这里几乎没有垂直方向的气流运动,飞机飞得平稳;而且空气稀薄,飞行阻力小,飞机可以以较高的速度飞行,节约燃料,经济性好。现代民航运输的大部分活动在这一层中进行,超音速飞机和一些高速军用飞机,为了减少阻力,会巡航在 13500~18000 米甚至更高的高空。

三、大气物理参数

对飞行影响最大的物理参数是气压、温度、密度和音速。它们之间相互联系,随纬度、季节而变化。

(一) 大气压力

大气压力是指空气在单位面积上所产生的压力,它来自于空气的重量,也来自于空气内部分子的热运动。因而大气压力会随着高度的增加而减小,也随着温度的降低而降低。大气压力随着高度的增加基本上呈线性下降，航空器利用这个规律来确定飞行高度。

（二）大气温度

大气温度是指大气层内空气的温度，它表示空气分子受热的程度。温度高，空气分子热运动的动能大；温度低，空气分子热运动的动能小。在对流层，大气的温度随着高度的增加而呈线性下降，大约每升高1000米温度下降6.5℃。到达同温层后，温度基本保持不变。在标准大气条件下，在11000～26000米的高度，空气温度保持在－56.5℃。

（三）空气密度

空气密度是指单位体积内空气的质量。气体的密度受到温度、压力的影响，既然大气的压力和温度都随着高度的增加而下降，空气密度也会随着高度的增加而下降，而且下降的速度比压力和温度要快。空气的密度直接影响飞行的升力和阻力。

（四）音速

音速是指声音在空气中传播的速度。音速受到大气温度和密度的影响，温度高，音速大；密度大，音速也大。因而在对流层中，音速随高度的增加而减小；在同温层中，由于温度不再变化，空气密度已经很小，对音速的影响不大，这时音速基本保持不变。音速是影响飞行阻力的重要因素。

四、国际标准大气

大气的各种物理参数随着地理位置、地形、季节的变化而变化，因而航空器的飞行性能在不同的地点、季节、高度有不同的表现，这使得航空器的制造和使用在不同的条件下有不同的结果，从而给使用者带来麻烦。因此，必须有一个统一标准，以便在世界范围内进行统一比较、计算。为此，国际民航组织制定了国际标准大气（ISA），以此作为航空器设计和制造的统一标准，也作为航空器使用者在使用航空器时的共用标准。

国际标准规定，以海平面的高度为零。在海平面，空气的标准状态为：

气压：760mmHg

气温：15℃

声速：341m/s

空气密度：1.225kg/m³

国际标准大气是由平均值加上一些假设情况制定的，因而它与各地的实际情况有一定差距，特别是远离中纬度的地区，差距更大。因此，在实际使用中，在做相互比较或换算时要按国际标准大气的数值，而在具体地点使用时要加以修正。

表 3-1 国际标准大气

高度 (ft)	温度 (℃)	压力			压力比 $\delta = P/P_0$	密度 $\sigma = \rho/\rho_0$	音速 (kt)	高度 (m)
		hPa	psi	inHg				
40000	-56.5	188	2.72	5.54	0.1851	0.2462	573	12192
39000	-56.5	197	2.58	5.81	0.1942	0.2583	573	11887
38000	-56.5	206	2.99	6.10	0.2038	0.2710	573	11582
37000	-56.5	217	3.14	6.40	0.2138	0.2844	573	11278
36000	-56.3	227	3.30	6.71	0.2243	0.2981	573	10973
35000	-54.3	238	3.46	7.04	0.2353	0.3099	576	10668
34000	-52.4	250	3.63	7.38	0.2467	0.3220	579	10363
33000	-50.4	262	3.80	7.74	0.2586	0.3345	581	10058
32000	-48.4	274	3.98	8.11	0.2709	0.3473	584	9754
31000	-46.4	287	4.17	8.49	0.2837	0.3605	586	9449
30000	-44.4	301	4.36	8.89	0.2970	0.3741	589	9144
29000	-42.5	315	4.57	9.30	0.3107	0.3881	591	8839
28000	-40.5	329	4.78	9.73	0.3250	0.4025	594	8534
27000	-38.5	344	4.99	10.17	0.3398	0.4173	597	8230
26000	-36.5	360	5.22	10.63	0.3552	0.4325	599	7925
25000	-34.5	376	5.45	11.10	0.3711	0.4481	602	7620
24000	-32.5	393	5.70	11.60	0.3876	0.4642	604	7315
23000	-30.6	410	5.95	12.11	0.4046	0.4806	607	7010
22000	-28.6	428	6.21	12.64	0.4223	0.4976	609	6706
21000	-26.6	446	6.47	13.18	0.4406	0.5150	611	6401
20000	-24.6	466	6.75	13.75	0.4595	0.5328	614	6096
19000	-22.6	485	7.04	14.34	0.4791	0.5511	616	5791
18000	-20.7	506	7.34	14.94	0.4994	0.5699	619	5406
17000	-18.7	527	7.65	15.57	0.5203	0.5892	621	5182
16000	-16.7	549	7.97	16.22	0.5420	0.6090	624	4877

续表3-1

高度 (ft)	温度 (℃)	压力			压力比 $\delta=P/P_0$	密度 $\sigma=\rho/\rho_0$	音速 (kt)	高度 (m)
		hPa	psi	inHg				
15000	-14.7	572	8.29	16.89	0.5643	0.6292	626	4572
14000	-12.7	595	8.63	17.58	0.5875	0.6500	628	4267
13000	-10.8	619	8.99	18.29	0.6113	0.6713	631	3962
12000	-8.8	644	9.35	19.03	0.6360	0.6932	633	3658
11000	-6.8	670	9.72	19.79	0.6614	0.7156	636	3353
10000	-4.8	697	10.10	20.58	0.6877	0.7385	638	3048
9000	-2.8	724	10.51	21.39	0.7148	0.7620	640	2743
8000	-0.8	753	10.92	22.22	0.7428	0.7860	643	2438
7000	+1.1	782	11.34	23.09	0.7716	0.8106	645	2134
6000	+3.1	812	11.78	23.98	0.8014	0.8359	647	1829
5000	+5.1	843	12.23	24.90	0.8320	0.8617	650	1524
4000	+7.1	875	12.69	25.84	0.8637	0.8881	652	1219
3000	+9.1	908	13.17	26.82	0.8962	0.9151	654	914
2000	+11.0	942	13.67	27.82	0.9298	0.9428	656	610
1000	+13.0	977	14.17	28.86	0.9644	0.9711	659	305
0	+15.0	1013	14.70	29.92	1.0000	1.0000	661	0
-1000	+17.0	1050	15.23	31.02	1.0366	1.0295	664	-305

五、飞行高度的确定

飞机的高度表是根据气压来确定高度的，因而就出现了以什么地方的气压确定高度的问题。实际上，在飞行的不同阶段，会使用不同的气压标准来确定高度。

（一）场压高度（QFE）

飞机在起飞和降落时，必须知道飞机与机场之间的相对高度，以确保高度表指示出与机场地面及地面障碍物之间的垂直距离，这时以机场当地海拔高度的气压高度为0，这样在高度表上表示出来的高度就是机场上空的相对高度。各机场都有指定的位置，飞机在起飞前在这里根据当地的气压数据把高度表调到0；对于降落的飞机，则在下降至一定高度时由塔台通报气压数据，驾驶员把高度表调至场压高度。

（二）海平面气压高度（QNH）

飞机在爬升和下降阶段都要知道它的真实海拔高度，以便通过航图确定和下面地形之间的高度间距，此时以气象部门给出的海平面的气压数据作为高度的基准面，高度表上得出的是飞机的实际海拔高度，也叫绝对高度。想要得到飞机与下方地面之间的真实高度，就用海平面气压高减去从航图上查到的这一位置的标高。

（三）标准气压高度（ISA）

以国际标准大气的基准面（15℃，760毫米汞柱气压）得到的高度称为标准气压高度，用于飞机的巡航阶段。这是为了使在空中飞行的各航空器有统一的高度标准，从而避免因高度基准不同而导致垂直间隔不够，进而导致事故。标准气压平面是人为拟定的平面，它的优点是不受大气环境变化的影响，从而避免因各地气压不同而带来的高度表数据的偏差，保证飞行安全。

从上面的各种高度可以看出，以气压为标准的各种高度不管在什么地方都是同时存在的，只要气压不变，它们的高度值也不变，但在不同的地区要使用不同基准的高度，因而驾驶员在飞行过程中要根据情况及航管的要求使用不同的气压高度。

六、大气与飞行安全

航空器在大气层中飞行，气象因素会对航空器的活动产生重大影响。早期飞机的飞行受到气象条件的严重约束，在传统目视飞行中，天气标准就成为限制飞行的主要规则。现在航空技术的进步使飞机可以仅靠仪表飞行，在很大程度上摆脱了气象条件的束缚，但对于很多剧烈的天气变化，特别是7000米以下的飞行，仪表飞行仍然要遵循一定的气象条件的规定。

（一）能见度

能见度是指观察者在白天辨认物体、在夜间辨认灯光的距离，称为有效能见度，用千米或米表示。能见度在空中分为水平能见度、垂直能见度和斜视能见度。对于目视飞行来说，能见度是允许飞行的重要依据之一；对于仪表飞行来说，尽管在空中可以用仪表和雷达判定方向和前方的阻碍物，但起飞和着陆需要精确的位置、方向信息，仍然要确定能见度。在地面上，可以用地面标准作为参照物来判断距离；在空中，由于没有参照坐标，因而能见度在很大程度上成为主观标准。一般说的能见度指的是地面能见度，主要是跑道能见距离。

在飞行规则中对起飞、着陆和3000米以下的飞行能见度都有明确规定，低于规定的能见度就不能飞行。

对能见度影响最大的是空中的雾和烟，其他如风沙、雨雪等对能见度也有影响。

（二）云

云是由空中水汽凝聚成的可见形态。云和飞行活动有着非常密切的关系。云的不同形状和变化，既能反映当时大气运动的状态，又能预示未来的天气变化。

1. 云的分类

简单来说，按云的高度可分为低云（距地面2000米）、中云（2000～6000米）、高云（6000米以上）三种。按云的形态又可分成积状云、层状云和波状云。积状云是由空气的对流运动形成的；层状云是由大范围的空气做缓慢上升运动形成的；波状云是由空气的波动和扰动形成的。

2. 云量

云量是指云遮蔽天空的程度。

3. 云高

云高通常分为云的底部高度和云的顶部高度。测定云的底部高度的目的是确定飞行高度，是驾驶飞机穿云着陆的基本天气条件，也是一项重要的飞行标准。而测定云的顶部高度是为了飞越某云层时，获得爬升、绕飞或返航的依据。云高可通过地面测量、空中观测及机载雷达等方法测定。

4. 云对飞行的影响

云对飞行主要有以下影响：

①低云妨碍飞机的起飞、着陆。当云底高很低、能见度很差时，飞行将被迫停止，机场关闭。

②云中飞行穿越气流时可能产生或强或弱的颠簸，强烈的颠簸还会威胁飞行安全。

③云中飞行还可能造成飞机积冰。通常是由云中的过冷水滴在飞机表

面冻结而形成冰层,严重的结冰会影响飞行安全。

云虽对飞行有各种影响,但大多数情形下仍能继续飞行。要特别注意浓积云、积雨云和龙卷云。浓积云个体高大,底部为黑色,有时有阵雨。在浓积云中能见度很差,有强烈的颠簸,还会遇到中度到强度结冰。积雨云是最复杂的一种云,云中有强烈颠簸和积冰,它还常常带来雷电、大风、暴雨和冰雹等灾害。龙卷云是由于积雨云中产生强烈的漩涡向下伸展而形成的;龙卷云的风速可达 100 米/秒,它的面积不大但破坏性很强,可以把大树连根拔起,把大件物体吸到空中。

(三)雾

雾从形成原理上讲属于近地面云,它严重影响能见度,危害航空安全。雾的形成有以下条件:一是空气湿度较大,二是空气中有一定数量的微粒,三是气温较低。

(四)降水

降水广义上包括雨、雪、雹等形式。降水对飞行的影响有以下几点:

1. 降水会影响能见度

其中影响最大的是细雨和雪,因为细雨通常在无风的情况下降下,因而会伴随形成雾;降雪过程中,雪在空中反射光线,使能见度下降。其他降水过程中,天空云层高度低、天空昏暗,也使能见度降低。

2. 降水会影响跑道性能

其中以积雪和冻雨最为严重,这种情况出现后使跑道摩擦系数下降或出现障碍,这时必须进行清除,飞机才能安全着陆。

3. 降水还会影响飞机性能

这主要是飞机通过降水云或降水区时,水滴或冰晶在飞机上停留,由于飞机表面温度很低,凝结成冰,进而使升力下降、阻力增大等。

4. 暴雨和大块冰雹有可能损害飞机的机体

这种情况比较少见。

(五)风

空气相对于地球表面运动的水平流动称为风。风是人们最熟悉的一种大气运动形式。风的成因很多,大气层中温度不同、大气压力不同,使空气在不同方向上对流等都会形成风。由于空气的流动直接影响到飞机的空速，而空速又是飞机产生升力的基本条件，因而驾驶员随时都要考虑风的影响。风的存在给飞机的飞行增加了一定的复杂性，它直接影响着飞机的起飞着陆、巡航和油料的消耗。

1. 地面风

飞机在起飞和降落时飞行的速度低，飞行安全易受近地面风的影响。地面风对飞行的影响主要体现在影响飞机起飞和降落阶段的稳定性。机场布局跑道朝向时一般会考虑机场所处城市常年风向，同时飞行员也依据地面风来计算飞机起飞时可承受的重量。飞机起飞和着陆一般是迎风进行的，因此必须调整飞机的航向，使之迎向侧风一定的角度，才能使飞机不致偏离跑道。飞机起飞时，如果有较强的顶风，浮力增加，起飞的速度就可以降低，也就是起飞所需要的跑道相对变短，载重量也比较大；反之，如果顶风较弱或静风时，载重减轻，才能起飞。不同机型的飞机，所允许的最大的跑道侧风也有所不同，超过跑道侧风最大限制时，飞机降落就会有危险。风速的变化可决定飞机起降阶段的稳定性。一般而言，重型飞机不易受风速变化的影响，可以在较大的侧风下起飞，但是控制其变化的反应能力较差；轻型飞机较易受风速变化的影响，但起降阶段碰到阵风时其反应能力较强。

2. 高空风

高空风对飞行的影响主要体现为耗油和载重的调整。飞机巡航时，顺风有利于提升飞行速度，从而节约飞行时间、降低燃油消耗；逆风不利于提升飞行速度，导致飞行时间延长，燃油消耗增大。因而在巡航时，驾驶员都会力争在有利的风向和高度上飞行。现今飞机本身的安全性能已经大幅度提高，但是飞机在飞行过程中遇到的大气状况，如某些特殊的危险天气现象，仍然严重地威胁着飞行安全，这更加凸显航空气象对飞机操作和飞行安全的重要性。而航空气象单位提供的观测和预报数据，就是要满足每个阶段的需求。

最直接影响飞机操作和飞行安全的航空气象因素，大致可归纳为风、云、能见度、温度、气压、空气密度、降水和其他显著天气危害（如飞机结冰、乱流、低空风切变、浓雾所引起的低能见度等）。

3. 气流

大气中常常有不稳定的气流上下运动，这种气流称为湍流。飞机在这样的气流中飞行会产生不同程度的颠簸，轻则影响旅客乘机感受，妨碍飞机操控，重则导致人员伤亡、机体损坏乃至坠毁。最危险的颠簸是风切变造成的。风切变是风的速度和方向突然改变，它可以发生在任何高度。低空风切变会迅速改变飞机起飞和降落的空速和高度，造成严重事故。目前对于风切变尚未有很好的预报方法，一些机场和大型飞机上装备了能探测风切变的雷达，可在一定程度上预防风切变造成的事故。

图 3-2　低空风切变示意图

第二节　飞机的飞行原理

一、空气动力学与流体原理

重达几十乃至上百吨的现代飞机之所以能在空中飞行，是有一股力量克服了它的重力，把它托举在空中的缘故。流动的空气作用在物体上会产生力，这个力可能会很大，例如，飓风可以将粗壮的大树连根拔起，海风掀起的滔天巨浪会将轮船淹没。而有时空气没有明显流动，但由于我们在运动，也能感受到空气的力作用在身上，比如原本无风的天气，当骑自行车向前行走的时候也会感到吃力。由此可见，无论是空气流过静止的物体，还是物体在静止的空气中运动，只要有相对运动，就会在物体上产生力，这个力就叫空气动力。

飞机靠机翼产生的升力支持它在空中飞行。机翼上产生的升力是飞机和空气做相对运动时出现的一种现象，也属于空气动力。

（一）流体连续性定理

流体是气体和液体的统称，因其不能保持一定形状，具有流动性，故此得名。流体占据的空间称为流场。

由日常生活中的经验可知，山谷里的风通常比开阔平原的风大；河水在河道窄的地方流得快，河道宽的地方流得慢。这些现象说明流体的流速快慢与过道的宽窄有关：窄的地方流得快，宽的地方流得慢。

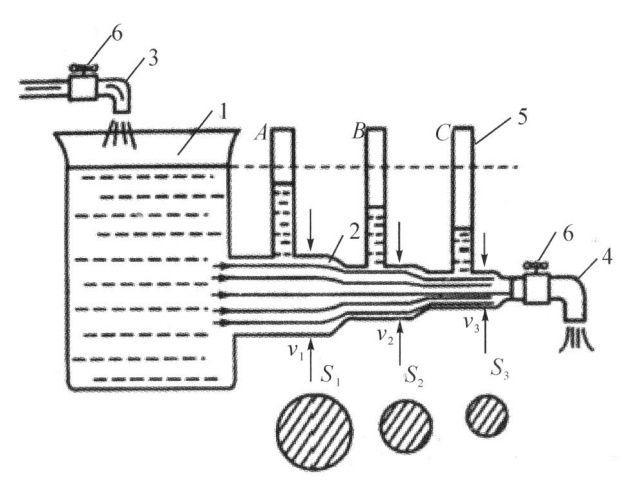

图 3-3 流体连续性定理的验证

注：1. 容器；2. 管道；3. 进口；4. 出口；5. 测压管；6. 开关。

我们来做一个简单的实验。如图 3-3 所示，在一个容器中充满流体，把进口和出口的开关同时打开，让流体从容器中经过剖面不等的管道流出来，并保持流体液面高度不变，这时流体的流动是稳定的。所谓稳定的流动，就是流体流动时的物理特性，如速度、密度、压力等不随时间而变化。按照质量守恒定律，单位时间内流入管道的流体质量应等于流出管道的流体质量。也就是说，在单位时间内，流过管道任一剖面的流体质量都是相等的。例如，图3-3中，单位时间内流过剖面S_1、S_2和S_3的流体质量都是一样的；否则，流体的质量就会有增有减，不符合质量守恒定律，而且流体的流动也会中断或受到挤压，这就违反了流体连续流动的本性。

结论：当流体以稳定的流速在管道中流动时，在管道细的地方（剖面面积小）流得快些，在管道粗的地方（剖面面积大）流得慢些。也就是说，流体流速的快慢与管道剖面的大小成反比，这就是流体连续性定理。流体连续性定理是流体很重要的基本规律之一，它是质量守恒定律的一种具体应用。

（二）伯努利定理

要深入研究物体上空气动力产生和变化的规律，仅仅根据流体连续性定理是不够的，还必须了解流体流动另一个重要的基本规律——伯努利定理。

伯努利定理是瑞士物理学家丹尼尔·伯努利于1738年提出的。这一定理表述了流体在流动中的压力与流速之间的关系。

能量守恒定律是自然界中的另一个基本定律。它告诉我们，能量不会自行消灭也不会凭空产生，而只能从一种形式转化为另一种形式。伯努利定理便是能量守恒定律在空气动力学中的具体应用。伯努利定理的具体推导过程比较复杂，涉及的物理概念也比较多，因此我们在此不做推导，只给出伯努利定理的结论，即流体低速、定常流动时，流速小的地方压强大，而流速大的地方压强小。如图3-4所示。

同流体连续性定理一样，伯努利定理的应用也是有条件的，它只适用于低速，即认为密度不变的流体，不适用于高速流体，并且要求流场中的气体不与外界发生能量交换。

流体连续性定理和伯努利定理是空气动力学中两个最基本的定理，它们说明了流管截面积、气流速度和压力这三者之间的关系。综合这两个定理，我们可以得出如下结论：低速定常流动的气体（不可压定常流动）流过截面积大的地方，速度小，压强大；流过截面积小的地方，速度大，压强小。这一结论是解释低速飞机机翼上空气动力产生的根据。

从日常生活中的一些事例，我们也可以观察到空气流速发生变化时，空气压力也会同时改变。

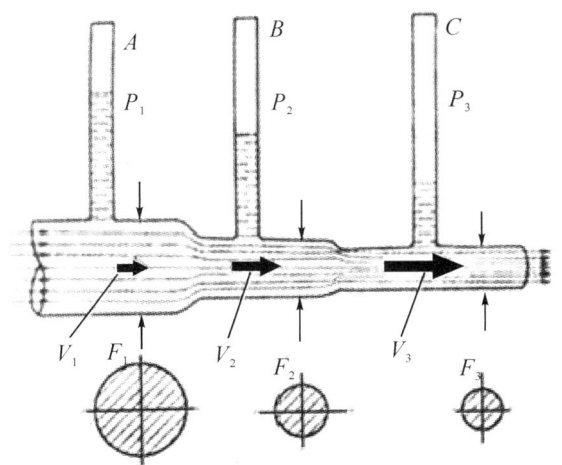

图 3-4 流体流速与压力之间的关系

例如，向两张纸中间吹气，两张纸不是彼此分开，而是互相靠拢（如图 3-5 所示）。这说明两张纸中间的空气流速加快，压力降低。两张纸中间的空气压力小于纸片外侧的空气压力，于是在压力差作用下，两张纸靠拢。又如，靠得很近、并排行驶的两艘船，按理说，水在两船之间，好像插进一个楔子，应该把它们分开才是。然而实际情况却恰恰相反，两船不但不分开，反而会自动靠拢，从而引起互相撞击的事故。在航海史上就发生过这种情况。两船之间水的压力小（以"－"表示），而两船外侧水的压力大（以"＋"表示），内外两侧形成压强差，迫使两船互相靠拢（如图 3-6 所示）。同时，我们由流体连续性定理可以看出，两船之间由于船舷呈弧形，构成一个中间细、两头粗的管道，所以两船之间水的流速必然比两船外侧水的流速大。由此可见：凡是流速大的地方，流体压强就小；流速小的地方，流体压强就大。

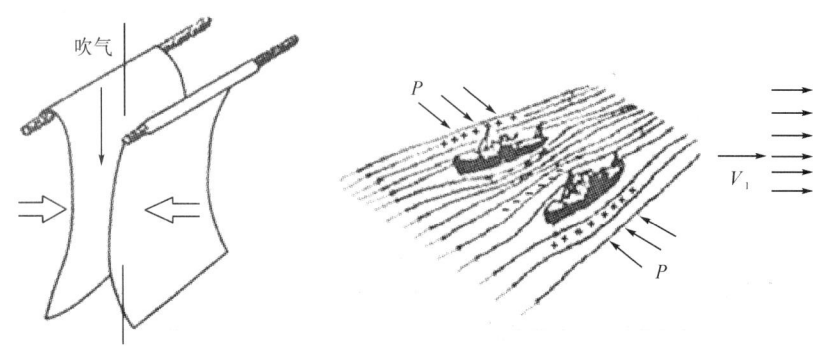

| 图 3-5 吹纸试验 | 图 3-6 两船并行自动靠拢 |

二、升力产生原理

(一) 升力产生过程

为了简化问题,我们使用翼型代表机翼来研究它的升力。翼型就是把机翼沿平行机身纵轴方向切下的剖面。机翼的翼型是流线型的,上表面弯曲大,下表面弯曲小或者是平面。如图 3-7、图 3-8 所示。

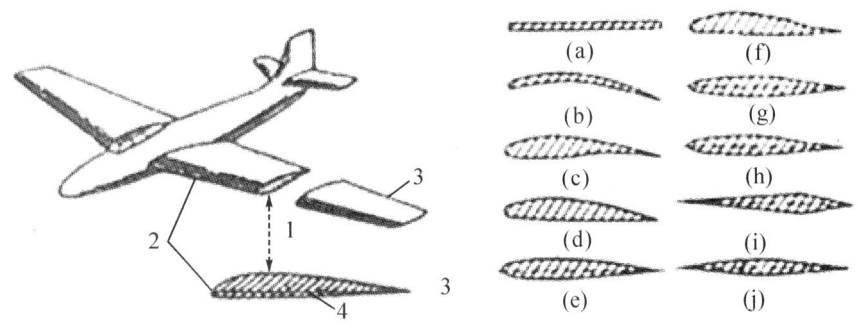

| 图 3-7 翼剖面示意图 | 图 3-8 不同机翼剖面形状 |

注:1. 翼剖面;2. 前缘;3. 后缘;4. 翼弦。

当飞机平飞时,机翼下表面气流的流动路线要比机翼上表面气流的流动路线短,而它们在同一时间内流过机翼,因而流经机翼下表面的气流流速慢,流经机翼上表面的气流流速快。由伯努利定理可知,机翼下表面压力大,机翼上表面压力小,于是在机翼上部产生大面积的低压区域(如图 3-9 所示)。这个低压比周围的大气压力低,因而吸引机翼向上。而下表面由于与气流平行，机翼平滑通过，它的压力和前方大气压力相差不大。这样，机翼上、下表面的压力差就产生了升力。机翼向前运动，空气必然会产生阻力，阻力和升力的合力形成了向上、向后的力，叫作空气动力。

翼型的最前一点叫作前缘点，最后的点叫作后缘点，它们代表整个机翼的前缘和后缘。前缘点和后缘点之间的连线叫作翼弦。如果抬起机翼的前缘，翼弦就和气流的方向形成一个角度，这个角度叫作迎角。迎角是翼弦和相对气流方向的夹角。翼弦向上形成正迎角，向下形成负迎角（如图3-10所示）。

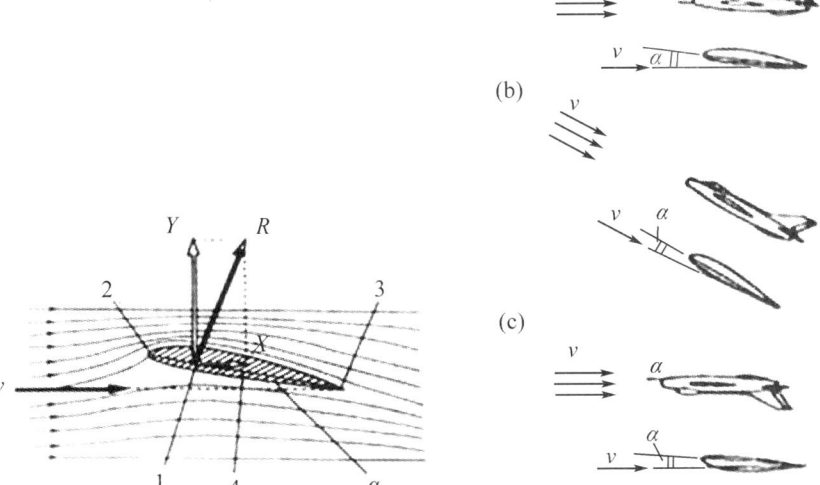

图 3-9　机翼剖面与翼面气流

注：1. 压力中心；2. 前缘；3. 后缘；
4. 弦线；R——合力；X——附力；
Y——升力；α——迎角。

图 3-10　气流方向和机翼迎角

我们看一下飞机有迎角时的升力情况：当有了向上的迎角后，气流流过上表面时被压缩，相当于管道变狭窄，速度增加，静压力进一步降低；而在下表面气流受到阻隔，流速变小，压力增大。这种情况与风筝获得升力的情况相似。随着迎角的增大，升力增大，同时阻力也在增大。但应注意迎角不能无限制地增大，因为若迎角太大，机翼就相当于在气流中竖起的平板，气体的流线不能连贯，在机翼上表面产生涡流，这时升力会突然降低，阻力继续增加，这种现象叫失速。失速对于任何飞机来说都是危险的，现代民航飞机都装有失速警告系统，防止飞机迎角过大，进入失速状态。

从以上的分析我们可以看出，机翼的升力来自其与空气的相对运动，没有相对速度，就不会产生升力。

（二）影响升力的因素

1. 机翼面积

机翼面积越大，则机翼上、下表面压力差的总和越大，升力也就越大。升力与机翼面积成正比变化。

2. 翼型

翼型不同，所产生的流线谱也不同，因而所产生的升力也就不同。

（1）翼型相对厚度

相对厚度大，机翼上表面的弯曲程度也大，空气流过机翼上表面时流速加快，压力降低，升力增大。

（2）最大厚度位置

最大厚度位置靠前，机翼前缘势必弯曲得厉害，导致流管在前缘变细，流速加快，吸力增大，升力增大。

3. 飞行速度

飞行速度越大，升力也越大。实验证明，飞机的升力大小与飞行速度的平方成正比。

4. 空气密度

空气密度大，表示单位体积内空气质量大，对机翼的作用力增大，因而升力增大。

5. 迎角

在一定迎角范围内，迎角增大，升力增大。机翼的升力随迎角增大而增加，这是因为随着迎角的增大，在机翼上表面的前部，流线更加弯曲，流管变得更细，流速进一步加快，压力更加降低，而机翼下表面阻挡气流的作用更强，流管变得更粗，流速进一步减慢，压力更加增大，因而升力增大。

综上所述，升力的大小取决于机翼面积、空气密度、飞行速度、翼型和迎角。足够的升力是保持飞机飞行的必要条件，决定升力大小的因素较多，而最主要的因素是飞行速度，升力大小与飞行速度的平方成正比。故高速飞行时，飞机升力较大；低速飞行时，特别是在起飞、着陆时，由于速度小而升力不足，因此有必要加装增升装置。

三、飞机上的作用力

飞机上的主要作用力由两两成对的四个力组成：升力克服重力，推力克服阻力。

（一）升力

飞机在运动时，机翼是升力的主要来源。

（二）重力

飞机的重力由飞机的质量决定。航空器必须能产生大于航空器本身重力的升力，才能使航空器离开地面升空。

（三）推力

飞机的推力由发动机提供。产生推力是飞机发动机工作的基本目的。推力使飞机能够克服惯性向前运动，引擎产生的推力驱动飞机向前运动，使得空气在机翼上下表面运动，从而产生压力，将机翼向上推。推力也可改变飞机的速度。

（四）阻力

物体在空气中运动必然会遇到空气的抵抗，这就是阻力。阻力按形成的原因分为摩擦阻力、压差阻力、诱导阻力、干扰阻力等。

1. 摩擦阻力

摩擦阻力是空气与飞机表面发生摩擦而产生的。气流流过飞机表面时，因摩擦而阻滞了气流的流动，也就阻滞了飞机的前进。这种阻力的大小取决于空气的黏性、飞机表面的状况、飞机和气流的接触面积。空气黏性大，表面状况不好，表面面积越大，产生的阻力也越大。

2. 压差阻力

压差阻力是相对运动中物体前后形成的压力差产生的。压差阻力的大小，取决于迎风面积、物体形状和物体位置的变化。

3. 诱导阻力

诱导阻力是在机翼上伴随着升力而产生并影响升力的力。机翼上产生升力的过程中，翼下部的高压气流不但向正后方流动，还会向四周扩散，尤其是绕过翼尖向机翼上方流动（向低压区流动），并随之产生部分涡流，增大了机翼上方的压强，结果减小了机翼上下的压力差，影响升力的产生。

4. 干扰阻力

干扰阻力是飞行中飞机各部件相互干扰而产生的。由于飞机各部件间相关位置的矛盾，产生了不少旋涡，抵消了正常的动能，影响了飞机的前进。

阻力无疑是飞行中有害的力，为改善飞行性能，必须设法消除或减小阻力。通常以增加飞机表面光滑度、减小飞机总面积、设计良好的流线体、改进机翼形状和处理好各部件间相关位置等手段来达到预期的目的。同时，我们还必须注意到，在机动飞行和着陆等情况下还需要借助阻力，所以在飞机上设置了刹车、减速板等装置来增大阻力，利用阻力实现需要的飞行状态和飞行目的。

第三节 飞机的飞行过程

飞机完成一次飞行任务，要经历滑行和起飞、爬升、巡航、下降、进近和着陆五个阶段。

一、滑行和起飞阶段

滑行和起飞构成飞机飞行的第一个阶段。

（一）滑行

飞机在地面停放时，在机轮下都放置有轮挡，防止飞机运动。当飞机启动，发动机准备运动时，地面人员会撤去轮挡。从这个时候起计算的飞机的运行时间，称为轮挡时间，计算的耗油量称为轮挡油耗。飞机由机坪启动，经滑行道抵达跑道端，准备起飞的过程称为滑行。

滑行阶段是飞机重量最大的时刻，也是驾驶员做起飞前各种准备和检查的时刻，必须认真小心。

（二）起飞

起飞指从飞机在跑道端松开刹车开始，至飞机离开地面到达规定的高度。该高度一般规定为1500英尺（450米）。这一阶段是驾驶员最为繁忙、飞机操作最复杂的阶段，也是飞行事故多发的阶段之一。

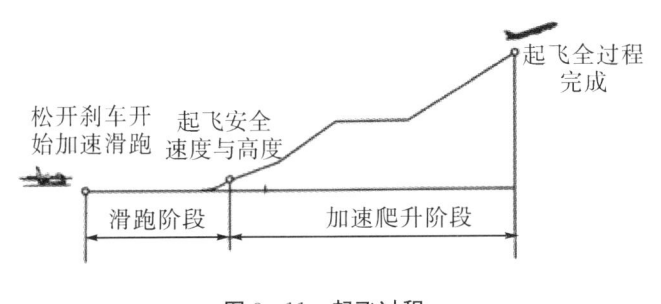

图3-11　起飞过程

飞机以最大功率在跑道上滑跑，开始时速度不大，方向舵不起作用，驾驶员控制前轮方向来保持飞机的直线运动。当飞机速度超过每小时80公里时，驾驶员控制方向舵来保持飞机的方向。飞机达到决断速度V_1之前，驾驶员手不离油门杆。V_1是在飞机设计制造时经计算决定的，它表示当飞机达到这个速度之后，飞机的刹车能力不能保证飞机在跑道长度内中止运动，如果这时中断起飞，飞机必然会冲出跑道，造成事故。因而在速度小于V_1时，驾驶员可以随时切断油门中断起飞；在速度大于V_1时，驾驶员不能中断起飞，只能继续加速，不管发生什么故障，在飞机起飞后再决定如何处理。飞机继续加速，当机翼的升力较飞机重力略大时，驾驶员拉杆向后，飞机绕横轴转动，抬起机头，前轮离地，这时的速度称为抬前轮速度V_R，这时飞机升空离开地面，起飞的第一个阶段滑跑阶段完成。

第二个阶段是加速爬升阶段,它的第一段是飞机离开地面35英尺(10.7米)并达到起飞安全速度V_2,这表示飞机已经脱离了地面的制约,可以安全地继续升高。从这一点开始,飞机继续爬升至规定高度,起飞阶段结束。

从跑道端到飞越35英尺的地面距离称为起飞距离。起飞距离越短越好,该距离的长短取决于发动机推力的大小、飞机的重量、增升装置(襟翼、缝翼)的性能,同时也与海拔高度及地面温度有关。

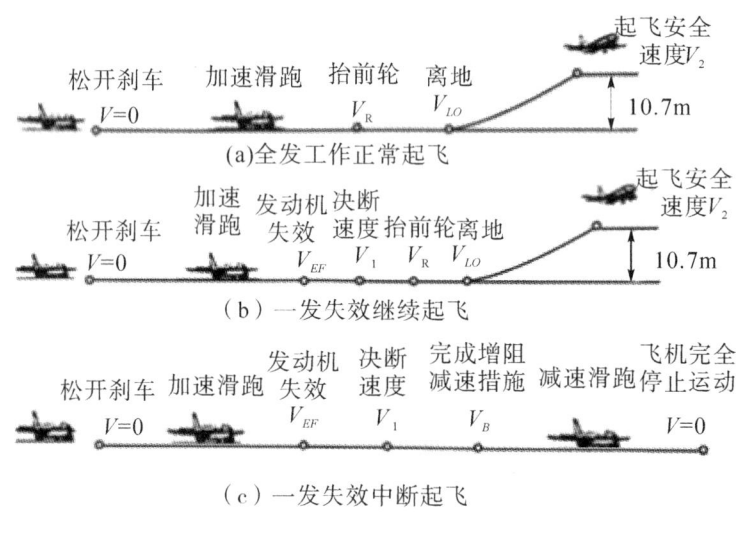

图3-12 起飞的三种情况

二、爬升阶段

由起飞前段终止高度爬升至巡航高度的阶段称为爬升阶段。达到巡航高度有两种方式:一种是连续爬升,即以固定的爬升角度持续爬升到预定高度,这种方式的好处是爬升时间短,对地面噪声影响小,但发动机所需功率大,燃料消耗大;另一种是阶梯式爬升,即飞机升到一定高度后平飞以增加速度,然后爬升到第二高度再平飞,经几次平飞、爬升后达到预定高度。由于飞机的升力随速度加快而增加,同时飞行中不断消耗燃料,飞机重量减轻,这样爬升可以节约很多燃料。

三、巡航阶段

飞机飞行的大部分时间都处于这一阶段，在这一阶段飞机保持一个适合的飞行高度，保持水平匀速飞行状态，做稳定飞行。这时的飞行速度选择在最经济的速度，称为巡航速度；飞行的高度称为巡航高度。如果没有太大的天气变化，飞机操纵很稳定，几乎不需要调整，这一阶段的飞行事故率最低。

四、下降阶段

下降阶段指飞机从巡航高度降至1500英尺（450米）的阶段。这个阶段与爬升阶段相对应。飞机逐渐降低高度，以节约燃料，一般在距机场半个小时航程时开始下降。

五、进近和着陆阶段

这是飞行过程中又一个操作复杂而极易出故障的阶段。进近又叫进场，指飞机在距机场一定距离时，从指定的定位信标上空，在地面管制人员的引导和指挥下按规定路线减速，下降高度，对准跑道的过程。当高度下降到600米以下，飞机放下襟翼，放下起落架，对准跑道，从离地高度50英尺（15.3米）开始到接地，直到飞机的速度为0，安全停止，称为着陆。

由50英尺高度到完全停止的距离称为着陆距离。这个距离也是越短越好。它的长短取决于飞机增加阻力的装置（襟翼、扰流板），也取决于刹车和反推装置的使用。和起飞一样，外界的风向、温度、海拔也影响着着陆距离的长短。

在着陆过程中，当飞机下降到离地面7~8米时，驾驶员将飞机拉平，与地面平行地接地，这一过程称为平飘。飞机的两个主轮（主起落架）平衡落地，这时前轮仍然离地，以一定的迎角滑跑一段距离以增加阻力。然后驾驶员向前推动驾驶杆使前轮着地，这时飞机开始使用刹车和反推装置（喷气飞机）或反桨（螺旋桨飞机），使飞机尽快降低速度，然后滑出跑道，进入滑行道，驶向停机坪。

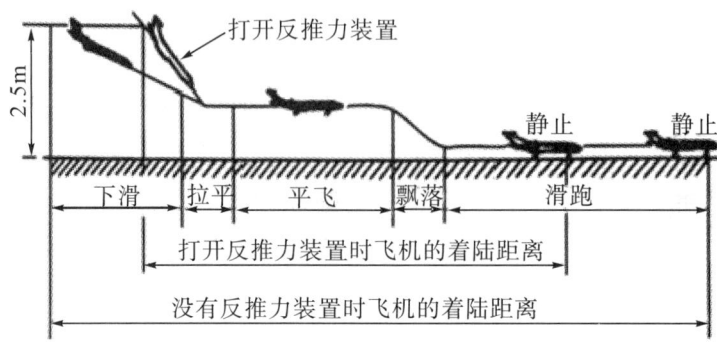

图 3-13 着陆过程

在整个飞行过程中，操作最复杂的是起飞和降落阶段。据统计，68%的航空事故发生在这两个阶段，因而在飞机的设计上和驾驶员的训练上这两个阶段都是重点，以确保飞行安全。

第四节 飞机的飞行控制

飞机具有的速度、升限和航程是飞机的基本飞行性能，而它的平衡特性、稳定特性和操纵特性对安全飞行也至关重要。在飞行中，如果飞机总是偏离预定的航向，或者稍受外界扰动飞机的平衡即被破坏而又不能自动恢复，经常需要飞行员花费很大的精力予以纠正，在改变飞行状态的时候，飞行员操纵起来将非常吃力。像这样的飞机就不能算是一架性能良好的飞机。驾驶这样的飞机，驾驶员会筋疲力尽，而且不能保证飞行安全和很好地完成预定任务。因此，对于一架飞机来说，不仅要求它速度大、升限高、航程远，而且要求具备良好的平衡性、稳定性和操纵性。

一、飞机的平衡性

研究飞机的运动，我们采用的是机体坐标轴系。飞机的三个轴如图3-14所示，都通过飞机的重心。从机头到机尾的是纵轴，也叫横滚轴；通过重心且和纵轴垂直，伸向两翼的轴，叫作横轴，也叫俯仰轴；与纵轴和横轴组成的平面垂直的轴叫立轴,也叫偏航轴。纵轴和横轴形成的平面称为横向平面,纵轴与立轴形成的平面叫纵向平面,是飞机的对称面。飞机绕纵轴的转动称为横滚,绕横轴的转动称为俯仰,绕立轴的转动称为偏航。

飞机在空中飞行必须考虑三个轴上的运动,才能完成飞行任务。

飞机在飞行时,所有作用于飞机的外力与外力矩之和都等于零的状态称为飞机的平衡状态。飞机处于平衡状态时,飞行速度的大小和方向都保持不变,也不绕重心转动;反之,飞机处于不平衡状态时,飞行速度的大小和方向将发生变化,并绕重心转动。飞机的平衡包括作用力平衡和力矩平衡两种。

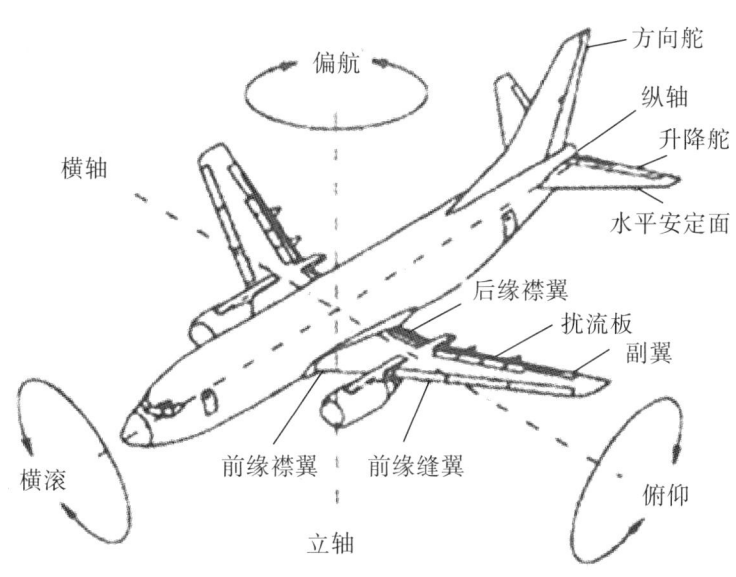

图 3-14　机体坐标轴系

（一）作用力平衡

现在分析一下飞机的等速平飞是如何保持平衡的。平飞时,作用于飞机的力有升力、重力、推力和阻力。这四个力中,能直接引起飞行高度变化的是与飞机运动方向垂直的升力和重力;能直接引起飞行速度变化的是与飞机运动方向平行的推力和阻力。由此可知,平飞的条件是:

①为保持飞行高度不变,升力应同重力平衡。

②为保持飞行速度不变，推力应同阻力平衡。

保持平飞的两个条件中，一个条件不能保持时，另一个条件也会变化。比如，推力同阻力不平衡，速度必然变化，进而升力改变，使高度发生变化。

如果飞机做上升和下滑飞行，但速度和方向不变，这时重力就会分解为两个力：与立轴平行的力和与纵轴平行的力。与立轴平行的力和升力平衡。与纵轴平行的力在上升飞行时与阻力相加，它们的合力与推力平衡；在下滑飞行时与推力相加，它们的合力与阻力平衡。这种速度与方向不变的飞行，我们统称稳定飞行。

（二）力矩平衡

作用于飞机的各种空气动力，如不通过飞机重心，就会构成绕飞机重心的力矩。如果这些力矩互相平衡，就意味着作用于飞机的各力矩之和等于零。由于飞机绕重心的转动，可以看成围绕本身的三轴的转动，所以飞机的力矩平衡也可以分为下列三种。

1. 俯仰平衡

飞机的俯仰平衡，是指作用于飞机的各俯仰力矩之和为零。飞机取得俯仰平衡之后，迎角不改变，不绕横轴转动。

2. 航向平衡

飞机的航向平衡，是指作用于飞机的左偏转力矩和右偏转力矩彼此相等，飞机不绕立轴转动。

3. 横侧平衡

飞机的横侧平衡，是指作用于飞机的左滚力矩和右滚力矩彼此相等，飞机不绕纵轴滚转。

如果飞机上的作用力不平衡，飞机就要做加速或改变方向的运动。在垂直方向上的力不平衡，如升力大于重力，由于飞机在前进，飞机将向上做圆周运动，升力和重力之差变为向心力；当重力大于升力时，则做向下的圆周运动。如果飞机侧倾时，这时飞机的升力不再垂直于地面，它的垂直分力与重力平衡，而水平分力则变为向心力，使飞机向倾斜的一侧转弯，这种弯称为侧滑转弯。因而当利用副翼使飞机侧倾时，飞机就会转弯。如果飞机利用方向舵转弯，这时飞机不发生倾斜，而由方向舵偏转引起的侧向力成为力矩，使飞机转弯。

二、飞机的稳定性

在飞行中，飞机会经常受到各种各样的扰动，如气流的波动、发动机工作的不均衡等，这些扰动会使飞机偏离原来的平衡状态。在偏离后，飞机能否自动恢复原状，这就是飞机的稳定性问题。

要说明如何使飞机在空中稳定地飞行，我们先来看一下其他物体，比如说圆球的稳定情况。

一个物体是否稳定和它是否平衡有关。例如，一个圆球首先应能平衡，然后才有稳定。当圆球处于平衡状态时，即如图3-15所示的正稳定性情况下，对它稍加一点力，使它改变到原来的状态，外力一取消，它立刻就恢复原来的状态，这种情况叫"稳定"。图3-15所示的负稳定性情况下则恰恰相反，施加外力后，它就离开了原位，外力取消后，它并不能恢复到原来的状态，这就叫"不稳定"。在如图3-15所示的中性稳定性情况下，圆球随时处于稳定状态，而无论是否施加外力。

飞机的情况也是一样，它有正稳定、负稳定和中性稳定三种情况。如果飞机在空中做水平直线等速飞行，这时升力等于重力，推力等于阻力，各种力量互相抵消，同时各种力矩也互相抵消，那么，这架飞机处于平衡状态，正在平衡地飞行。

倘若飞机受到一个小的外力瞬间的干扰（如突然吹来一阵风），破坏了它的平衡，在外力取消后，驾驶员不加操纵，飞机靠自身某个构件产生的力矩就能恢复到原来的飞行状态，这架飞机就是稳定的；否则，就是不稳定的。如果始终保持一定的偏离，或转入一种平衡飞行状态，那么，这架飞机就是中性稳定的。

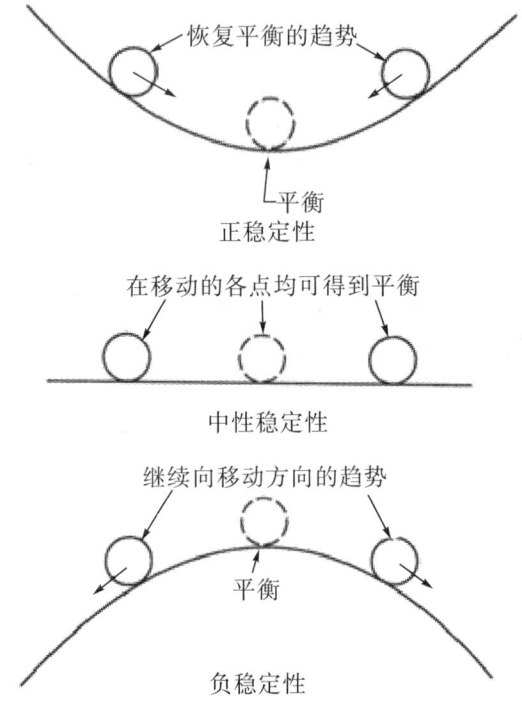

图 3-15　圆球的稳定性

（一）纵向稳定

飞机绕横轴的稳定运动叫纵向稳定。影响飞机纵向稳定的一个重要因素是飞机迎角的变化。当飞机在做平衡飞行时，若有一个小的外力干扰，使它的迎角变大或变小，飞机会抬头或低头，绕横轴上下摇摆。外力消除后，驾驶员如果不操纵飞机，靠飞机自身的构造产生一个力矩，使它恢复到原来的平衡飞行状态，这架飞机就是纵向稳定的；如果飞机不能靠自身的构造恢复到原来的状态，就是纵向不稳定（负稳定）的；如果它既不恢复，也不远离，总是上下摇摆，就是纵向中性稳定的。

（二）航向稳定

飞机绕立轴的稳定运动叫航向稳定，又叫方向稳定。飞机航向稳定与偏航角的变化有关。所谓偏航角是指飞机纵轴同飞行方向之间所形成的角度（β），如图 3-16 所示。飞机稳定飞行时，偏航角等于零。如果飞机受到一个小的外力的干扰，破坏了它的平衡，就会产生偏航角。当外力取消后,飞机不用驾驶员操纵,靠自身的构造就能消除偏航角,自动恢复到原来的飞行状态,这架飞机就是方向稳定的;否则,就是方向不稳定的。飞机的静航向稳定性主要由垂直尾翼来保证。

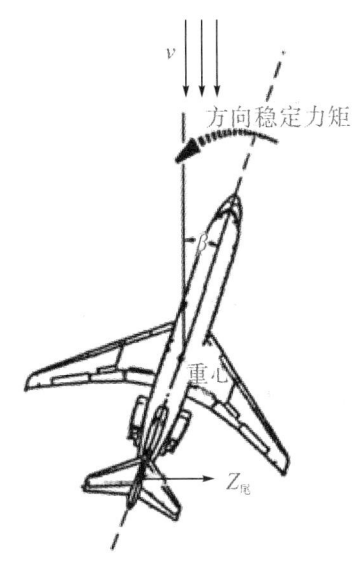

图 3-16 航向稳定

（三）横侧向稳定

飞机绕纵轴的稳定运动叫横侧向稳定。假定飞机在稳定状态下飞行,如果有一个小的外力干扰,使机翼一边高一边低,会使飞机绕纵轴发生倾斜。当外力取消后,不需要驾驶员操纵,飞机靠自身的构造产生一个恢复力矩,自动恢复到原来的飞行状态,这架飞机就是横侧向稳定的;否则,就是横侧向不稳定的。飞机横侧向稳定性,主要由机翼的上反角、后掠角和垂直尾翼来保证。

三、飞机的操纵性

飞机的操纵性是指飞机在驾驶员操纵下,改变其飞行状态的特性。操纵性的好坏与飞机稳定性的大小有密切关系。稳定性太大,也就是说飞机保持原有飞行状态的能力越强,则要改变它就越不容易,操纵起来也就越费劲;稳定性过小,则操纵力也很小,驾驶员很难掌握操纵的力量,也是不理想的。所以，要正确处理飞机的稳定性与操纵性之间的关系。

飞机的操纵，主要是通过三个操纵面——升降舵（有时是全动平尾）、方向舵和副翼来实现的。这些操纵面可分为主要的、次要的和辅助的三类。

主操纵系统中，飞行员手脚直接操纵的部分，叫作操纵机构。它由手操纵机构（驾驶杆或驾驶盘）和脚操纵机构（脚蹬）组成，通过传动机构来带动操纵面转动。手操纵机构用来操纵升降舵和副翼，脚操纵机构用来操纵方向舵。

次要操纵面是用来帮助主操纵面运动的辅助操纵面，包括襟翼、前缘缝翼、扰流板、减速板等。它们用来供飞机起飞或降落时增加升力，或用来减少升力、增加阻力。

驾驶员操纵舵面改变飞机飞行状态，应该与人体的自然动作趋势一致。比如，用手向前推驾驶杆，身体向前俯伏，升降舵向下偏，使飞机低头；向后拉杆，身体后仰，机头上抬。方向舵也是一样，用左脚踩左脚蹬，方向舵向左偏，飞机向左转弯；用右脚踩右脚蹬，方向舵向右偏，飞机向右转弯。副翼的情况也是一样，向左压驾驶杆，人体左倾，飞机就向左倾侧；向右压驾驶杆，人体右倾，飞机就向右倾侧。这样，舵面的操纵、飞机飞行姿态的改变，同人体的自然动作一致。

复习思考题

1. 简述大气层的分层以及各分层的特点。
2. 举例说明不同气象条件对飞行安全的影响。
3. 简述飞机飞行的全过程。
4. 试用流体连续性定理和伯努利定理解释日常生活中看到的某些现象。
5. 试述飞机升力的产生过程。
6. 简要归纳飞机的平衡性、稳定性和操纵性。

第四章 机　场

第一节　民用机场概述

一、机场发展历史

机场的发展经历了从简单到复杂，从仅提供飞机起飞、降落的单一功能到具备多种功能的历程。这是由航空工业的不断进步来推动的。机场的发展历史可分为三个阶段。

（一）第一阶段

飞机最初出现的时候，由于尚无机场的概念，当时只要能找到一块平坦的土地或草地，能承受不大的飞机重量，就可以让飞机在上面起降了。1910年，德国出现了第一个机场，这个机场只是一片有专人管理的草地，并设有简易的帐篷，用于存放飞机及其维护设备。

由于这个时期的飞机在安全性和技术方面尚不稳定，还没有被社会广泛接受，使用范围主要局限在航空爱好者的试验飞行或军事目的飞行，机场只是为飞机和飞行人员服务，基本上不为当地社会服务。这一阶段是机场发展的初始阶段，是"飞行人员的机场"。

（二）第二阶段

第一次世界大战结束后，欧洲开始建立最初的民用航线。随着民用航空运输和军用航空的发展，机场大量建设起来。20世纪30年代，欧美国家的国内航线大量开通。为了加强对殖民地的控制，各宗主国和殖民地之间开辟了跨洲的国际航线，如英国开通了到印度和南非的航线，美国开通了到南美和东南亚的航线，与之相伴随的是机场在世界各地大量出现。

随着航空技术的飞速发展，飞机对机场的要求也越来越高，如航空交通管制对通信导航设备的要求，大型飞机对跑道强度的要求，一定数量的旅客进出机场的要求等，为了满足这些要求，出现了塔台、混凝土跑道、候机楼等设施，现代航空港的雏形已基本形成。20世纪50年代中期，国际民航组织为全球的航空港制定了统一标准和推荐要求，使世界航空港建设有了大体统一的标准。这一阶段的航空港进入快速发展的阶段，主要为飞机服务，是"飞机的航空港"。

（三）第三阶段

20世纪50年代末，大型喷气式飞机在民航运输中投入使用，使飞机成为真正的大众交通运输工具，航空运输成为地方经济不可缺少的重要组成部分。航空港为所在地区的经济发展提供了巨大的动力，同时也为城市的发展带来了许多矛盾和问题：随着航班数量的快速增加，航空港设施要进行改建或扩建，飞机起飞和降落时产生的噪声对航空港附近的居民区造成了巨大干扰……航空港已成为整个社会的一部分，这个阶段的航空港是"社会的航空港"，航空港的建设和管理要与城市的发展有机地协调、统一起来。

二、中国民用航空港发展概况

中国自1920年开通京津航线后，就在天津和北京出现了民用航空港，随后在全国各大城市建立了民用航空港，开辟了航线。

中华人民共和国成立前，由于经历了较长时间的战乱，民用航空港的建设相当落后，1949年中国大陆能用于航空运输的民用航空港只有36个。中华人民共和国成立后，军委民航局立即着手进行了民用航空港建设工作，先是扩建天津张贵庄航空港、太原齐贤航空港和武汉南湖航空港，之后新建北京首都航空港、成都双流航空港等。

1978年实施改革开放政策之后，民用航空港建设进入飞速发展阶段，我国的四个经济特区和沿海开放城市及海南省都把民用航空港建设作为开发特区和发展本地经济的重要工作，相继新建、扩建了一批大型民用航空港。1984年后，内地省会城市以及一些大中城市也相继新建、扩建了一批中小型航空港。到2001年，我国在所有的省会城市、直辖市、自治区首府、沿海开放城市和主要旅游城市都拥有设施齐全的民用航空港，在一些边远地区也拥有规模较小的民用航空港，基本上满足了中国飞速发展的经济对民航运输业的要求。

三、机场的分类

机场分为军用和民用两大类。

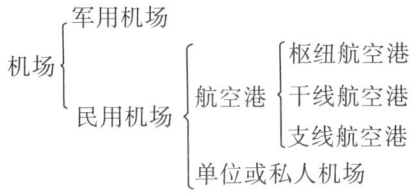

图4－1　机场的分类

军用机场用于军事目的，有时也部分用于民用航空。

民用机场主要用于民航运输业务。按照国际惯例，用于商业性航空运输的机场一律称为航空港。按照规模和完成的客、货运吞吐量，可将航空港分为三种类型：枢纽航空港、干线航空港和支线航空港。

枢纽航空港：民用航空运输中占据核心地位的航空港。这种航空港无论是运输旅客的吞吐量，还是运输货物的吞吐量，在整个国家民用航空运输中都有着举足轻重的地位，其所在城市在国家经济中处于特别重要的地位。美国把运输量占全国1％以上的航空港划分为枢纽航空港。由于运输量与航空业强国存在着巨大差距，我国还没有真正意义上的枢纽航空港。

干线航空港：枢纽航空港之外的其他小型航空港。其所在城市通常是直辖市、省会城市、自治区首府、沿海开放城市、旅游城市或其他经济比较发达、人口密集的城市。这类航空港的旅客吞吐量和货物吞吐量都比较大，对所在地区的经济发展起着重要作用。

支线航空港：除上面两种类型之外的民航运输航空港被划分为支线航空港。这类航空港的旅客吞吐量和货物吞吐量都比较小，但作为沟通全国航路的组成部分，发挥着重要作用。

单位或私人机场：在我国，除航空港和军用机场外，有些机场属单位和部门所有，如飞机制造厂的试飞机场，体育运动的专用机场和飞行学校的训练机场。在国外，还有大量的私人机场，服务于私人飞机或企业的公务飞机。这种机场一般只有简易的跑道和起降设备，规模很小，但数量很大。

图4-2　军用机场　　　　　　　　图4-3　民用机场

四、航空港在经济发展中的作用

（一）航空港是交通联系的枢纽

航空港是国家运输系统中的重要结合点，是所在地区通向国内重要经济中心和通向国际的门户。如果一个地区没有航空港，它就不能直接、快速和远距离地进行人员和货物的运输，就无法适应经济发展的全球化。

（二）航空港是对外开放的窗口

航空运输不仅是一国经济发展的重要支柱，而且是对外开放的重要基础。在国际政治、经济、科技、文化的合作与交流过程中，现代航空港是一个极其重要的窗口。航空港的运营规模标志着该地区的政治、经济和文化的发达程度，并将其展现在世界面前。

（三）对投资者具有吸引力

由于航空运输的发展，工业和服务业开始向发展中国家和一些尚未开发的地区转移，以避开发达国家高昂的地价和人力成本。这些未开发地区得到投资的先决条件之一就是要建立空中进出的门户。

我国自实行经济开放政策以来，发展交通的一个重要方面就是扩建、新建航空港，以改善投资环境，为外来投资参与本地经济建设提供现代化的便利条件。

（四）促进当地经济发展

航空港本身是一个小型社会，航空客货运服务、航空配餐、航空油料供应以及围绕旅客和货物的各种服务都带来了可观的收益和大量的就业机会。而外来的旅游者和相应行业的建设能很快改变一个城市的闭塞状态和落后面貌。

（五）推动房地产增值

航空港的出现首先使周边地区繁荣起来，地价随之上涨，房地产增值；随着城市地位的改变，整个地区的地价上涨，这意味着整个地区财富的增加。

五、航空港的选址

在航空港的选址过程中需要仔细研究分析的主要因素有空域、周边障碍物、气象条件、建设的经济性、公众便利、噪声、城市建设与航空港自身的发展规划等。

在航空港地址选择的备选方案的比较上，应从成本角度出发，进行定量和定性分析，以确定一个最佳方案。定量分析包括对下列情况的评估：购置土地成本，大型公用事业设施，地面准入设施，旅客的地面旅程以及对航空港周边地区的影响，如噪声污染、空气污染和水污染等。定性分析要考虑航空公司的准入门槛、适宜的可扩建能力以及与空中交通管制的相容性等。

航空港区域包括地面和空中两部分，即航空港本身和为其划定的包括各种飞行空域的空间。航空港地面部分主要由飞行场地、技术和生活服务区等组成。空中部分包括起落航线和其他飞行空域。飞行场地由跑道、保险道、滑行道、迫降场和停机坪等组成。

第二节　航空港的构成

航空港主要由飞行区、候机楼区、货运区、机务维修设施、供油设施、空中交通管理设施、安全保卫设施、救援和消防设施、行政办公区、生活区、地面运输区等构成。其中，飞行区是飞机运行的区域；地面运输区是车辆和旅客活动的区域；候机楼区是旅客登机的区域，是飞行区和地面运输区的接合部位。

一、飞行区

飞行区是航空港内供飞机起飞、着陆、滑行和停放的地区。它分为地面部分和空中部分。地面部分包括跑道、滑行道、机坪和登机门，以及一些辅助设施。空中部分指航空港的空域，包括飞机进场和离场的航路。

（一）跑道

航空港一般有一至数条跑道，保证飞机至少能从相反的两个方向起飞和着陆。主跑道一般沿常年风向修筑。跑道长度一般为 1000～5000 米，宽度为 45～100 米。

1. 飞行区等级

跑道决定飞行区等级。根据国际民航组织的规定，飞行区等级依据等级指标Ⅰ（代码）和等级指标Ⅱ（代号）来划分，见表 4-1。

飞行区等级用两个部分组成的编码来表示：第一部分代码是数字，表示飞机性能所对应的跑道性能和障碍物的限制；第二部分代码是字母，表示飞机的尺寸所要求的跑道和滑行道的宽度。对于跑道来说，飞行区等级编码中的数字表示所需要的飞行场地长度，字母表示相应飞机的最大翼展和最大轮距。

表 4-1 飞行区等级划分

飞行区等级指标 I		飞行区等级指标 II		
飞行区代码	代表跑道长度（米）	飞行区代号	翼展（米）	主起落架外轮间距（米）
1	$L<800$	A	$WS<15$	$T<4.5$
2	$800 \leqslant L<1200$	B	$15 \leqslant WS<24$	$4.5 \leqslant T<6$
3	$1200 \leqslant L<1800$	C	$24 \leqslant WS<36$	$6 \leqslant T<9$
4	$L \geqslant 1800$	D	$36 \leqslant WS<52$	$9 \leqslant T<14$
		E	$52 \leqslant WS<65$	$9 \leqslant T<14$
		F	$65 \leqslant WS<80$	$14 \leqslant T<16$

注：4F 级飞行区配套设施必须保障空客 A380 飞机全重（560 吨）起降。

表 4-2 国内飞行区等级机场举例

飞行区等级	最大可起降飞机种类	国内该飞行区等级机场（截至 2012 年数据）
4F	空中客车 A380 等四发远程宽体超大客机	北京首都国际机场、上海浦东国际机场、广州白云国际机场、深圳宝安国际机场、杭州萧山国际机场、昆明长水国际机场、武汉天河国际机场、成都双流国际机场、西安咸阳国际机场、天津滨海国际机场、青岛胶东国际机场（在建）、南京马鞍国际机场（在建）、厦门翔安国际机场、合肥新桥国际机场（二期）、郑州新郑国际机场（二期）
4E	波音 747、空中客车 A340 等四发远程宽体客机	石家庄正定国际机场、上海虹桥国际机场、南京禄口国际机场、南昌昌北国际机场、太原武宿国际机场、长沙黄花国际机场、呼和浩特白塔国际机场、福州长乐国际机场、常州奔牛国际机场、贵阳龙洞堡国际机场等
4D	波音 767、空中客车 A300 等双发中程宽体客机	西双版纳嘎洒国际机场、黄山国际机场、运城关公机场、绵阳南郊机场、东营永安机场、威海国际机场等
4C	空中客车 A320、波音 737 等双发中程窄体客机	梅州机场、张家口宁远机场、扬州泰州机场、安庆天柱山机场、九江庐山机场、池州九华山机场、北京南苑机场等
3C	波音 733、ERJ、ARJ、CRJ 等中短程支线客机	内蒙古乌海机场等

2. 跑道的基本参数

跑道的基本参数包括方向和跑道号、跑道的基本尺寸、跑道的道面和强度。跑道的附属区域包括跑道道肩、跑道安全带和净空道。

（1）方向和跑道号

航空港主跑道的方向一般和当地的主风向一致。跑道号按照跑道中心线的磁方向，以 10°为单位，四舍五入后用两位数字表示。例如，磁方向为 267°的跑道，其跑道号为 27。这条跑道另一端的磁方向是 87°，跑道号为 09。因此，一条跑道的两个方向有两个编号。如果航空港有两条跑道，则用左跑道和右跑道表示。

（2）跑道的基本尺寸

这是指跑道的长度、宽度和坡度。跑道长度取决于允许使用的最大飞机的起降距离、海拔高度及温度。海拔高度高、空气稀薄、地面温度高等因素，会造成发动机功率下降，因而需要加长跑道。例如，西藏昌都邦达航空港的跑道长度为 5500 米，是我国航空港跑道中最长的。

（3）跑道的道面和强度

跑道的道面分为刚性和非刚性两种。刚性道面由混凝土筑成，承载能力强，一般大型航空港都采用刚性道面。非刚性道面有草坪、碎石、沥青等各类道面，承载能力弱，只能用于小型航空港。

（4）跑道的附属区域

跑道的附属区域包括跑道道肩、跑道安全带和净空道三部分。跑道道肩是在跑道纵向侧边和相接的土地之间的隔离地段，使飞机因侧风偏离跑道中心线时不致受损，一般每侧宽 1.5 米。跑道安全带是在跑道的四周划出的区域，其目的是保障飞机在意外情况下冲出跑道时的安全。净空道是指跑道端之外的地面和向上延伸的空域。它的宽度为 150 米，在跑道中心延长线两侧对称分布。在净空道内，除了跑道灯之外不能有任何障碍物，但对地面没有要求，可以是地面，也可以是水面。

（二）滑行道

滑行道的作用是连接飞行区各个部分的飞机运行通路，它从机坪开始连接跑道两端。在交通繁忙的航空港的跑道中段设有若干跑道出口与滑行道相连，以便降落的飞机迅速离开跑道。

滑行道的宽度由使用航空港的最大型飞机的轮距宽度决定，要保证飞机在滑行道中心线上滑行时，它的主起落轮的外侧距滑行道边线不少于1.5～4.5米。

滑行道的强度要和配套使用的跑道强度相等或更高，其原因是在滑行道上的飞机运行密度要大于跑道，飞机的总重量和滑行时的压强比起降时要大。

滑行道和跑道端的接口附近有等待区，地面上有标志线标出。设置这个区域的目的是使飞机在进入跑道前等待许可指令。等待区与跑道端线保持一定的距离，以防止等待飞机的任何部分进入跑道，成为运行的障碍物或产生无线电干扰。

图4-4 机场跑道

图4-5 机场滑行道

（三）机坪

机坪是飞机停放和旅客登机的地方。机坪又分为登机机坪和停机机坪。飞机在登机机坪装卸货物、加油，在停机机坪过夜、维修和长时间停放。停机机坪的面积要足够大，以保证进行上述活动的车辆和人员的行动。机坪上用漆标出运行线，使飞机按照一定线路进出滑行道。

图4-6 机场机坪

（四）航空港导航设备

航空港导航设备也称终端导航设备，其作用是引导到达航空港附近的飞机安全、准确地着陆。

航空港导航设备分为非精密进近设备和精密进近设备。

非精密进近设备通常是指全向信标台、测距设备台和航空港监视雷达，它们的作用是把飞机引导到跑道平面，但无法提供高度上的引导。

精密进近设备能给出准确的水平引导和垂直引导，使飞机穿过云层，在能见度和云底高度较低的情况下，准确地降落在跑道上。目前使用最广泛的精密进近设备是仪表着陆系统，即俗称的盲降设备。

（五）航空港地面灯光系统

夜间飞行的飞机在航空港进近降落，需要航空港地面灯光系统的助航以保证安全。航空港地面灯光系统主要包括跑道灯光、仪表进近灯光、目视坡度进近指示器等。

1. 跑道灯光

跑道侧灯沿跑道两侧成排安装，提醒飞机驾驶员已经接近跑道端。跑道中心灯沿跑道中心安装，通过颜色的变化提醒飞机驾驶员跑道即将终结。接地区灯安装在从跑道端开始的750米区域内，提醒飞机驾驶员这是着陆的关键区域，飞机应该在该区域内接地。

2. 仪表进近灯光

飞机在进近的最后阶段，一般要由仪表飞行转为目视飞行。这时夜航的飞机驾驶员使用仪表进近灯光来确定距离和坡度，从而做出决断。

3. 目视坡度进近指示器

目视坡度进近指示器安装在跑道外着陆区附近，由两排灯组成。每排灯前装有上红下白的滤光片，经其前方挡板的狭缝发出两束光。如果飞机的下降坡度准确，驾驶员看到的是上红下白的灯光；如果驾驶员看到的只有白光，表明飞机飞得过高，需要向下调整；如果驾驶员看到的只有红光，表明飞机飞得过低，需要向上调整。

图 4-7　跑道灯光设备

（六）航空港的进近区（净空区）

航空港要保证在飞机的起飞和降落的低高度飞行阶段不能有地面的障碍物来妨碍导航和飞行，因而要划定一个区域，这个区域的地面和空域要按照一定标准来控制，并把有关的地形情况标注在航图上，这个区域称为进近区或净空区。

（七）飞行区内的其他设施

1. 测量基准点

测量基准点指航空港的地理位置基准点，是由国家测绘机构确定的精确的地理经度和纬度，作为这个航空港的地理坐标。这一点通常选在航空港主跑道的中点。

2. 标高校核位置

这是指航空港的标高，即它的海拔高度。这个位置在停机坪上，用于飞机高度表的校准。

3. 空中交通管制服务设施

这是指空中交通管制中心、塔台、气象服务中心等。

4. 地面维护设施

这是指机库、货运中心、飞机加油设施等。

5. 消防和跑道维护设施

这是指消防栓、跑道除雪车等。

图4-8 北京首都机场航空管制塔台

图4-9 塔台

二、候机楼区

候机楼区包括候机楼建筑本身以及候机楼外的登机机坪和旅客出入车道。它是地面交通和空中交通的结合部,是航空港对旅客服务的中心地区。候机楼区旅客乘机流程如图4-10所示。

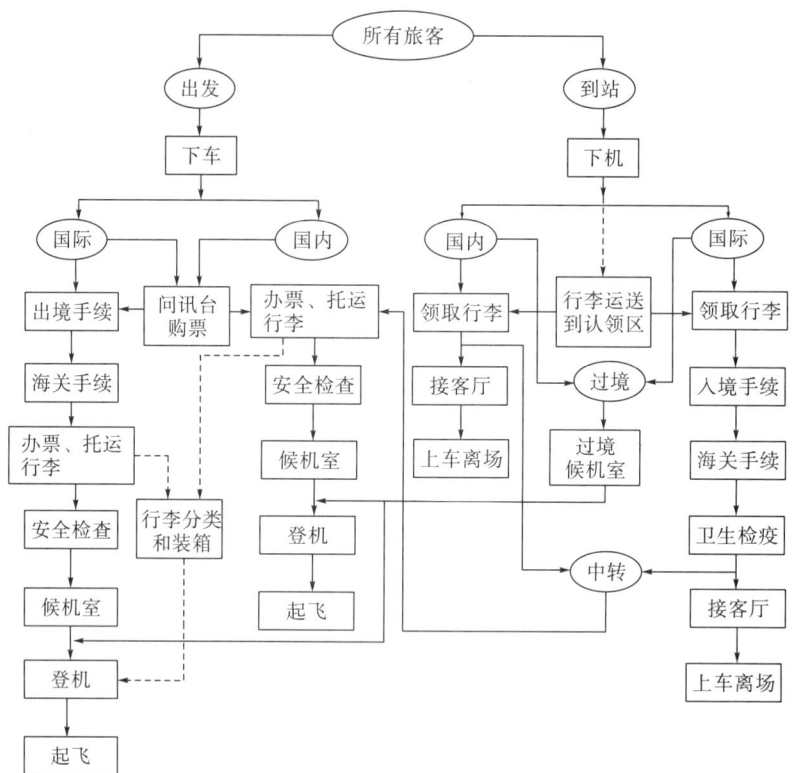

图4-10 候机楼区旅客乘机流程

(一) 登机机坪

登机机坪是指旅客从候机楼登机时飞机停放的机坪。这个机坪要求能使旅客尽量减少步行登机的距离。按照旅客流量的不同，登机机坪的布局可以有多种形式，如图 4—11 所示。

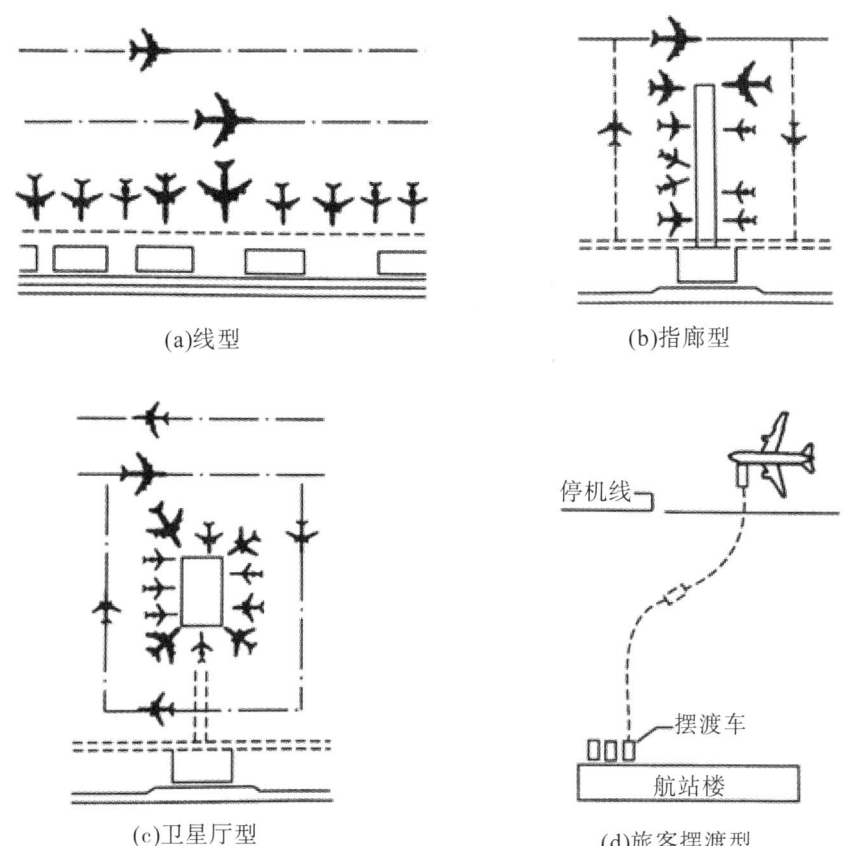

图 4—11　各种类型的登机机坪

1. 线型

线型即飞机停靠在候机楼墙外，沿候机楼一线排开，旅客通过登机桥上下飞机。这种形式是最简单的，旅客出了登机门直接登机。其优点是简单、方便；缺点是只能处理少量飞机，一旦交通流量很大，有些飞机就无法停靠到位，造成延误。

2. 指廊型

指廊型即由候机楼空侧边向外伸出若干个指形廊道，廊道两侧安排机位，从而延展了航站楼空侧边长度。飞机停靠在指廊两旁，这样就可停放多架飞机。这是目前航空港中采用得比较多的一种形式。指廊上通常铺设活动人行道，使旅客的步行距离缩短。

3. 卫星厅型

卫星厅型即在候机楼主体空侧一定范围内布置一座或多座卫星式建筑物，这些建筑物通过地下、地面或高架廊道与航站楼主体连接。卫星式建筑物周围设有机位，飞机环绕卫星式建筑物停放。卫星厅和候机楼之间有活动人行通道或定期来往车辆联系。它相比指廊式优越的地方是，卫星厅内可以有很多航班，各航班旅客登机时的路程和需要的时间大体一致，旅客在卫星厅内可以得到较多的航班信息；而指廊式的登机机坪，旅客到最末端的登机门所用的时间较长。卫星厅式的缺点是建成后不易进一步扩展。

4. 旅客摆渡型

旅客摆渡型登机机坪也称远距离登机机坪，飞机不接近候机楼，而是停在比较远的机坪上，通过接送旅客的摆渡车来建立航站楼与飞机之间的联系。这种方式的优点是大大减少了建筑费用，并具有不受限制的扩展余地；其缺点是机坪上运行的车辆增加，航空港的服务工作人员增加，旅客登机的时间增加，而且给旅客带来了容易受外界恶劣天气影响等不便，影响了服务质量。

以上各种形式并不是单一固定的，可以根据实际需要采用各种混合形式来减少延误。

（二）候机楼

航空港候机楼是供旅客完成从陆侧到空侧或者从空侧到陆侧的交通转换的场所，是机场的主要建筑物。

1. 候机楼的主要设施

（1）连接地面交通的设施

主要有地铁站、出租汽车站及穿梭巴士车站等。

（2）办理各种离港手续的设施

主要有旅客办票、安排座位、托运行李的柜台以及安全检查和行李提取等设施。通航国际航线的航站楼还有海关、检验检疫、边防（也称联检）的柜台。

（3）连接飞机的设施

主要有靠近飞机机位的候机厅或其他场所，视旅客登机方式而异的各种运送、登机设施，中转旅客办理手续、候机及活动场所等。

（4）航空公司营运部门和机场管理部门办公设施

航空公司营运部门和机场管理部门必要的办公室、办公设备等。

（5）服务设施

主要有餐厅、商店、银行等。

2. 候机楼的两大功能区

（1）旅客服务区域

旅客服务区域包括值机柜台，安检、海关、检疫部门的通道和入口，登机前的候机厅，行李提取处，旅客信息服务设施，旅客饮食区域，公共服务区，商业服务区等。

（2）管理服务区域

管理服务区域包括航空港行政办公室，后勤办公和工作场所，紧急救援设施，航空公司运营办公室、签派室和贵宾接待室，民航管理部门及卫生、海关、环保、边防检查部门的办公区域等。

三、地面运输区

地面运输区除包含候机楼外，还包括两个部分：航空港进入通道、航空港停车场和内部道路。

（一）航空港进入通道

航空港是城市的交通中心之一，有严格的时间要求，因而从城市进出航空港的通道是城市规划的一个重要部分。大型城市为了保证航空港交通的顺畅，都修建有从中心城区到航空港的专用公路或高速公路，以解决航空旅客的出行问题。

图 4-12　航空港进入通道

（二）航空港停车场和内部道路

航空港停车场的规划要满足乘机的旅客以及其他人员的车辆停放需求，因此航空港的停车场必须有足够大的面积。但是，航空港停车场面积太大也会带来不便，为此繁忙的航空港按车辆使用的急缓程度将停车场分为不同的区域。离候机楼最近的是出租车辆和接送旅客车辆的停车区，以减少旅客步行的距离。航空港职工或航空公司的车辆则安排到较远的位置。

航空港内部道路系统的规划要满足旅客和航空公司对顺畅的地面交通的要求。候机楼外的道路区要进行科学管理，这里各种车辆和行人混行，而且要装卸行李，特别是在高峰时期，容易出现交通混乱和交通事故。与此同时，要安排好货运的通路，使货物能通畅地进出航空货运中心。

第三节　机场的管理和运行

一、机场的管理体制

机场的管理体制与机场的性质密切相关。传统上，所有的机场都是公有的。直到 20 世纪 90 年代，部分私有或私有机场才开始明显增多。

在欧美等航空业发达国家，传统上私有机场只是通用航空或航空俱乐部使用的小型机场,因此,私有机场对机场业的影响非常有限。这样,地方或国家层次上的公有形式成为机场最常见的产权形式。

我国的机场长期以来都是公有和国营的。机场运营的目标是完成上级下达的行政任务,盈利上缴国家,亏损由国家补贴,机场没有独立决策的自主权,只是计划执行单位。改革开放后,我国机场的国有性质仍然保留,但机场的企业性质逐步增强,向纯粹的经济实体过渡,行为目标演变为以市场需求为导向,追求利润最大化。我国机场的国有性质决定了机场经营目标的双重性:既要实现机场利益的最大化,又要满足社会公众的需求。但在市场经济条件下,机场承担社会责任的过程已不再是单纯地执行行政命令,而是通过市场机制的作用来协调完成。机场通过提供社会需要的服务而获取利润,得到发展。

目前世界上的机场管理体制分为国家管理、本地政府管理和私人企业管理三种。

(一) 国家管理体制

这种管理体制在一些非市场经济国家比较流行。我国在民用航空体制改革前采用这种体制管理所有机场。国家管理体制是国家的民航主管部门直接管理机场。这种体制的优点是可以迅速适应国家政治任务的需要,并且容易和空中交通管制系统配合,集中力量,统一调度。它的缺点是和当地政府、经济社团联系不密切,不能从地方社会经济发展出发考虑问题,从而形成与地方社会经济发展之间的矛盾。

(二) 本地政府管理体制

世界上的大部分机场都采取这种形式。机场是当地社会经济发展的重要组成部分,由本地政府管理机场能把地方社会经济发展的要求和机场建设统一协调起来,调动地方投资的积极性。这种形式的管理效果较好,不足之处是会和民航管理部门及非本地的航空公司产生利益上的冲突,需要协调解决。

(三) 私人企业管理体制

这种体制只在英国和美国的一些小型机场中实行。机场完全按照企业经营,但受到政府相关法规的限制。这种模式主要的目标是企业利润和效益的最大化,优点是经营效率很高,但是缺点也很明显,那就是必须由政府来控制机场运营的波动性和忽视社会效益的倾向。

二、我国机场的管理模式

改革开放以前，我国的机场管理模式比较单一，机场完全由中央政府统一管理。改革开放以后，地方政府为了促进当地社会经济的发展，积极参与机场建设。由于机场投资主体发生了变化，单一的机场管理模式被打破，形成了多种管理模式并存的局面。

我国的机场管理模式主要有以下几类。

（一）由民航局和地方管理局直接管理的机场

这类机场主要由政府投资，产权归政府所有。由民航局对机场进行管理，机场有义务向民航局反映其运营情况。

民航改制后，国家把除北京首都国际机场和西藏机场外的所有机场全部下放给省、市政府管理并转为企业化经营。

（二）由地方政府管理的机场

这类机场全部或大部分由地方政府投资和经营，民航局实行行业管理，如厦门机场、深圳机场、珠海机场、三亚机场等。

机场归地方政府管理，能更好地满足地方和旅客的需要，提高机场的效率和效益。

（三）由中央和地方政府以及其他经济组织共同出资、实行股份制管理的机场

这类机场直接与市场衔接，在一定程度上减轻了国家的投资负担。这类机场有的由地方政府控股，如福州长乐机场、广州白云机场等。

三、机场的运行

机场运行的基本目的是保证其航空运输功能能够安全、顺利地实现。机场运行体系是由多个部分组成的，这些部分组合在一起，为航空公司和旅客提供服务。

现代机场运行体系主要涉及以下内容。

（一）道面的维护

跑道像其他飞行场地道面一样，由于风化以及飞机往来活动等原因而

逐渐老化。这种道面老化会影响飞机起飞和降落的安全。跑道维护得好，能有效延长道面的寿命。

跑道的建筑材料可以是柔性材料（沥青），也可以是刚性材料（混凝土）。混凝土道面，能使用20~40年。这种道面通常为大型商用机场或者军用机场使用。沥青道面，天气寒冷时恶化得非常快，天气温和时恶化得较慢。这种柔性道面常用于小型机场。

飞机在跑道上高速运动，任何小的裂缝或隆起都有可能造成爆胎或对起落架的损害，从而引发大的事故。

大型航空港的跑道都使用混凝土道面，它是刚性的，承载能力强，但在温度变化较大时，它的膨胀和收缩会引起很大的内应力，造成道面的损坏。跑道维护人员要定期目视检查道面，在春季要增加检查次数，及时修补。中型航空港多在混凝土道面上铺一层沥青。这种道面是柔性的，不耐水汽侵蚀，如果道面积水时间较长，会造成小孔、裂缝等。由于道面强度低，飞机的重着陆和暴雨都会使道面上的软材料被带走，造成空洞。因此，每隔一定时期要对跑道的强度和性能进行检测。沥青道面虽然造价比混凝土道面低，但它的维修次数和费用都要高于混凝土道面。

道面的摩擦力会随着道面的磨损、积水和污染而变化。道面的磨损可以通过及时修补来解决。跑道上的薄层积水会使机轮打滑，甚至丧失全部摩擦力。解决的方法是在道面上开出安全槽，这些槽深6~7毫米，间隔30毫米，可以将道面上的积水排干净，也可以排出轮胎摩擦造成的水蒸气和热量。跑道污染主要是由于油漆、废物和轮胎上的橡胶颗粒黏附造成的，其中最主要的是橡胶颗粒黏附，这是由于飞机降落后制动时轮胎与跑道道面摩擦而产生的。它的存在会大大降低道面的摩擦系数。清除这种污染比较费力，目前采用的方法有四种：一是高压水冲洗。水压在300大气压以上，而且只能在5℃以上的气温下进行。二是化学溶剂溶解。酸性化学制剂用于混凝土跑道，碱性化学制剂用于沥青跑道。这种方法很有效，但会导致环境污染。三是高速冲击方法机械刷除。这种方法，设备比较昂贵。四是超声波清洗。这种方法成本较低，效果较好。

（二）除雪和除冰

在中、高纬度地区，除雪和除冰是保证航空港安全运行的重要工作。

除雪要根据气象预报早做准备，一旦雪情妨碍飞行，就要立即行动。除雪的方法分两种：机械方法和化学方法。化学方法的成本高、见效慢，会对环境造成污染，因此大多数机场采用机械方法除雪。除雪机械主要有推雪车、吹雪车和扫雪车。在有很厚积雪的机场，往往是三种车辆连续作业——推雪车在前除去厚雪，吹雪车在后把推雪车推到旁边的雪堆吹到远离跑道的地方，最后由扫雪车把道面打扫干净。

跑道结冰对飞机来说比积雪更危险，而除冰比除雪还困难。如果扫雪车不能将跑道结冰及时清除，一般会采用撒沙子的方法，一方面可以增加跑道的摩擦力，同时也加快了冰融化的速度。更先进的办法是撒加热的沙子，使沙子嵌入冰层。在紧急情况下，用喷气发动机喷出的热气流除冰也极为有效，但是噪声太大，成本很高。

图 4—13　跑道除冰

（三）防治鸟害

鸟被吸入起飞飞机的喷气式发动机中可能导致危险的停车。飞机起飞或降落时如果把鸟吸入发动机或者与鸟相撞，都会造成很大的危险，因此驱散鸟类，使其远离机场空域是保障机场安全运行的主要任务之一。

解决鸟撞的办法有很多，大多数鸟害控制技术的目的是促使在机场栖息或觅食的鸟类飞往其他地方。各种实用性的防治技术可以单独使用或者结合使用，具体包括以下几种：

①通过对机场用地范围内植被的合理规划以及落实植被管理制度来消除鸟类的食物来源。

②消除树木、池塘、建筑架状突出物之类的鸟类栖息处及其他栖息之

地。适当地进行水体保留管理在控制鸟类的数量增长方面是特别重要的，这其中包括良好的排水以及消除湿地和低洼地。

③促使成群鸟类散开、飞走的化学处置方法。有效的昆虫防治也是化学处置方法的组成部分。

④不断地改进用于评估不同鸟类防治方法有效性的科学方法。

⑤培训一支专门从事鸟害管理的队伍。

⑥使用枪械或其他机械性的射杀方式。

鸟撞问题至今仍然不能完全解决，只能由机场加强对环境的清理，研究这一地区鸟类活动的规律，提醒飞机驾驶员提高警惕，防止事故发生。

图4-14 飞机因鸟击迫降

（四）飞机救援、消防

75%的航空事故发生在距离机场半英里以内的地方。飞机发生火灾虽然比较罕见，但是一个机场没有高效的救援和消防服务是不允许运营的。在有细微的迹象表明一架着陆飞机出现不正常现象的情况下，如出现一只轮胎漏气、任何重要系统的一处电流短路、飞行控制面板上的一个警示灯闪烁等情况，飞机救援和消防车辆（ARFF）服务将处于全面的紧急待命状态。

飞机火灾是不同寻常的，它具有火势快速蔓延和产生巨大热量的特性。救援的反应时间对于救援的效果有着决定性的影响，因而要求救援车队的第一辆车能在3分钟之内到达跑道的最远端，第二辆车在4分钟之内，其他车辆在4.5分钟之内到达。

对于大型机场的救援、消防队，国际民航组织制定了推荐标准，如果达不到这个标准,就不能取得机场运行许可。机场救援、消防队的装备要比一般中小城市的消防队先进,能迅速作出反应。它使用的车辆有快速救援救火车、轻型救火车和重型消防车。

(五)安全保卫

同其他公共设施一样,机场会受到一般的人为破坏和恐怖分子的袭击。这类犯罪可以是直接针对飞机,也可以是针对机场。作为机场管理部门,在做好机场运行管理的同时,还需要对机场建筑物及相关设施(包括飞机)提供高质量的安全保护,以保障旅客和工作人员的人身安全。

航空保安运行主要是指采取各种预防性措施,防止可能对飞机、机上人员和航空设施造成威胁的人员及物品接近目标或登上飞机。这些措施以通行管制和安全检查为基础。所谓通行管制,是指只允许经授权的人员进入相应的区域。为了有效实施航空安全保卫,通常根据不同的要求将相关区域划分为不同等级的保安限制区,只有工作需要必须进入的人员方可进入相应区域。安全检查是按照相关法律法规的规定,对进入控制区的所有人员和物品进行检查,对可能对航空安全造成威胁的物品分别采取不同的措施进行管理,或采取限制措施,最终目的是防止这些物品被用来破坏飞机或伤害旅客和工作人员。

从运行的角度出发,可将航空保安措施分为以下几类:分区管理措施、旅客和客舱行李(随身携带物品)的保安措施、航空货邮的安全保卫措施、飞机的安全保卫措施以及空中的安全保卫措施。

防止对民用航空的非法干扰行为,重点在于地面的预防性保安措施。机场采取的保安措施一般又分为分区管理措施、通行管制措施和安全检查措施等。

1. 分区管理措施与通行管制措施

机场区域实行分区管理,不同的区域采取不同等级的保安措施。一般将机场范围划分为三个等级,即公共区、要害部位和保安限制区。公共区一般包含陆侧停车场、道路及候机楼公共区等,是公众可以自由进出的区域。要害部位是指对航空安全影响严重的区域。一般情况下,要害部位不允许无关人员进入。保安限制区是指为确保民用航空安全而对出入加以控制的机场空侧区,我国民航运行中通常又称机场控制区。保安限制区对出入采取严格的管制，严禁一切未经许可的人员、车辆和物品进入。

2. 安全检查措施

20 世纪 60 年代以来，恐怖主义的炸机和劫机事件时有发生，给旅客和航空公司造成了巨大的生命和财产损失。为了应对这一威胁，各国发展了一系列的安检设备和技术手段。为了保证安全，旅客登机前，其携带的行李要通过 X 光检查台。这个检查台用 X 光透视，然后在显示器上成像，成像的焦距可变，以便检查人员能看清楚行李中的各个细节。行李由传送带运送，自动通过 X 光摄像机，以加快检查的速度。旅客则要通过一个金属探测门，在探测门的框内有电磁场，如果有一定体积的金属物品通过探测门，就会发出报警信号。在 X 光检查机或金属探测门的检查结果不能确定时，旅客要接受开箱检查或人身检查。

（六）机场总体安全检查

机场安全是机场运行的突出问题。机场应该有一个总体安全检查计划，定期或随机进行检查，建立起完善的安全制度和体系，对存在的安全隐患应及时排除，并且对职工进行安全方面的教育和技能的培训。

安全检查的目的是防止由天气引起的各种危险，由障碍物或移动物体（车辆、人员、动物等）引起的危险，由道面或设施的损坏引起的危险，以及由人为的操作不当引起的危险等。

重点检查区域：

①停机机坪和停机位。要求注意防火，禁止吸烟；确保道面平整，没有积水，飞机有效固定。

②滑行道。检查道面是否平整，有无杂物；各种标志线是否完好、清晰；灯光系统是否正常工作。

③跑道。要求跑道灯光设备和标志清晰可见，道肩完整；进近区的树木、地形障碍物在正常状态；车辆、行人、牲畜不得进入跑道。

④加油设施。要求燃油和其他油料存放区域必须远离停机机坪，消防设施齐全；定时检查加油设备，保证其处于正常工作状态；输油管的接头、软管保持清洁；油罐要防止水和污染物进入。

⑤机库和维修车间。要求保持清洁，防火工具、设备存放有序，各种标志（禁止吸烟、出口、车间号等）完整。

（七）地面勤务设备

在机场，有一系列的地面车辆和设施为飞机的出港、进港和经停提供服务。这类设备的充足与可靠是保障航空公司运营效率和准点运行的主要因素之一。飞机着陆之后，在重新起飞之前，必须卸载、清洁、加油以及装载旅客、行李等。机场的这些服务都有一定的时限，可以提高飞机的利用率，增加机场的效益。

图4-15表明了飞机在停机机坪上的地面勤务状况。飞机在经停时，一般要求在30~45分钟内完成地面勤务工作，环绕飞机周围，通常有十多辆服务车辆在进行服务。

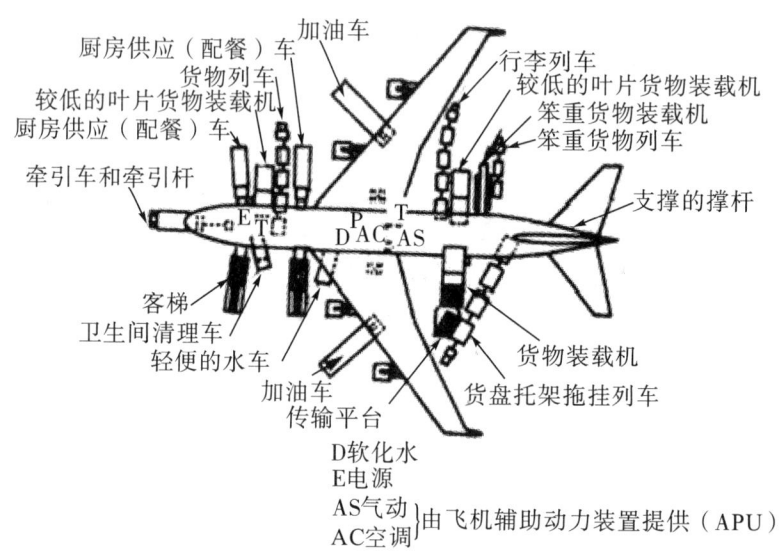

图4-15　飞机经停勤务工作

地面勤务设备有很多种：为飞机活动和服务的地勤设备、装运货物的地勤设备、进行补给服务的地勤设备等。如加油车、加水车、供餐车、清洁车等。

图 4-16　供餐车

四、民用机场与航空公司的关系

在我国，民用机场和航空公司的行政管理权属于中国民用航空局、民用航空地方管理局。对于那些利用地方资金共同建设的机场，地方政府参与管理，民用航空管理部门对机场的业务进行监督和协调。在经济上，如前所述，体制改革以后，民用机场和航空公司都是独立经营、独立核算、自负盈亏。那么，民用机场与航空公司之间如何协调发展呢？

（一）协议关系

航空公司根据航班、客货运载量、使用机型等情况，与机场管理部门就机场的旅客候机或货物仓储场所的使用或租赁，飞机起降与停放，车辆使用，安全检查、登机门、入口、柜台等一系列有关设施的使用等进行商谈，达成协议，签订合约。机场将按照协议提供有关服务，航空公司将按照协议支付相关费用。

为了降低成本，有些航空公司会与机场签订一份长期"一揽子"协议，向机场支付一笔费用，机场管理部门提供保障航空公司航班正常飞行所需的设施和服务。在国际上，航空公司与机场之间的长期服务协议的期限可达 20~30 年。

需要说明的是，航空公司在使用机场的场地、登机门、入口、柜台等设施与服务的优先与便利程度上，也存在着价格竞争。

（二）股份关系

一些机场希望与航空公司签订长期协议，以保证机场经济收益的稳定。但是，有的航空公司由于经营亏损，难以及时支付机场使用费用，严重影响了机场的经济收益与发展。因此，在修建机场的过程中，有的机场要求大型航空公司出资参股，分担机场投资风险。有的机场盈利性好，建设和经营机场本身就有投资收益，一些大型航空公司也愿意成为机场投资方。在这样的情况下，航空公司与机场存在股份关系，航空公司参与机场的建设、运营或管理，并根据双方签订的协议，从其机场的投资收益中支付机场使用费用。

航空公司与机场在航空运输市场中相互依存、相互影响、相互促进和共同发展。如上所述，机场提供服务的能力直接影响着航空公司的收益。同时，航空公司支付机场的费用与其客货运量、起降次数、机型等因素直接相关。因此，虽然机场没有航空公司所面临的高风险，但是航空公司的经营状况直接影响机场的收益。

复习思考题

1. 简述机场的历史发展阶段。
2. 简述机场的分类。
3. 举例说明航空港在经济发展中的作用。
4. 简要介绍航空港的构成。
5. 简要说明我国机场的管理模式。
6. 简述现代机场运行体系涉及的主要内容。
7. 通过网络查阅机场各类勤务车图片。

第五章 空中交通管制

第一节 空中交通管理概述

一、空中交通管理的任务

随着航空活动的快速增长，特别是商业飞行的开展，航空运输涉及的范围也越来越广。随着空域中飞机数量和飞行次数的不断增加，为了实现安全和高效飞行，要求飞行活动必须按照一定的规则来组织，这就是空中交通管理。

空中交通管理的任务是有效地维护和促进空中交通安全，维护空中交通秩序，保障空中交通畅通。空中交通管理（Air Traffic Management，ATM）的内容主要包括空中交通管制（Air Traffic Control，ATC）、空中交通流量管理（Air Traffic Flow Management，ATFM）和空域管理（Air Space Management，ASM）。

空中交通管制是空中交通管理的主要部分，包括空中交通管制服务（Air Traffic Service，ATS）、飞行情报服务（Flight Information Service，FIS）和告警服务（Alarm Service，AS）。空中交通管制服务的任务是防止航空器与航空器相撞以及在机动区内航空器与障碍物相撞，维护和加快空中交通的有序流动。飞行情报服务的任务是向飞行中的航空器提供有助于安全和有效实施飞行的建议和情报。告警服务的任务是向有关组织发出需要搜寻援救航空器的通知，并根据需要协助该组织或协调该项工作的进行。

空中交通流量管理的任务是在空中交通流量接近或达到空中交通管制能力时，适时地进行调整，保证空中交通量最佳地流入或通过相应区域，尽可能提高机场、空域可用容量的利用率。

空域管理的任务是依据既定空域结构条件，实现对空域的充分利用，尽可能满足经营者对空域的需求。

组织与实施民用航空空中交通管理工作，应当贯彻"保证安全第一，改善服务工作，争取飞行正常"的方针，严密组织，严格管理，严守规章制度。

二、空中交通管理机构

空中交通管制由空中交通管制单位实施。中国民用航空总局空中交通管理局根据国家的规定负责全国民用航空空中交通管理的组织实施，包括空中交通管制、通信导航监视、航行情报和气象服务等。

空中交通管制单位主要包括：塔台空中交通管制室（简称塔台管制室）、空中交通服务报告室、进近管制室（终端管制室）、区域管制室（区域管制中心）等。

塔台管制室负责对本塔台管辖范围内航空器的开车、滑行、起飞、着陆及与其有关的机动飞行的管制工作。在没有自动情报服务的机场，塔台管制室还应提供航空器起飞、着陆条件等的情报服务。

空中交通服务报告室负责审查航空器的飞行预报及飞行计划，向有关管制室和飞行保障单位通报飞行预报和动态。

进近管制室负责一个或数个机场的航空器进、离场的管制工作。

区域管制室负责向本管制区内受管制的航空器提供空中交通管制服务；受理本管制区内执行通用航空任务的航空器以及在非民用机场起降而航线由民航保障的航空器的飞行申请，负责管制并向有关单位通报飞行预报和动态。

空中交通管制工作由空中交通管制员实施。空中交通管制员实行执照管理制度，执照是执行任务的资格证书，从事空中交通管制工作的人员应当接受养成训练和岗位训练，通过相应的考试取得执照。执照由民航总局颁发。

空中交通管制员必须掌握气象学、领航学、飞行原理、飞机性能、发动机构造及航空器适航性管理、通信、导航及雷达设备、运输管理学、计算机等方面的知识。

三、飞行间隔标准

空中交通管制的主要任务之一是防止航空器在空中相撞。当空中同一区域航空器很多时，要防止航空器相互之间的危险接近和相撞，就必须保证任何两个航空器之间有足够的距离。由于航空器的航向不同、速度不同、高度不同，因此航空器在空中的相互距离有一套国际通用的规定，这些规定的距离（时间）称为间隔标准。间隔标准是指航空器之间在纵向、横向和垂直方向必须隔开的最小距离，这是最低限度的要求，因此其全称应是最低间隔标准。间隔标准分为两类：垂直间隔和水平间隔。

（一）垂直间隔

垂直间隔用高度层区分，称为高度层间隔。

依据《民用航空空中交通管理规则》，在同一航线有数架航空器同时航行并且互有影响时，通常应当把每架航空器分别配备在不同的高度层内。当无法配备在不同的巡航高度时，可以允许数架航空器在同一航线、同一高度层内飞行，但是各架航空器之间应当保持规定的纵向间隔。航空器进行航路和航线飞行时，应当在所配备的巡航飞行高度层内飞行。

①真航线角在 0 度至 179 度范围内的航空器，巡航高度层按照下列方法划分：

高度在 900 米至 5700 米，每隔 600 米为一个高度层；

高度在 6600 米至 11400 米，每隔 1200 米为一个高度层；

高度在 12000 米以上，每隔 2000 米为一个高度层。

②真航线角在 180 度至 359 度范围内的航空器，巡航高度层按照下列方法划分：

高度在 600 米至 6000 米，每隔 600 米为一个高度层；

高度在 7200 米至 12000 米，每隔 1200 米为一个高度层；

高度在 12000 米以上,每隔 2000 米为一个高度层。

仪表飞行航空器最低垂直间隔标准规定航空器与地面障碍物之间的最低垂直间隔为:航路、航线飞行或者转场飞行的安全高度,在高原和山区应当高出航路中心线、航线两侧各 25 千米以内最高标高 600 米;在其他地区应当高出航路中心线、航线两侧各 25 千米以内最高标高 400 米。

航空器上一般装有气压高度表和无线电高度表,无线电高度表用于确定航空器距地平面的实际高度,气压高度表用于确定航空器距海平面的高度。

(二)水平间隔

水平间隔包括纵向间隔和侧向间隔。

纵向间隔的大小和使用的导航系统的精度有关。依据《民用航空空中交通管理规则》,使用测距台时,航空器之间的最低纵向间隔标准应当符合如下规定:

①在同一巡航高度层的航空器同航迹飞行,同时使用航路上的同一测距台测距时,航空器间最低间隔标准为 60 千米;前机真空速大于后机真空速 40 千米/小时时,航空器间最低间隔标准为 40 千米。

②同一巡航高度层的航空器在交叉航迹上飞行,同时使用位于航迹交叉点的测距台测距时,航空器间最低间隔标准为 60 千米;前机真空速大于后机真空速 40 千米/小时时,航空器间最低间隔标准为 40 千米。

③航空器同时使用航路上的同一测距台测距,并且用同一时间的测距台读数建立间隔,当无垂直间隔时,其中一架航空器保持其高度层,另一架航空器在同航迹上升或者下降,改变高度,穿越被占用的高度层时,航空器之间的距离间隔不少于 40 千米。

④逆向飞行的航空器同时使用航路上的同一测距台,经测距台定位,证实两架航空器确已相遇且相距 20 千米以上,可以允许航空器上升、下降或穿越另一航空器占用的高度层。

⑤在航空器不使用同一种导航系统的情况下,它们的间隔由空管部门根据不同导航系统的精度,以避免航线重叠为准来作出相应的规定。

由于航空器的飞行速度不同,因而纵向间隔要和飞行速度、航空器通过某一点的先后联系起来。纵向间隔可以用时间来间隔,也可以用距离来间隔。依据《民用航空空中交通管理规则》，仪表飞行航空器的最低侧向间隔标准应当符合如下规定：

①航空器穿越航路，应当经管制员同意。管制员应当将允许穿越的条件（航段、时间、高度）和飞行情报通知有关航空器。在穿越航路中心线时，保持与该高度上其他航空器不少于如下的时间间隔：

A. 穿越处无导航设备时，为 15 分钟；

B. 按照有关规定，穿越处有导航设备且工作正常时，已飞越导航设备的航空器为 10 分钟，未飞越导航设备的航空器为 15 分钟。

②航空器使用导航设备汇集或者分散飞行（使用全向信标台，航空器之间航迹夹角不小于 15 度；使用无方向信标台，航空器之间航迹夹角不小于 30 度），相互穿越或者占用同一高度时，距离导航设备的距离间隔规定如下：

A. 汇集飞行时，距离导航设备应当不小于 100 千米；

B. 分散飞行时，距离导航设备应当不小于 50 千米。

③对于速度在 450 千米/小时以下的航空器，航迹夹角小于 90 度时，过台后飞行时间不少于 5 分钟；或者在航迹夹角不小于 90 度时，过台后飞行时间不少于 3 分钟。

航空器可以在不同的规定航路（航线）上顺向或逆向飞行，互不交叉穿越，但这些航路（航线）的宽度和保护空域不得互相重叠。航空器可以在不同的定位点上空等待飞行，但这些等待航线空域和保护空域不得互相重叠。

第二节　空中交通管制服务

空中交通管制系统按照管制范围的不同分为三部分，即机场管制、进近管制和区域（航路）管制；按照管制手段的不同，又可分为程序管制和雷达管制。

一、机场管制

机场管制服务（Aerodrome Control Service）是为机场机动区内的一切交通运输活动及在机场附近所有已进入、正在进入和脱离起落航线的航空器的飞行活动提供的空中交通管制服务。

机场管制服务由机场管制塔台提供，因此管制员也称为塔台管制员。他们在塔台的高层，一般靠目视来管理飞机在机场上空和地面的运行。在大型的飞行架次较多的机场（如广州白云国际机场）一般装有机场地面监视雷达，通过地面监视雷达的使用，管制员的工作质量和效率都有很大的提高。

机场管制服务的范围包括：①航空器在机场交通管制区的空中飞行；②航空器的起飞和降落；③航空器在机坪上的运动；④防止飞机在运动中与地面车辆和地面障碍物碰撞。

从这些任务来看，显然可以把机场管制服务分成两类，前两项是空中的，后两项是地面的。因而较大的机场塔台一般都把任务分为两部分，分别由机场地面交通管制员和空中管制员负责。但在不太繁忙的机场，通常只有一个塔台管制员负责整个机场从空中到地面的全部航空器的活动。

机场地面交通管制员负责控制在跑道之外的机场地面上，包括滑行道、机坪上的所有航空器的活动。在繁忙机场的机坪上可能同时有几架飞机在运动，此外还有各种车辆、行人的移动。地面交通管制员负责给出飞机的发动机启动许可、进入滑行道许可；对于到达的飞机，当飞机滑出跑道，进入滑行道后，由地面管制员安排飞机运行至机坪或候机楼。

机场空中交通管制员负责飞机进入跑道后的活动和在机场控制的起落航线上按目视飞行规则飞行的交通管制。他的任务是给出起飞或着陆的许可和引导在起落航线上飞行的起飞或着陆的飞机。他要安排飞机的起降顺序，安排合理的飞机放行间隔，以保证飞行安全。在一条跑道既用于起飞又用于着陆的情况下，机场空中交通管制员还要很好地安排起飞和着陆的飞机之间的时间档次。

为了及时、正确地为航空器提供空中交通管制服务，塔台管制员应当了解跑道、滑行道的道面情况并掌握跑道、滑行道上航空器、车辆、行人活动情况及其附近的施工情况。塔台管制室管制员选择跑道时，除考虑机型和地面风向风速外，还应当考虑机场进离场程序，起落航线，跑道布局，跑道长度、宽度、坡度，净空条件以及着陆地带的导航设备等。

为了调配间隔，起飞方向上的空域被占用时，塔台管制室管制员可以指示将要起飞或在地面滑行的航空器在跑道或跑道外等待，并将理由通知相关航空器。

二、进近管制

进近管制服务（Approach Control Service）是对进场或离场的受管制的飞行活动提供空中交通管制服务。

进近管制是塔台管制和航路管制的中间环节，是保证飞行安全的重要部分，因此进近管制必须做好与航路管制的衔接。进近管制室一般设在塔台下部，便于和塔台管制进行协调。

进场管制中，应当及时交换进场航空器的管制情报，区域管制室应当将进场航空器的有关情报，在该航空器预计飞越管制移交点前 10 分钟通知进近管制室，其中包括：航空器呼号、航空器机型、进近管制移交点及预计飞越时间、预定高度、管制业务移交等。

离场管制中，塔台管制室根据批准的飞行计划和机场、航路情况以及有关空中交通管制单位的情报，对离场航空器发出放行许可。放行许可包括：航空器呼号、管制许可的界限（定位点或目的地）、批准的离场程序、飞行航路（航线）、飞行高度、应答机编码及其他必要的内容。

为保证飞行安全，航空器在进场或离场过程中必须保持规定的高度差和一定的间隔标准。依据民用航空空中交通管理规则，在塔台和进近管制区空域内，仪表飞行航空器之间的最低纵向间隔标准应当符合如下规定：

①顺向飞行且符合规定条件的航空器，其最低间隔为 5 分钟。

②逆向飞行时必须保持规定的高度差，只有证实航空器已彼此飞越后，方可准许相互占用或穿越高度层。

③无空中走廊时，在同一巡航高度进入塔台管制区空域的仪表飞行航空器，不论其航向如何，其到达导航设备上空的时间间隔不得少于 10 分钟。进近管制区空域内，仪表飞行航空器离场放行的最低间隔标准为：同

航迹、同巡航高度飞行的,为10分钟间隔;跨海洋飞行时,为20分钟间隔;同航迹、不同巡航高度飞行的,为5分钟间隔。

为提高管制服务的质量和效率,执行不同任务的航空器或者不同机型的航空器同时飞行时,应当根据具体情况妥善安排起飞顺序。通常情况下,应当允许执行紧急或者重要任务的航空器、定期航班、转场飞行或速度大的航空器优先起飞。

当进近着陆的飞机较多,而又大约在同一时间到达时,必须由管制员"制造"出间隔,以保证飞机的降落顺序。这要依靠等待航线来实现,飞机在等待航线上飞行,以便按照管制员安排的顺序着陆。等待航线在机场控制区的保留空域内,在地面设有无线电信标,飞机围绕信标在上面分层盘旋飞行,每层之间的高度间隔为300米。飞机从航线下降,只要前方空域不够,就要进入等待航线。管制员应在保证安全的前提下,按照尽量缩短等待飞行时间的要求来安排飞机的进近着陆。

三、区域(航路)管制

区域管制服务(Area Control Service),也称航路管制,是指对管制区内受管制的飞行活动提供空中交通管制服务。

区域管制工作由区域管制室承担。航空器在航路上的飞行由区域管制中心提供空中交通管制服务,每一个区域管制中心负责一定区域上空的航路、航线网的空中交通的管理。区域管制所提供的服务主要是针对在6000米以上的大范围内运行的航空器。这些航空器绝大多数是喷气式飞机。在繁忙的空域,区域管制中心把空域分成几个扇面,每个扇面只负责特定部分空域或特定的几条航路上的管制。区域管制员依靠空地通信和远程雷达设备来确定飞机的位置,按照规定的程序调度飞行活动,保持飞行的间隔和顺序。我国划分了21个高空管制区,并按照行政大区建设了10个大型高空管制中心,每个管制中心负责整个区域内的空中交通管制。例如,在华北大区建立北京区域管制中心,负责整个华北上空的管制服务;在华南大区建立广州区域管制中心,负责整个华南上空的管制服务。

区域管制员根据飞机的飞行计划,批准飞机在其管区内的飞行,保证飞行间隔,然后把飞机移交到相邻区域管制中心,或把到达目的地的飞机移交给进近管制。全航路或部分航路中的各空中交通管制单位之间应当进行协调，以便向航空器发出自起飞地点到预定着陆地点的全航路放行许可。因资料或协调原因不能全航路放行而只能放行到某一点时，管制员应当通知航空器驾驶员。未经双方管制区协调，不得放行任何航空器进入另一管制区。

各管制室之间进行管制移交时，移交单位应当在航空器飞越管制移交点前 10 分钟（短程航线为 5 分钟）与接收单位进行管制移交。管制移交的内容应当包括：航空器呼号、航空器机型、飞行高度、速度、移交点、预计飞越移交点的时间及管制业务必需的其他情报。管制移交应当通过直通管制电话进行；没有直通管制电话的管制室之间，可通过对空话台、调度电话、业务电话、电报进行。已经接受管制移交的航空器，在预计进入管制空域边界的时间后仍未建立联系的，值班管制员应当立即询问有关管制室，同时采取措施联络航空器。区域管制室和进近管制室应当于航空器起飞前或进入本责任区前 30 分钟，发出允许进入本责任区的航路放行许可，并通过有关空中交通管制单位通知航空器驾驶员。航路放行许可的内容包括：航空器呼号或识别标志、管制许可的界限（定位点或目的地等）、放行航路（航线）、全航路或其中一部分的飞行高度层和需要时高度层的改变、其他必要的指示和资料。

区域管制室和进近管制室应当随时了解本责任区内的天气情况和飞行活动情况，确切掌握航空器的飞行条件和飞行位置；正确配备管制间隔，合理调配飞行冲突；妥善安排航空器等待时间，及时调控航空器飞行航线，以便维持有秩序的空中交通流动。航空器在预计飞越报告点 3 分钟后仍未报告的，值班管员应当立即查问情况并设法取得位置报告。

四、程序管制

在雷达被引入空中交通管制之前，空中交通管制主要是使用无线电通信设备，按照规定的程序来完成的，因此称为程序管制。在雷达引入后，管制员的感知能力和范围都有了提高，在间隔距离和情报的传递上有了很大的改进，但在基本程序上并没有太大的变化，因此我们说程序管制是整个空中交通管制的基础。

在具体组织飞行时,程序管制员的基本信息和手段来自于飞行计划和飞行进程单。

(一)飞行计划

飞行计划是由航空器使用者在飞行前向空中交通服务单位提供的关于航空器一次预定飞行活动或部分飞行活动的规定资料。空中交通管制服务单位根据批准的计划为航空器提供管制、情报等服务。另外,在航空器发生事故时,飞行计划是搜索和援救的基本依据。飞行计划的内容包括:飞行任务性质、航空器呼号、航班号、航空器型号、特殊设备、真空速或马赫数、起飞机场、预计起飞时间、巡航高度层、飞行航线、目的地机场、预计飞行时间、航空器国籍和登记标志、航空器携油量、备降机场等。

飞行计划一般需要提前一天交给起飞机场的空中交通管制部门,紧急情况下可在起飞前1小时交付。空中交通管制部门在考虑了空中交通的总体情况并对计划进行审核后,批准计划或与提交的人员协商修改后批准。在飞机起飞后,飞行计划由始发机场通过航空电信网发至各飞行情报中心、相关的区域管制中心和目的地机场的管制单位。飞机在飞行中由于天气或事故等原因改变飞行计划时,应立即通知空中交通管制单位。飞机到达目的地机场后,应立即向空管部门做出到达报告。至此,这次飞行计划宣告结束。

(二)飞行进程单

飞行进程单(Flight Progress Strip)是用来实行和记录程序管制过程的。一架航空器进入管制区域前,空中交通管制单位应当填写好记录有该航空器信息的飞行进程单。在这架航空器飞行过程中,管制员应当把各种渠道收到的该航空器的动态、管制指令及有关内容及时、准确地记入相应的飞行进程单。飞行进程单的格式如表5-1。

表5-1 飞行进程单样本

CES7325 A1073 B737C/M W/Z	LX 0736		ZSWZ 0743 ZGGG

飞行进程单的内容主要包括下列各项：飞机的识别号、进程单的编号、飞机的型号、计算机识别号（只用于自动打印的进程单）、应答机编号、建议离场时间、申请高度、飞离的机场、航路及目的地机场和飞行中的各项实际数据等。

在程序控制中，接收飞行进程单是始发机场的一项主要工作。塔台管制员根据飞行进程单给出飞行许可，然后按实际飞行情况填写飞行进程单，再由自动终端情报服务系统把这些情报发送出去。区域管制中心根据飞行计划和驾驶员报告的位置及有关信息填写自己的飞行进程单，若发现间隔过小，应采取措施调配间隔。每个飞行班次都有一个飞行进程单，在飞机到达、离去时填写并转发出去，管制单位根据飞机到达的前后和飞行的路线，把它们排列起来，然后逐架给出许可，从而保证合理的间隔和起降顺序。

五、雷达管制

（一）一般规则

雷达管制（Radar Control）是直接使用雷达信息来提供空中交通管制服务的一种空中交通管制形式。雷达管制的使用应当限制在雷达覆盖范围内，并符合空中交通管制单位规定的区域。提供雷达管制服务的单位应当在航行情报资料中发布有关运行方法的资料及影响空中交通管制实施的有关设备要求。

在雷达管制中，雷达管制业务由经过空中交通管制专业训练，取得执照的雷达管制员承担。雷达管制员直接使用雷达信息来提供空中交通管制服务，在提供给空中交通管制单位使用的雷达上，视频地图包含的内容有：机场、跑道中心线延长线和最后进近航道、紧急着陆区、导航台和报告点、航路中心线或航路两侧边线、区域边界、移交点、影响航空器安全运行的障碍物、影响航空器安全运行的永久地物、地图校准指示器和距离圈、最低引导高度、禁区及必要的限制区等。

一次监视雷达和二次监视雷达用于空中交通管制时，可单独使用或结合使用。一次监视雷达应当在二次监视雷达不能达到空中交通管制要求时使用。二次监视雷达系统，特别是具有单脉冲技术及S模式和数据链功能的雷达系统，可作为主要的雷达监视系统单独使用。接受雷达服务的航空器的架数不得超过在繁忙情况下能安全处理的架数。其限制因素主要有：有关管制区或扇区的结构所造成的复杂的局面，所使用雷达功能、技术的可靠性及可用性所能达到的程度，对雷达管制员的工作量及扇区接受能力的评估等。

（二）雷达识别

雷达识别是将某一特定的雷达目标或雷达位置符号与某特定航空器相关联的过程。在向航空器提供雷达管制服务前，雷达管制员应当对航空器进行识别确认，并保持该识别直至雷达管制服务终止。失去识别的，应当立即通知相关航空器，并重新识别或终止雷达服务。首次建立对航空器的雷达识别或暂时失去目标后重新建立对航空器的识别的，应当向航空器通报其已被识别。

当观察到两个或多个雷达位置指示符相近，或观察到指示符在同时做相似的移动以及遇到其他引起对目标怀疑的情况时，雷达管制员应当采用两种以上的识别方法进行识别，直至确认为止；也可终止雷达服务。

（三）雷达管制移交

雷达管制移交应当建立在雷达识别的基础上或者按照双方的具体协议进行，使接受方能够在与航空器建立无线电联系时立即完成识别。雷达管制移交时，被移交航空器的间隔应当符合接受方所认可的最低间隔，同时移交方还应当将指定给航空器的高度及有关引导指令通知接受方。在管制单位内部或者相互间进行的雷达识别的移交，应当在雷达有效监视范围内进行；如技术上无法实施，则应当在管制移交协议中说明，或者按规定提前进行管制移交。

实施移交时，移交方应当遵守下列规定：

①在航空器进入接受方所辖区域前完成雷达管制移交。

②除非另有规定，在改变已被移交的航空器的航行诸元或标牌数据前应当得到接受方的同意。

③与航空器脱离联络前应当保证本区域内潜在的飞行冲突和不利影响已得到正确处理，必要的协调已完成，保证间隔的有关飞行限制已通知接受方。

④除非另有协调，应当按照接受方的限制实施移交。

⑤在雷达识别的转换被接受后及时与航空器脱离联络。

⑥除非在协议和指令中已经包括，否则应当将标牌或进程单上没有的指定航向、空速限制、发出的高度信息、观察到的航迹和上一航段飞行情况、不同于正常使用的或预先协调的应答机编码等信息通知接受方。

⑦保持标牌与相应的目标相关。

⑧在管制员给定的超出导航设备作用距离之外飞行的航空器，应当通知接受方对其进行雷达监控。

⑨管制移交前，为保证被移交的航空器与本区域其他航空器的间隔，应当向接受方发出必要的飞行限制。

⑩接受方口头证实或自动移交时，如果航空器已被接受方识别，则可认为已经完成移交。

实施移交时，接受方应当遵守下列规定：

①在接受移交前，确定目标的位置与移交方移交的位置一致，或者目标有正确的自动相关标牌显示。

②接受移交前，应当发出安全飞行所必要的飞行限制。

③除非另行协调，应当遵循先前给定的飞行限制。

④除非另有规定，在直接向其他管制区的航空器发出改变航向、速度、航线和编码指令前，应当提前与航空器所在区域管制室或者与航空器将要通过的管制区进行协调。

⑤接受移交后应当要求航空器驾驶员进行位置报告以证实一次雷达目标，并通过二次雷达应答机特别位置识别功能协助证实二次雷达目标；但在移交过程中已采用过这些方法的，则不必重复。

（四）雷达管制最低间隔

雷达管制最低间隔（简称雷达间隔）适用于所有被雷达识别的航空器之间，或一架正在起飞并在跑道端 2 千米内将被识别的航空器与另一架被识别的航空器之间。等待航线上的航空器之间不得使用雷达间隔。

雷达间隔最低标准如下：

①进近管制不得小于 6 千米，区域管制不得小于 10 千米。

②在相邻管制区使用雷达间隔时，雷达管制的航空器与管制区边界线

之间的间隔在未经协调前，进近管制不得小于 3 千米，区域管制不得小于 5 千米。

③在相邻管制区使用非雷达间隔时，雷达管制的航空器与管制区边界线之间的间隔在未经协调前，进近管制不得小于 6 千米，区域管制不得小于 10 千米。

（五）雷达引导

雷达引导是在使用雷达的基础上，以特定的形式向航空器提供航行引导。雷达管制员应当通过指定航空器的应飞航向实施雷达引导。实施雷达引导时应当引导航空器尽可能沿便于航空器驾驶员利用地面设备检查机身位置及恢复自主领航的路线飞行，避开已知危险天气。

离场航空器的引导，应当尽可能按标准离场航线和规定高度进行。在航空器起飞前，应当指定应飞的起始航向。在航空器起飞后，立即实施雷达引导。引导按仪表飞行规则飞行的航空器偏离标准离场航线时，管制员应当确保航空器在飞越地面障碍物时有不低于 300 米的超越障碍必需的余度。

进场航空器的引导，应当利用雷达引导航空器迅速地由航路阶段过渡到可进入最后仪表进近、目视进近或雷达进近的某点，引导航空器进行起始进近和中间进近，还可以向航空器提供监视雷达进近和精密雷达进近。引导航空器切入最后进近时，应当确保切入点距外指点标或最后进近定位点不少于 4 千米。除非气象条件适于做目视进近，而且航空器驾驶员有要求时，否则航空器高度不得低于精密进近的下滑道或公布的非精密进近程序的下降高度。引导航空器穿越最后进近航道时，管制员应当在穿越前通知航空器驾驶员并说明理由。

六、空中交通管制的移交

空中交通管制单位的责任十分明确，与飞行安全关系重大。在一个空域一次受管制的飞行只能由一个管制单位来管制，换句话说，一个空中交通管制单位必须对其所管制空域内的所有航空器的安全负责。因此，一架航空器从一个管制区进入另一个管制区的移交必须十分明确和严格，以防止因程序混乱和责任不清而出现重大事故。移交的规则主要有下面几种情况：两个区域管制的移交、进近管制和区域管制的移交、塔台管制室和进近管制或区域管制的移交。

管制协调和移交应当遵守下列规定：

①塔台管制室，应当及时将离场航空器的起飞时间通知进近管制室或区域管制室。

②进近管制室和区域管制室对离场航空器实施流量控制。有其他调配的，应当尽早通知塔台管制室，以便安排离场航空器在地面或空中等待。

③航空器飞离塔台管制室责任区时，塔台管制室应当与进近管制室或区域管制室按规定进行移交。

七、空中交通通信、通话及其使用的语言、时间

依据民用航空空中交通管理规则，区域管制室、进近管制室、塔台管制室管制员在值勤时应当佩戴耳机，并保持不间断地收听；在航空器飞行的全过程中，航空器驾驶员应当在规定的频率上收听，未经管制员批准，不得中断收听。为保证无线电通信顺畅有效，管制员、飞行签派员和航空器驾驶员应当按照民航总局规定的无线电报格式、航空器及管制单位识别代号、略语、字母和数字拼读规则以及规定的通信优先次序执行。地空管制通话应当使用民航总局空中交通管理局规定的专用术语及规范，保证地空通话简短、明确。在通话过程中，对关键性内容和发音相似、含意相反的语句，应当重复或者复诵。中国航空器从事国际飞行的，陆空通话使用英语；从事国内飞行的，陆空通话使用英语或汉语普通话。但在同一机场，同时使用两种语言通话时，管制员应当注意协调。在中华人民共和国境内飞行的外国航空器不论其国籍，陆空通话应当使用英语。

中国航空器从事国际飞行和外国航空器在中国境内飞行的，陆空通话使用世界协调时（格林尼治时间）。从事国内飞行的中国航空器，陆空通话可使用北京时间。

第三节 飞行情报服务

为保证飞行安全，民航部门要向航空器驾驶员和有关航行系统提供准确的飞行前和飞行中所需要的情报，这个任务称为飞行情报服务（Flight Information Service）。飞行情报服务的目的是向飞行中的航空器提供有益于安全和有效飞行的建议和情报。

飞行情报服务由飞行情报中心提供。飞行情报部门是一个完整的系统，它与空中交通管制部门协同工作。为了便于对中国境内和经国际民航组织批准由我国管理的境外空域内飞行的航空器提供空中交通情报服务，全国共划分为沈阳、北京、上海、广州、昆明、武汉、兰州、乌鲁木齐、香港和台北 10 个飞行情报区。在机场设有飞行情报服务人员或航行情报室，在各大飞行情报区都设有飞行情报中心，定期或连续地向外发布飞行情报。民航总局设有全国性的情报中心。飞行情报服务系统不控制空中交通，它只是一个提供信息的网络，它把各飞行情报单位联系起来，可以把整个航路上的各种信息提供给管制员和驾驶员，保证驾驶员在飞行情报区覆盖范围内任何一点都可以得到所需要的飞行情报。

飞行情报主要包括航图、航行资料和气象预报。飞行量在年起降超过 30000 架次的机场，为了减轻空中交通管制甚高频陆空通信波道的通信负荷，一般都设立有机场自动终端情报服务系统，为进、离场航空器提供服务。机场自动终端情报服务通告的播发应当在一个单独的频率上进行。

一、航图

航图是把各种与航行有关的地形、导航设施、机场标准、限制以及有关数据全部标出来的地图。它分为两大类：一类是标出地形和航行情况的航空地图；另一类是以无线电导航标志和局部的细致地形图的形式为专门目的而使用的特种航图。

（一）航空地图

航空地图主要用于目视空中领航及指定飞行计划。按照所表示的范围，航空地图分为世界航图、区域航图和航空计划地图。

（二）特种航图

主要有航路图、仪表进近图、机场图和机场障碍图等。

航路图是向机组提供有空中交通服务的航路的航行资料，图上包括航路上的所有无线电导航信息。航路图中的方位、航迹以磁北为基准，并标出了航路上的所有报告点的位置，驾驶员在报告点上必须向管制员报告飞机的参数和位置。

仪表进近图主要为进近和仪表着陆使用，它的比例尺较大，详细标出了进近时的路线和导航设施的位置和频率，供飞机在机场区域按规定航线和高度安全有序地飞行，避免和其他航空器或障碍物相撞。

机场图和机场障碍图标明了机场附近的航行情况和限制以及障碍物的情况，能使驾驶员对降落的机场有详细的了解。

二、航行资料

航行资料主要有航行资料汇编、航行通告、航线资料通告、飞行员资料手册等。

航行资料汇编是为了国际交换而编制的关于一个地区或国家航行方面的基本资料和数据，为国际航线所用。它按要求提供：民航当局认可的机场、气象、空中规则、导航设施、服务程序，在飞行中可以得到的服务和设施的基本情况，发布国的民航程序和各种建议及规定的判别。

航行通告是航行情报服务的最重要的航行资料之一。它及时向飞行有关人员通知航行设施、服务和程序的建立及状况变化，以及航路上出现的危险情况，是飞行员及有关人员应及时了解的资料。

航线资料通告分为定期航行资料通告和航行资料通告，公布对导航程序、系统变化的预测以及关系到飞行安全的各有关方面的情况。

飞行员资料手册主要包括 ATC 的程序和飞行基本数据、机场手册（各机场的进近、离场程序，航行情报中心和气象服务电话号码等）、操作数据和有关的航行通告、航图及补充材料。

三、气象预报

气象预报是对某一特定的区域或部分空域，在特定时刻或期间预期的气象情况的叙述。

鉴于气象对航空活动的重要影响，各国的民航部门和气象部门都及时地为航行部门、空中交通管制部门及驾驶员提供准确的气象信息，以保证飞行安全。

我国的航空气象服务是由专门的民航气象机构提供的，它由航空气象观测站、机场气象台和区域气象预报中心组成。气象观测站设在机场和主要航路点上，它的任务是观察和记录天气实况。机场气象台的任务是编制机场和航路天气预报，收集有关航行的气象报告并与有关方面及地方气象台交换气象情报，向飞行机组和其他航务人员讲解天气形势并提供各种气象文件。区域气象预报中心的任务是提供区域内重要天气预报图和特定高度上的高空风情况。此外，驾驶员要按规定向航空气象部门报告天气情况，这也是航空气象情报网的重要组成部分。

气象报告主要包括：机场气象观测报告、机场预报、起飞预报、高空风预报、航路预报、天气图、雪情通行等。

空中交通管制单位向航空器和其他有关空中交通管制单位通报的气象情报，均以气象部门所提供的资料为准。但塔台管制室也可通报由航空器报告的气象情报和观察到的气象情报。气象部门所提供的气象情报与塔台管制室观察到的气象实况有差异时，塔台管制室应当将该情况通知气象部门。接到飞行中的航空器关于颠簸、结冰、风切变、雷雨等重要气象情报时，空中交通管制单位应当及时向在相关空域内飞行的其他航空器和有关气象部门通报。向气象部门通报航空器所报气象情报时，应当一并通报该航空器的机型、位置、高度、观测时间。接到重要气象情报和特殊天气报告后，如果本区内飞行的航空器将受到该天气影响，空中交通管制单位应当在除紧急频率外的频率上通播。

四、雷达情报服务

在雷达管制区，雷达显示器上的信息可用于向被识别的航空器提供下列情报：

①任何观察到的航空器与已经识别的航空器在同一冲突航径上的情报和采取避让行动的有关建议。

②重要天气情报以及指挥航空器绕航，避开恶劣天气的建议。

③协助航空器领航的情报。

当雷达管制员观察到被识别的航空器与不明航空器有冲突，可能导致相撞危险时，应当向其管制下的航空器通报不明航空器情报。如航空器驾驶员提出请求，应当向其提供有关避让的建议。冲突危险不存在时，应当及时通知航空器。如果二次雷达高度未经证实，应当通知航空器驾驶员有相撞危险，并说明该高度信息未经证实。如高度已经证实，该情报应当清楚地发给航空器驾驶员。有关航空器将要穿越危险天气的情报，应当提前足够时间向航空器发布，以便航空器驾驶员采取应对措施。

使用雷达提供飞行情报服务，并不意味着解除航空器驾驶员的任何责任，航空器驾驶员仍有最后的决定权。

第四节　空域规划与空中交通流量管理

一般的空中交通管制服务是对现有的飞行活动的引导和管理，没有考虑整体空域的利用以及如何使空中交通更为通畅和有效。把空中交通作为一个整体，为有效利用空域，就要进行空域规划管理；为使空中交通通畅和提高效率，则要实施空中交通流量管理。

一、空域规划管理

（一）空域

空域又称"可航空间"，是指空中交通工具在大气空间的活动范围。《中华人民共和国民用航空法》规定："中华人民共和国的领陆和领水之上的空域为中华人民共和国领空。中华人民共和国对领空享有完全的、排他的主权。"《国际民用航空公约》规定："缔约各国承认每一国家对其领土之上的空气空间享有完全的和排他的主权。"

（二）空域规划

对空域进行类型划分的目的是：在可以接受的安全范围内，为在此空域内运行的航空器提供最大限度的灵活性、机动性，即在高密度、高速度运行的空域内，要为航空器提供最大的间隔，并对其实施主动管制；在飞行活动量较小的区域，如果可以接受的气象条件存在，飞行员本身能获得所必需的服务。

空域规划包括航路规划、近离场方法和飞行程序的制定。通过航路规划，将统一航线按不同高度加以划分，主要的航线设置为单向航路，可以大大提高航线上的飞行量。进近离场属于复杂的进近管制阶段，进近离场程序的制定除了受机场净空、空中走廊的限制之外，还要受到周边机场使用空域的影响。机场作为空中交通的起点和终点，其上空是航空器运行最密集的区域，航空器在这一区域相撞的概率是最大的，因此这一区域是空中交通管制的重点和难点。

（三）我国的空域划分

根据《中国民用航空空中交通管理规则》，我国用于民用航空的空中交通管制空域分为飞行情报区、管制区、限制区、危险区、禁区、航路和航线。各类空域的划分应当符合航路的结构特征、机场的分布状况、飞行活动的性质和提供空中交通管制的需要。

飞行情报区是指为提供飞行情报服务和告警服务而划定的空间范围。为了便于对中国境内和经国际民航组织批准由我国管理的境外空域内飞行的航空器提供空中交通情报服务，全国共划分为沈阳、北京、上海、广州、昆明、武汉、兰州、乌鲁木齐、香港和台北 10 个飞行情报区。为了及时、有效地对在我国飞行情报区内遇险失事的航空器进行搜寻援救，在我国境内及其附近海域上空划设搜寻援救区，搜寻援救区的范围与飞行情报区相同。搜寻援救工作的组织与实施按照《中华人民共和国搜寻援救民用航空器规定》执行。

管制区是指自地球表面之上的规定界限向上延伸的管制空域。管制空域应当根据所划空域内的航路结构和通信、导航、气象、监视能力划分，以便对所划空域内的航空器飞行提供有效的空中交通管制服务。管制空域分为 A、B、C、D 四类。

A 类空域为高空管制空域。在我国境内 6600 米（含）以上的空间，划分为若干个高空管制空域，在此空域内飞行的航空器必须按照仪表飞行规则飞行并接受空中交通管制服务。

B 类空域为中低空管制空域。在我国境内 6600 米（不含）以下、最低高度层以上的空间，划分为若干个中低空管制空域。在此空域内飞行的航空器，可以按照仪表飞行规则飞行。如果符合目视飞行规则规定的条件，经航空器驾驶员申请，并经中低空管制室批准，也可以按照目视飞行规则飞行，并接受空中交通管制服务。

C 类空域为进近管制空域。通常是指在一个或几个机场附近的航路会合处划设的便于进场和离场航空器飞行的管制空域。它是中低空管制空域与塔台管制空域之间的连接部分，垂直范围通常在 6000 米（含）以下、最低高度层以上，水平范围通常为半径 50 千米或走廊进出口以内的除机场塔台管制范围以外的空间。

D 类空域为塔台管制空域，通常包括起落航线、第一等待高度层（含）及其以下、地球表面以上的空间和机场机动区。

危险区、限制区、禁区是指根据需要，经批准划设的空域。飞行中的航空器应当使用机载和地面导航设备，准确掌握航空器位置，防止航空器误入危险区、限制区、禁区。空中交通管制单位应当严密监视飞行中的航空器动态，发现航空器将误飞入危险区、限制区、禁区时，应当及时提醒航空器，必要时采取措施予以纠正。

（四）航路

航路是以走廊形式建立的、装设有无线电导航设施的管制区域或其一部分。根据在该航路执行的飞行任务的性质和条件，航路可划分为国内航路和国际航路。

空中交通管制航路各段的中心线，从该航路上的一个导航设施或交叉点开始，至另一个导航设施或交叉点为止。各段中心线连接起来成为航路的中心线。空中交通管制航路的宽度，通常为航路中心线两侧各 10 千米的平行边界线以内的空域。根据导航性能的定位精度，可调整其宽度，在航路方向改变时，则包括航路段边界线延长至相交点所包围的空域。空中交通管制航路应当用代号来识别。国际航路的识别代号应当与国际民航组织协调,以防止重复使用。同时,空中交通管制航路应当设置重要点并用代号予以识别,以便掌握航空器在航路上运行的进度。

二、空中交通流量管理

空中交通流量的不断增加,给空中交通管制系统带来了越来越大的压力,也威胁着空中交通安全。因此,必须对有限的空域资源实施有效的管理。

空中交通流量管理(Air Traffic Flow Management)是当空中交通流量接近或达到空中交通管制可用能力时,适时地采取措施,保证空中交通量最佳地流入或通过相应区域的管理活动。

(一)飞行流量管理机构

全国飞行流量管理机构分为民航总局飞行流量管理单位和地区管理局飞行流量管理单位两级。各空中交通管制单位是飞行流量管理的具体实施单位。

民航总局飞行流量管理单位的职责是掌握全国的飞行计划和飞行动态,监控国际航路、国内主要航路和飞行量密集地区的飞行流量,提出实施流量控制的措施并组织实施;掌握民航定期和不定期飞行的起飞和降落时刻;与非民航有关单位进行协调,协调地区管理局飞行流量管理单位之间发生的或地区管理局飞行流量管理单位与航空器经营人、航务部门之间出现的流量管理问题。

地区管理局飞行流量管理单位的职责是掌握本地区管理局范围内的飞行计划和飞行动态,监控本地区管理局范围内的飞行流量,提出实施流量控制的措施并组织实施;对本地区管理局各机场定期和不定期飞行的起飞、降落时刻提出审核意见;与本地区有关的非民用航空单位进行协调,协调本管理局空中交通管制单位与航空经营人、航务部门之间出现的流量管理问题。

(二)实施飞行流量管理的原则

飞行流量管理分为先期流量管理、飞行前流量管理和实时流量管理。实施流量管理的原则是以先期流量管理和飞行前流量管理为主,实时流量管理为辅。

先期流量管理，包括对全国和地区航线结构进行合理调整，制定班期时刻表，以及飞行前对定期航班的飞行时刻进行协调。其目的是防止航空器在某一地区或机场过于集中和出现超负荷流量，以致危及飞行安全，影响航班正常。

飞行前流量管理是指出现恶劣天气、通信导航雷达设施故障、预计扇区或区域流量超负荷等情况时，采取改变航线，改变航空器开车、起飞时刻等方法，疏导空中交通，维持正常飞行秩序。

实时流量管理是指当飞行中发现或者按照飞行预报将要在某一段航路、某一区域或某一机场出现飞行流量超过限额时，采取改变航段，增开扇区，限制起飞、着陆时刻，限制进入管制区时刻或者限制通过某一导航设备上空的时刻，安排航空器空中等待，调整航空器速度等方法，控制航空器按照规定间隔有秩序地运行。

因航线天气恶劣，需要改变预定飞行航线时，由有关航空器经营人或民航总局飞行流量管理单位提出申请，经民航总局协调有关单位后，通知有关地区管理局飞行流量管理单位和空中交通管制单位。因通信、导航、雷达设施发生故障，需要改变预定飞行航线时，由发生故障的单位逐级上报至民航总局，由民航总局飞行流量管理单位协调有关单位后，向有关地区管理局飞行流量管理单位和空中交通管制单位发出改变预定航线的电报。预计扇区或区域流量超过负荷，需要改变航线或航段时，由有关区域管制室向地区管理局飞行流量管理单位报告。如果采取的措施只涉及本区管制单位，则由地区管理局飞行流量管理单位协调当地有关单位后发布改变航线或航段的通知，并抄报民航总局飞行流量管理单位备案。

限制起飞、着陆时刻和空中等待的程序，根据飞行流量管理的需要确定。区域管制室有权限制本管制区内各机场的起飞时刻，有权就即将由上一区域管制室或进近管制区（机场管制塔台）飞进本管制区的航空器提出限制条件，有权增开扇区。进近管制室（机场管制塔台）有权就即将由区域管制室管制区飞进本管制区的航空器提出限制条件，有权增开扇区。机场管制塔台有权限制即将由区域（进近）管制室管制区进入本管制区的航空器在本场着陆的时刻。机场管制塔台有权限制航空器的开车和起飞时刻。

第五节 空中交通管制设施及新航行系统

一、空中交通管制设施

空中交通管制系统中常用的设施设备主要包括航空无线电导航系统、雷达系统和通信系统等。

(一) 无线电导航系统

航空无线电导航是借助飞机上的无线电设备接收和处理无线电波来获得飞机导航参数的一种导航方法。它利用无线电导航设备和地面导航台对飞机进行定位和导航。目前常用的无线电导航系统有全向信标导航系统、仪表着陆系统、多普勒导航系统、卫星导航系统等。

全向信标导航系统（VOR）由机载甚高频全向信标接收机、显示器和地面甚高频全向方位导航台组成。它采用几何定位法，机载接收机将接收到的导航台发出的两个不同相位的正弦波进行比较，即可得到飞机相对导航台的方位角，再与测距器配合，即得到飞机至导航台的距离，从而得出飞机在空间的位置。

仪表着陆系统（ILS）通常由一个甚高频（VHF）航向信标台、一个特高频（UHF）下滑信标台和几个甚高频（VHF）指点标组成。航向信标台给出与跑道中心线对准的航向面，下滑信标给出仰角 $2.5°\sim3.5°$ 的下滑面，这两个面的交线即是仪表着陆系统给出的飞机进近着陆的准确路线。指点标沿进近路线提供键控校准点，即距离跑道入口一定距离处的高度校验，以及距离入口的距离。仪表着陆系统的作用在天气恶劣、能见度低的情况下尤为突出，它可以在飞行员肉眼难以发现跑道或标志时，给飞机提供一个可靠的进近着陆通道，以便让飞行员掌握位置、方位、下降高度，从而安全着陆，所以人们也把仪表着陆系统称为盲降。根据盲降的精密度，盲降给飞机提供的进近着陆标准不一样，盲降因此可分为Ⅰ、Ⅱ和Ⅲ类标准。从飞机建立盲降到最后着陆阶段，若飞机低于盲降提供的下滑线，盲降系统就会发出告警。

多普勒导航系统（DOP）是利用多普勒效应实现无线电导航的机载系统。它由脉冲多普勒雷达、航向姿态系统、导航计算机和控制显示器等组成。它也叫航位推算法，利用航行速度进行三角形定位和定向。

卫星导航系统（GPS）由导航卫星、地面台站和用户定位设备组成。导航卫星是系统的空间部分，以多颗导航卫星构成空间导航网，如"导航星"全球定位系统由 18 颗导航卫星组成导航网。地面台站跟踪、测量和预报卫星轨道，并对卫星上的设备工作进行控制管理。它包括跟踪站、遥测站、计算中心、注入站及时间统一部分。飞机定位设备由接收机、定时器、数据预处理器、计算机和显示器组成，它接收卫星的轨道参数和定时信息，同时测出距离、距离差等导航参数，经计算得出飞机的位置三维坐标及速度矢量。

（二）雷达系统

空中交通管制单位通常配备相应的空管监视设备，以便监视和引导航空器在责任区内安全正常飞行。雷达（RADAR）是空中交通管制单位使用的一种提供目标物的距离、方位和高度等信息的无线电探测装置。航管使用的雷达有两类：一类是用于探测空中物体的反射式主雷达，称为一次雷达；另一类称为二次雷达，二次雷达实际上不是单一的雷达，而是一个包括雷达信标及数据处理在内的系统。同时，一次和二次雷达数据配备有自动记录系统，供调查飞行事故和飞行事故征候、搜寻援救以及空中交通管制和监视系统运行的评价与训练时使用。移动通信、固定通信和监视设施的自动记录系统应当处于统一的时钟控制之下，并能够同步播放。

空中交通管制使用的一次雷达主要起监视的作用，可以分成三类：

（1）机场监视雷达，用以探测和显示航空器在终端区的位置。它的作用距离为 100 海里，主要是塔台管制员或进近管制员使用。机场监视雷达提供距离和方位信息，但不提供高度数据。

（2）航路监视雷达，设置在航管控制中心或相应的航路点上。它的探测范围在 250 海里以上，高度可达 13000 米。航路上的多部雷达能覆盖整个航路。

（3）机场地面探测设备。它的功率小，作用距离一般为 1 英里，主要用于特别繁忙机场的地面监控。它的主要作用是在能见度低的时候提供飞机和车辆的位置信息，可以监控在机场地面上活动的飞机和各种车辆。塔台管制员用它来控制地面车辆和起降飞机的地面运行，保证安全。

二次雷达上可以显示飞机的编号、高度、方向等参数，使雷达由监视的工具变为空中管制的手段。二次雷达的出现是空中交通管制最重大的技术进展。二次雷达要和一次雷达一起工作，它的主天线安装在一次雷达的上方，和一次雷达同步旋转。二次雷达系统的另一重要组成部分是飞机上安装的应答机。应答机是一个在接收到相应的信号后能发出不同形式编码信号的无线电收发机，应答机在接收到地面二次雷达发出的询问信号后，进行相应的回答。这些信号被地面的二次雷达天线接收，经过译码，出现在雷达屏幕上显示这架飞机的亮点旁边。它会显示出飞机的识别号码和高度，管制员能很容易地了解飞机的位置和代号。为了使管制员在询问飞机的初期就能很快地把屏幕上的光点和所对应的飞机联系起来，机上应答机还具有识别功能，驾驶员在管制员的要求下可以按下识别键，这时应答机会发出一个特别位置识别脉冲（SPI），这个脉冲使地面站屏幕的亮点变宽，以区别于屏幕上的其他亮点。

（三）通信系统

航空通信系统是为了保证民用航空飞行通信联络的需要而专门建立的通信系统。空中交通管制通信系统用以交换和传递飞行计划和飞行动态，移交和协调空中交通管制。航空电信网是通过不同类属的空地和地地通信链路向机组、空中交通管制员、航空器经营人提供数字化数据信息交换的通信网络。航空通信系统主要涉及数据链通信、航空移动通信业务和航空电信网。

空管通信网以自动转报、分组交换和卫星通信为主，直接服务于机场有关部门和航空公司有关部门，连接全国各主要航站，覆盖所有国际航路和国内干线航路，承担民航空管通信的话音业务和数据业务，主要是地对地通信和地对空通信。其中，地对空通信业务分为四种类型：①空中交通服务（ATS），包括放行许可及证实、管制移交及证实、飞行动态、航行通告、天气预报、空中交通管制、飞行位置报告等话音、数据业务；②航务管理通信（AOC），包括气象情况、飞行计划数据、飞行员与调度员通信、飞行情报等话音、数据业务；③航空行政管理通信（AAC），包括设备与货物清单、旅客旅游安排、座位分配和行李查询等数据业务；④航空旅客通信（APC），包括机组人员的私人通信等业务。完成上述话音、数据业务的通信系统和网络包括平面数据通信网络、卫星通信网络、VHF数据链通信网络等。

数据链通信包括高频数据链通信（HF）、甚高频数据链通信（VHF）以及二次监视雷达（SSR）的S模式。高频话音/数据通信（HF）不仅可用于北极和南极区域的自动相关监视，而且在国内干线飞机上也得到很好的应用；甚高频话音/数据通信的延时低、数据通信速率高，且音质好、费用低，因此在终端交通密集区可应用于新系统中；S模式的SSR数据链在对空中交通进行非相关监视的同时提供空—地数据链路，它比VHF数据链速率高，被用于终端与其他交通密集区。航空移动通信使空中飞行的飞机在任何地方都能与地面进行实时有效的通信，且在空管中心的实时监视之下。空—地通信采用HF、VHF、SSR的S模式和AMSS数据链，在飞行过程中根据需要进行自动选择。地—地通信主要依靠现有局域网来完成，它们按照国际标准化组织的开放系统互联标准互相连接，使机场、航空公司及空管部门之间实现通信链接。

二、新航行系统（CNS/ATM）概述

空中交通管制工作由一系列复杂的任务组成，要求管制员具有高度的技能和灵活应变的能力，如对空域的洞察力，对可用信息的处理、推理和决断的独特能力。全球一体化ATM所显示的安全性、空域高容量和飞行有效性要求管制员在发挥其特有能力的同时，还要利用自动化手段提高管制工作效率。在航行数据的采集处理、动态空域的组织、飞行状态的预测、解决冲突的建议措施的选择过程中，利用自动化系统的快速解算能力获得的更及时、更准确的结果，可以帮助管制员自动进行航空中交通活动的计算、排序和间隔，获得更直接的航路，以便在有限的空域内建立有效的飞行流量。同时，各种信息的多途径自动有效传输极大地减轻了管制员的工作负荷。

新航行系统是为解决现行航行系统在未来航空运输中的安全、容量和

效率不足等问题，在飞机、空间和地面设施三个环节中，应用卫星和数字信息提供的先进的通信（Communication）、导航（Navigation）和监视（Surveil-lance）技术（CNS技术）方案。新航行系统主要是以空中卫星为基本特征（简称"星基"）。导航是核心，通信是必要条件，监视是系统安全保障的手段，三者缺一不可。新航行系统在航空中的应用将为全球航空运输的安全性、有效性和灵活性带来巨大的变革，使民用航空进入全新的发展时期。

（一）新航行系统的组成

新航行系统由通信、导航、监视和空中交通管理（ATM）四部分组成，其中通信、导航和监视系统是基础设施，空中交通管理是管理体制、配套设施和应用软件的组合。

新航行系统采用"卫星技术＋数据链技术＋计算机网络技术＋自动化"的新技术。新航行系统利用卫星技术，从路基通信、导航、监视系统逐步向星际通信、导航、监视系统过渡，逐步以星基系统为主，保证空中交通形成空地一体化、全球连续无隙通信；数据链技术的开发利用，实现了空—地、地—地可靠的数据交换，并进一步实现了空—空数据交换，使空中交通管理实现高度自动化、智能化；新航行系统采用数字化、计算机信息处理技术，保证空中交通安全有序，同时也减轻了驾驶员和管制员的负担。

1. 通信系统

在新航行系统中，导航和监视系统所形成的各种数据都是通过通信系统来传输的，因此，通信系统是新航行系统的基础。通信系统主要涉及数据链通信、航空移动卫星业务（Aeronautical Mobile Satellite Service，AMSS）和航空电信网（Aeronautical Telecommunication Network，ATN）。

数据链通信包括高频数据链通信（HF）、甚高频数据链通信（VHF）以及二次监视雷达（SSR）的S模式。

航空电信网是CNS/ATM系统的一个重要组成部分，是新航行系统中通信系统的主体，集地面与空地数据通信为一体，实现各空中交通管制计算机系统之间、数据处理系统之间以及各类航空用户之间的数据交换，使整体的航空电信网在设计、管理和控制每个子网方面十分灵活，而每个子网又很容易实现其在网络环境中的各种应用，可以区分安全通信和非安全通信并按航空电信要求建立优先等级。各种空地通信的数据均能连接到地面空中交通管制计算机系统和航空通信单位的计算机系统，并可在这些计算机系统中按规定地址进行端到端的连接和高速数据交换。

与传统的通信系统相比，新航行系统的通信系统主要增加了数据通信、卫星通信、二次雷达S模式数据链和ATN。它具有如下特点：有更为直接和有效的地—空数据链；数据处理上的改进，改善了信道拥挤状况，减少了通信差错；应用中的共用性，减少了工作量；更为精确的数据，减少了误码率，节约了成本。

2. 导航系统

星基空中交通管理系统的核心就是GNSS，它包括美国的全球定位系统（Global Positioning System，GPS）、俄罗斯联邦的全球定轨导航卫星系统（Global Navigation Satellite System，GLONASS）和国际海事卫星通信系统（International Maritimc Satellite，INMARSAT），以及其他的卫星导航系统。

GPS布设（24+3）全球卫星导航星座（24颗工作星+3颗备用星），分布在6个轨道上，每个轨道上布设4颗卫星。它提供P码信号精度定位（Precision Positioning Service，PPS）和C/A码信号标准定位（Standard Positioning Service，SPS）两项服务。PPS只有美国军方以及特许用户才能使用，定位精度在10米以内；SPS为民用，定位精度，水平位置为100米，垂直位置为156米。

GLONASS类似于GPS，空中24颗卫星分布在3个轨道上，每个轨道布设8颗卫星。俄罗斯早在20世纪80年代就宣布免费向全世界民用用户提供民用码信号服务，其定位精度与GPS的C/A码接近。

INMARSAT—Ⅲ卫星转发来自地面基准网的广域电离层校正值与差分GNSS修正值，还转发来自地面监控网的GPS和GLONASS的完善信息，发送附加的测距信号。

CNS/ATM的GNSS导航主要靠GPS和GLONASS，INMARSAT—Ⅲ卫星的主要作用是改善其实时定位精度，增强民用导航的可靠性。使用

GNSS，飞机就可以直线飞行，既缩短了飞机间隔，省时省油，又提高了安全性、准点率与空间利用率，而且还能以此为基础做自动相关监视（ADS）。

3. 监视系统

新航行系统中的监视系统主要包括 A/C 模式或 S 模式的二次监视雷达、自动相关监视（ADS）和广播式自动相关监视（ADS—B）。

由于雷达波束的直线传播，形成了大量雷达盲区，因此 SSR 主要用于终端区和高密度陆地空域的监视。ADS 主要在洋区、低密度大陆区域以及其他需要的内陆区域使用，也可以作为高密度区域二次监视雷达（SSR）的备份手段。利用 ADS—B 技术，本机收到邻机位置报告后能实现空对空相互监视功能；同时，利用 ADS 技术和甚高频数据通信，在繁忙的机场上可以进行场面监视，防止车辆等非法进入跑道，以保证机场活动的安全。

ADS 是新航行系统新增的监视方式之一，由卫星导航、空地数据链、先进的地面处理和显示系统组成。与地面主动监视的雷达监视不同，ADS 系统是依靠飞机报告位置的被动监视。机载电子设备（卫星导航或惯性导航）导出的位置数据通过数据链传送到地面，然后在自动相关监视终端（新航行系统工作站）上形成空中交通信息，最终在管制员的荧屏上显示出来。新的监视系统可以减少位置报告的误差，可以对非雷达空域进行监视，提供更为精确的位置数据和更便捷的航线，允许飞机剖面的临时改变，从而提高灵活性，大大节约成本。

4. 空中交通管理系统

新航行系统由通信、导航、监视和空中交通管理系统组成。在实际应用中，虽然存在独立的可用技术和设备性能规定，但从完成安全、有效的飞行任务总目标的意义上认识，其中的通信、导航和监视系统以硬件设备和应用开发为主，空中交通管理系统则以数据综合处理和规程管理运行为主。空中交通管理系统考虑空中及地面系统的运行能力以及经济上的需要，为用户提供空域上的最大效能；考虑飞机装备的等级和运行目的的不同，灵活地组织不同的用户之间分享空域，保证空中交通管理系统的总效率；向用户提供从起飞到着陆的连续协调、有效服务和管制，确保安全；

与国际上协调一致，保证飞越国境顺利进行。

(二) 新航行系统的特点

新航行系统是一个完整的系统。新航行系统由通信、导航、监视和空中交通管理组成。通信、导航、监视和空中交通管理之间相辅相成，在科学的管理方法指导下，高性能的硬件设备能为实现 ATM 目标提供辅助手段，为空中交通的高效率运行提供潜能。不论是现在 ATC 的目标，还是今后全球 ATM 的目标，都是依赖于当时可用技术和设备能力提出来的。新航行系统将各种可靠的手段和方法有机地结合在一起，对来自各信源的信息进行加工处理和利用，实现一致的和无缝隙的全球空中交通管理。

新航行系统是一个全球一体化的系统。新航行系统满足国际承认和相互运行的要求，对空域用户以边界透明方式确保相邻系统和程序能够相互衔接，适合于广泛的用户和各种水平的机载电子设备。随着新航行系统的不断完善，在安全性、规范性、有效性、空域共享和人文因素等方面提出的新规定成为新航行系统发展过程中普遍应用的系列标准，指导各国、各地区有效实施新系统，取得协调一致的运行效果，使空中交通管理和空域利用达到最佳水平，从而实现全球一体化 ATM 的目标。无论在境内还是跨国空域运行，全球一体化的航行系统均以无缝隙的空域管理为用户提供连贯和一致性的服务。

新航行系统采用的卫星技术和数据处理技术从根本上克服了陆基航行系统固有的而又无法解决的一些缺陷，如覆盖能力有限、信号质量差等。而其计算机应用和自动化技术是实现信息处理快捷、精确，减轻人员工作负荷的重要手段。

新航行系统是一个发展的系统，新航行系统方兴未艾。面对交通持续增长和新技术的不断涌现，新航行系统会不断地吸纳新技术，使其向着理想模式发展。在完善各种性能要求，并在所需性能指导下，新航行系统可为各国、各地区提供广泛的新技术应用空间和发展余地。

复习思考题

1. 简述空中交通管理的概念。
2. 简述空中交通管制的概念，并列举各种分类的主要功能。

3. 比较程序管制与雷达管制的特点。
4. 空中交通管理的飞行规则有哪些?
5. 简述空域、空域管理的概念以及空域规划的目的。
6. 空域包括哪些类型?我国是怎样具体实施空域划分的?
7. 简述飞行情报服务的主要内容。

第六章 民航运输

第一节 民航运输概况

一、交通运输业的性质

运输是人类社会的基本活动之一，是每个人生活的重要组成部分，同时，也是现代社会经济活动中不可或缺的重要内容。人类社会由散乱走向秩序，由落后迈向文明，交通运输发挥了不可估量的作用。人类发展过程中的每一个重要进程或重要事件，几乎都与运输有关。古埃及的强大与尼罗河息息相关；世界奇观金字塔的修建，离开了运输是不可想象的。中国古老灿烂的文化与黄河、长江密切相连；丝绸之路是古老的中国走向世界的一条漫漫长路，促进了中国与世界文化的交流，促进了经济发展，同时也映衬了原始运输方式的艰辛与落后。

机械运输业的出现，对经济发展和社会进步产生了更大的影响。汽轮船的使用，提高了海上运输速度、能力与平均运输距离；铁路及公路的使用和发展，使得人类在陆地上克服空间障碍的能力大大提高；航空运输的发展，促使交通运输在速度方面产生了质的飞跃。

今天，运输已经渗透到人类社会生活的方方面面，成为最受关注的社会经济活动之一。

（一）运输业的性质

运输业既是从事旅客和货物运输的物质生产部门，同时也是公共服务业，属于第三产业，是国民经济的基础结构之一。它必须为社会生产服务，为消费者服务，这是运输业存在的前提。

相对于其他行业和部门来说，运输业具有明显的特征。

1. 运输业产品不具有实物形态

运输业的产品是旅客和货物在空间上的"位移"，是不产生新的实物形态的物质生产。

2. 运输不改变劳动对象的属性和形态

在运输生产过程中，确保旅客的人身安全和货物的完好无损是进行运输生产的首要责任，也是最基本的要求。

3. 运输业的劳动对象十分复杂，所有权不属于"加工"部门

运输业的劳动对象（所运送的）可以是人或各种类型的物资、原材料，其复杂程度是其他物质生产部门所不能比拟的。运输业对劳动对象没有所有权，不能对其进行选择和支配。

4. 运输业产品的生产和消费是同一过程

在其他物资生产部门，产品的生产和消费表现为空间上和时间上分离的两种行为，而运输业产品的生产和消费则是不可分离地结合在一起。例如，电教室所使用的电脑是由生产厂商在生产基地生产出各种零配件组装而成的，其终端用户购买后，使用电脑的过程才是消费的过程。

5. 运输业的产品不能调拨、储存和积累

正是由于运输业产品的生产和消费是同一过程，所以，运输业的产品具有不能调拨、储存和积累的特性。例如，航空旅客运输，飞机起飞离地，航空的运输生产过程就开始了，同时旅客也开始消费他们购买的商品——实现自身的"位移"。飞机在目的地降落，运输生产过程结束。

6. 运输业的产品直接向用户出售，不经过批发和储运等环节

这也是由运输业产品的生产和消费是同一过程这一特性所决定的。

7. 运输产品的同一性

运输生产活动，无论运输对象是人还是物，各种运输方式都是生产同一产品——实现人或物的"位移"。这就决定了在保障所有运送客货完整

无损和时间允许的条件下，可选用多种运输方式。

8. 资本密集型与沉没成本

运输业所需投资额度极大，其中尤以基础设施的投资额最大。这种行业具有资本密集的特点，一旦投资，其设施就很难转移他用，可以说其残值极低。因此，交通运输的设施投资后，一定要按原设想使用，若做他用，则难以收回投资。这是大部分交通运输投资具有沉没成本特性的重要原因。

9. 需求的快变性与供给的慢变性

一般商品的生产与销售可以通过仓储调节来实现，而运输产品则是实现位移，它是一种不可储存的过程。运输供给具有慢变的特性，但运输需求却具有快变的特征。需求量随时间、地点等条件的变化而快速变化，在快速变化的需求面前，运输供给难以及时地作出反应，但它又要尽可能地满足需求。所以，在运量急剧增加时，只好通过大幅度降低运输质量去适应需求，求得平衡；而在运量大幅减少时，只好闲置运力去求得平衡。

从以上运输业的特点我们可以看到，运输企业必须最大限度地重视营销工作，由于运输产品既不能保存和积累，更不能积压，不能像其他生产有形产品的企业，可以将储存或积压的产品通过促销、降价等多种方式销售出去，所以运输企业的市场营销工作显得尤为重要。

（二）运输方式与综合运输网

现代运输业是一项社会性生产行为，与其他社会生产行为相互依赖、相互制约和相互促进，形成了一个紧密联系的社会经济机体。国家社会经济的发展，要求运输系统在社会生产过程中应具有先行性，科学地确定各种运输方式在运输系统中的地位和作用，建立一个经济协调、合理发展的综合运输系统。

就交通运输业的总体而言，现代运输业有五大运输方式：铁路运输、公路运输、水路运输、航空运输和管道运输。五种运输方式相结合，构成综合运输网，同心协力，分工合作，既能增强运输能力，又能提高经济效益。

铁路是国民经济的大动脉，是运输系统的骨干，具有运输能力强、成本低、连续性强的特点，是大宗物资和中长途客货运输的主力。

公路运输机动灵活，适应性强，时效性好，能实现门对门的运输，是客货短途运输的主力。公路运输可以深入到边远山区、穷乡僻壤，是运输脉络中的微血管。

水路运输能力大，投资小，能耗小，占地少，成本低，适宜中长途大宗散货的运输，在我国能源和矿产品运输中占有重要地位，在对外贸易中有明显优势。

航空运输速度快，安全舒适，建设周期短，在长途客运和精密仪器、鲜活易腐货物运输中具有明显的优势。随着对外贸易的迅速增长、旅游业的发展和国际交流的不断加强，民用航空事业将得到更大的发展。

管道运输能力强，占地少，成本低，运输连续性好，污染少，是石油和天然气运输的最佳方式，也是煤炭和矿石运输的新方式。我国的石油和天然气蕴藏量很大，管道运输有着极大的发展潜力。

我国幅员辽阔，各地区的自然条件不同，资源和生产力分布极不平衡，各地自然条件与经济发展水平差异很大，各种运输方式对自然条件的适应程度也不一样，这就要求我们在规划国民经济与交通协调发展时，必须充分考虑各种运输方式的优缺点和适用条件，结合国土综合开发规划和生产力布局，实行合理分工与协作，因地制宜，宜水则水，宜陆则陆，根据各地自然经济特点，各有侧重，形成完整的运输体系，更好地发挥运输系统的整体功能和综合经济效益。

二、航空运输的特点

航空运输的迅速发展与其本身具有的经济特性是分不开的，它的主要特点可以概括如下。

（一）速度快

速度快是航空运输最大的优势和主要特点。与地面运输相比，航空运输的运输距离越长，所能节约的时间就越多，快速的优势也就越显著。同时，航班正点率、办理旅客出发以及到达手续的速度、机场与市区之间交通运输方式的便利程度等多方面的因素都直接或间接地影响着航空运输的速度。利用航空运输节省的时间所创造的机会和经济价值是难以估量的。

（二）机动灵活

航空运输是由飞机在空中完成运输任务，在两地之间只要有机场和必备的通信导航设备就可以开辟航线。与其他交通运输方式相比较，航空运输不受地面条件的限制。飞机可以按班期飞行，也可以在非固定的航线上飞行，而且还可以根据客货流量的大小和流向的变化及时调整航线和机型。航空运输可以在短时间内完成政治、军事、经济方面的紧急任务，例如抢险救灾、医疗急救、近海油田的后勤支援工作等。

（三）安全舒适

喷气式民航运输飞机的飞行高度一般为1万米左右，不受低空气流的影响，飞行平稳、舒适。宽体客机的客舱宽敞，噪声小，机内设有餐饮娱乐设施，舒适程度又大有提高。由于航空技术的发展，航空运输的安全性大大提高。

（四）准军事性

由于航空运输所具有的快速性和机动性，以及民航所拥有的机场和空勤人员对军事交通运输的潜在作用，各国政府都视民航为准军事部门。一旦发生战争或紧急事件，军事部门可依据有关条例征用民航设施和人员。

（五）国际性

航空运输从一开始就具有国际性的特点。随着世界航空运输相互依赖和合作关系的发展以及多国航空公司的建立，航空运输国际化的特点更加明显。国际化的目的是要让任何一位旅客、一吨货物或邮件，能够随时从世界上任何一个地方，快捷、方便、安全、经济、可靠地被运送到另一地。这是航空运输对国际交往和人类文明做出的巨大贡献。

（六）营运成本高

飞机的商务业载小，即使大型宽体飞机的业载也仅有100吨左右。而航空运输又属于资金和技术密集型行业，投资大，飞行成本高。由于航空运营成本高，与其他运输方式相比较，航空客货运价高。目前，航空运输只适用于人员往来和时间性较强的货物、邮件等的运输。

三、航线及航线网的建立

民航运输飞机的飞行路线称为航空交通线，简称航线。

从事民航运输业务的承运人在获得经营许可证后，可以在所允许的航线范围内提供航空运输服务。航线不仅确定了飞机飞行的具体方向、起讫点与经停点，还根据空中交通管制的需要，规定了航线的宽度和飞行高度，以维护空中交通秩序，保证飞行安全。

航线不同于航路。它是航空运输承运人授权经营航空运输业务的地理范围，是航空公司的客货运输市场，是航空公司赖以生存的必要条件。

航路是由民航主管当局批准建立的一条由导航系统划定的空域构成的空中通道。在这个通道上，空中交通管理机构要提供必要的空中交通管制和航行情报服务。

（一）常见的航线网络结构

从目前航线网络的构成分析，主要的单元结构形式为城市对式和中转辐射式两种。

1. 城市对式

城市对式航线是空运网络中的基本单元结构。它的特点是两地间的直飞航线。由于其形式简单实用，便于进行运力上的调配，因此成为空运网络中最基本的单元结构。这也是我国航线结构所采用的主要形式。但是当航线两端的流量较低时，采用城市对式航线，则使航班的密度降低，从而使地面等待的时间过长，航空运输的快速优势就无法体现。因此，在流量较小的机场之间采用城市对式航线并非明智之举。

2. 中转辐射式

中转辐射式航线是目前较为成熟的网络结构，也是目前空运发达国家的航线网络中最常见的形式。中转辐射式结构由城市对式航线和枢纽机场的辐射航线构成。通常要确定全国或区域范围内的枢纽机场，枢纽机场应该是区域范围内的航空客货集散地，同时与区外的其他枢纽机场之间有便利的空运联系，具有明显的内联外引的功能。枢纽机场之间采用城市对式航线直飞，再以每个枢纽机场为中转站建立其辐射航线，这样，流量较小的城市之间就无须采用对飞形式，而是通过枢纽机场中转实现通航。

中转辐射式网络结构具有使空运网络衔接通畅，使空运网络适应市场需求，有利于机场网络的规划建设，有利于提高飞机的客座率和载运率等优势。应该指出的是，中转辐射式网络的实现，一要建立枢纽中心机场，二要有便利的辐射航线。在保证干线飞行的同时，还必须使辐射航线上保持较大的航班密度，才能发挥航空运输快速的特点。

（二）航线的分类

1. 按起讫点所涉及的范围分类

我国的航线可以分为国内航线、国际航线和地区航线。

飞机飞行的始发地、经停地、目的地都在同一个国家境内的航线称为国内航线。

飞机飞行的始发地、经停地、目的地不在同一个国家境内的航线称为国际航线。

地区航线则是指一国之内，各地区与有特殊地位地区之间的航线，如我国内地城市与香港、澳门和台湾地区之间的飞行路线。

2. 按通达城市的政治经济地位分类

我国的国内航线又可以分为干线航线和支线航线。

干线航线是指连接首都北京和各省省会、直辖市或自治区首府以及各大城市之间的航线，形成省际或大城市之间的空中交通干道。

支线航线是指一个省或自治区之内的各城市之间的航线。

一般来说，干线上的流量大，使用的机型载运力强；支线主要是汇集或疏散客货流，辅助干线运输。

（三）航线网的建设

建设航线网是把航线相互连接为一个网络，最大限度地利用航路，方便旅客，扩大市场。从航空运输企业方面考虑，要适应市场需求，建立自己的航线网；从政府方面考虑，要利用调控手段使航线布局合理，要照顾到政治和社会需要，还要避免"热线"上的恶性竞争和垄断。

第二节 民航旅客运输业务

一、民航旅客运输市场

民航运输是指在国内和国际航线上使用航空器,以营利为目的,从事定期和不定期飞行,运送旅客、行李、货物和邮件的运输,是民用航空的组成部分。

民用航空运输按照其运输的对象可以分为旅客运输(包括行李)和货物运输(包括邮件)。

在对旅客运输市场进行划分的时候,根据旅客旅行的目的,可以分为公务旅客和闲暇旅客。

(一)公务旅客市场的特点

公务旅客市场具有如下特点:

①公务旅客与其他旅客相比,对票价反应不敏感。

②公务旅客具有高度集中性,每年乘机旅行的次数远远超过其他旅客。

③公务旅客由于无法提前预订座位,因此对出行的航班密度和航班时间有着较高的要求。

④机上服务的水平和地面服务的标准都会影响公务旅客对航空公司的选择。

(二)闲暇旅客市场的特点

闲暇旅客市场具有如下特点:

①由于需要自付旅行的费用,票价的变化对旅客旅行产生很大的影响。

②闲暇旅客对时间的要求不像公务旅客那么迫切。

③闲暇旅客的旅行费用与旅行其他费用之间有着密切的关系,因此其他费用的变化会影响其对旅行方式的选择。

此外，还有一部分不同于公务旅客和闲暇旅客的旅行，如探亲访友、出外求学、参加婚礼或葬礼、医疗原因、移民和其他一些原因等，在组织民航旅客运输时应给予高度重视。

二、航班组织

（一）航班的定义及分类

按照民航管理部门批准的民航运输飞机班期时刻表，使用指定的航空器，沿着规定的航线，在指定的始发站、经停站、目的站停靠的客货邮的经营性运输飞行，称为航班。

航班按照不同的性质有不同的分类方法。

1. 按经营区域分为国际航班、国内航班和地区航班

始发站、经停站或目的站有一站及以上在一国国境以外的航班，称为国际航班。

始发站、经停站或目的站全部在一国境内的航班，称为国内航班。

始发站、经停站或目的站中有一站在一国内有特殊地位的地区中的航班，称为地区航班。这些地区如我国的港澳台地区。

2. 按经营的时间分为定期航班和不定期航班

定期航班是指列入航班时刻表，有固定运行时间的航班。定期航班是民航运输的主要运输形式，是航空公司赖以生存的主要生产方式。因此，在衡量航空公司的生产水平时，总是以定期航班的运输周转量为主要生产指标。

不定期航班是指航空公司根据临时性任务需要，没有固定时刻的运输飞行，如包机和某些加班飞行。不定期航班是航空公司的辅助生产方式。

3. 按照运输飞行的方向分为去程航班和回程航班

去程航班指从航空公司飞机基地出发的飞行航班。

回程航班指返回航空公司飞机基地的飞行航班。

（二）航班的组织及安排

1. 航班时刻表

航班时刻表是航空运输企业生产活动整个流程的安排次序。对内它是运输企业每天生产活动安排和组织的依据，企业围绕它来调配运力，安排

人员，进行协调和管理；对外则是向用户提供服务信息和进行销售竞争的手段。旅客根据航班时刻表提供的航班时刻、机型、服务内容来选择航空公司、机型和时间。

航班时刻表要根据季节和市场需求进行调整和修正。我国有关业务部门每年修订两次航班时刻表，每年大约 4 月至 10 月使用夏秋季时刻表，11 月至次年 3 月使用冬春季时刻表。

2. 航班号

为了便于组织运输生产，每个航班都按一定的规律编以不同的号码，以便于区别和管理，这个号码就是航班号。

（1）国内航班的航班号

国内航班的航班号由执行该航班任务的航空公司的两字代码和 4 位阿拉伯数字组成。航空公司两字代码由民航局规定公布。两字代码后面的 4 位数字，第一位代表航空公司的飞机基地所在地区，第二位表示航班的基地外目的地所在地区，第三、第四位表示本次航班的序号，单数表示去程航班，双数表示回程航班。

例如：CZ3101，广州—北京航班，CZ 是中国南方航空公司的两字代码；第一位数字 3 表示中南地区——南航的基地在广州，属中南地区；第二位数字 1 表示航班的基地外目的地北京，北京属华北地区；01 为航班序号，其中末位 1 表示去程航班。

（2）国际航班的航班号

国际航班的航班号由航空公司代码加 3 位数字组成。第一位数字表示航空公司所属的地区；后两位数字是航班序号，单数表示去程航班，双数表示回程航班。

3. 航班的组织

组织一个航班并保证它的正点飞行，需要航空公司多个部门相互配合。

维修部门要对飞机进行维修和检查，决定飞机能否飞行。

航务部门收集气象情报，安排机组和制订飞行计划，把这个计划通知航管部门。

销售部门销售机票，办理货物托运。

供应部门供应机上用水，配餐，加油。

运输部门为旅客办理手续，旅客通过安检后登机。货运部门把货物和行李装入机舱，计算载重和平衡，将由货邮舱单、旅客名单和平衡图组成的随机文件交付机长，经放行后，飞机才可以起飞。

飞机到站后，又重复这个过程，飞往下一站或飞回目的地。

整个流程形成一个工作链，一环紧扣一环。任何一个环节脱节，都会影响航班的正常运行。如果有任何的改动，也会影响到各个不同的部门工作。各个部门协调配合得好，就会缩短时间，提高飞机的利用率，使整个航空公司的效益增加。

三、客票销售

客票是由承运人或其代理人所填开的被称为"客票及行李票"的航空旅客运输凭证，内容包括运输合同、声明、通知以及乘机联和旅客联等。

（一）客票的作用

客票是旅客和航空公司之间签署的运输契约，是承运人和旅客订立的航空运输合同条件的初步证据，是旅客办理乘机手续、托运行李的凭证。

客票是航空公司之间及航空公司与代理人之间进行结算的依据。

客票是旅客退票时的凭证。

客票是一种有价证券。

（二）客票的分类和构成

根据客票提供者的不同，我们通常把客票分为航空公司客票、BSP客票和电子客票三种。

1. 航空公司客票

航空公司客票在客票的封面上印有该票所属航空公司的名称、航徽及代码等标记。

图 6-1　航空公司客票

国内航空公司客票由会计联、出票人联、乘机联、旅客联组成。

2. BSP 客票

BSP（Billing and Settlement Plan）（开账与结算计划）采用统一规格标准运输凭证，即中性客票，经加入中国国内 BSP 出票的航空公司授权，代理人直接代理这些航空公司的业务，并按照统一和简化的程序制作销售报告，实施结算和转账，由此提高代理人的销售能力和服务质量。在代理人确认之前，没有任何航空公司的标志。一旦在票证上印刷了承运人识别标牌，该票证就成为该航空公司的财产。BSP 客票的封面上印有国际航空运输协会（IATA）的标志及专门设计的图案。

BSP 客票与国内各航空公司的客票在格式上的区别主要表现在"付款栏"（仅在会计联和出票人联中有，乘机联和旅客联与此栏对应的位置为条形码）和航空公司的确认盖章栏。

目前代理人以 BSP 航空公司的名义填开的标准运输凭证包括客票及行李票（二联）。

图 6-2　IATA BSP 客票

3. 电子客票

所谓电子客票（Electric Ticket），是普通纸质机票的一种存在于计算机系统内的电子映像，是一种电子号码记录，简称电子客票。目前它作为世界上最先进的客票形式，依托现代信息技术，实现无纸化、电子化的订票、结账和办理乘机手续等全过程。简而言之，它是通过计算机对旅客的订座、支付和乘机全过程进行严密的管理，实现旅客"无纸化乘机"，给旅客带来便利，为航空公司降低成本。

2001年以来，全世界已陆续有43家骨干航空公司和58个BSP机构开始使用电子客票，其中尤以美国为主导，像美国大陆和西北及联合航空公司电子客票的销售比例已经达到80%甚至接近100%，而日航、韩亚的电子客票国内航线销售比例基本达到100%，并已普及到国际航线。电子客票的销售量已经达到可提供座位量的80%以上。在油价高位运行、运力相对过剩和市场竞争激烈的大环境下，越来越多的航空公司已经开始认识到：电子客票的推广和使用将是其降低运营成本、规避运作风险、简化商务流程和提高效率的最佳选择。

在我国三大航空集团中，南航率先在2000年推出了第一张电子客票，国航和东航相继在2003年的7月和9月推出了电子客票。2004年9月，我国海南航空公司正式实施了第一张BSP电子客票销售。在2008年奥运会来临之前，中国已与全球同步实现了客票100%无纸化，为旅客奉献了一种全新的旅行方式。

(1) 电子客票的性质

电子客票相比纸质客票，只是信息的载体发生了变化，其客票的根本性质没有任何改变：电子客票的信息依然是以纸质客票为基础，电子客票是纸质客票的一个电子映像；电子客票是由航空公司或代理人销售的，是一种不通过纸票来实现客票销售、旅客运输以及相关服务的有价凭证；电子客票的用途与普通纸质客票相同，二者的区别是，电子客票中的所有数据，如航程运价、舱位等级、支付方式和税费等信息均以数据的形式存储在出票航空公司的电子记录中，以电子数据交换替代纸票单证交换；确认生效的承运人是对电子出票业务进行管理和授权的单位，即出票航空公司，它有权在征得旅客同意的情况下将旅客签转给其他航空公司——把旅客的有效电子数据传输到相应数据库即可，出票航空公司以电子数据形式追踪一个旅客运输的全过程。

(2) 电子客票行程单

电子客票其实是没有任何凭证的，旅客只凭借一个电子客票的记录号码和有效身份证件即可到机场值机柜台换取登机牌。那么，什么是航空运输电子客票行程单呢？这个源于我国财会制度的要求。原来纸质客票的旅客联是作为会计报销凭证使用的，而电子客票开始时在我国推广效果不佳，其症结就是在报销凭证上，因为完全的电子化使旅客没有任何凭证作为其乘机的证明，电子客票因而无法进入高端公务政务运输市场。为了突破瓶颈，财政部和税务总局推出航空运输电子客票暂使用航空运输电子客票行程单作为旅客购买电子客票的付款凭证或报销凭证的政策。行程单采用一人一单，不作为机场办理乘机手续和安全检查的必要凭证使用。正规的航空运输电子客票行程单为蓝色花纹纸，左上方有"国家税务总局监制"的字样，右上方有一排印刷序号，正下方有验证码。航空运输电子客票行程单自 2006 年 6 月 1 日起试行，试行期为两年；试行期间，该行程单纳入税务机关发票管理，由国家税务总局监制。

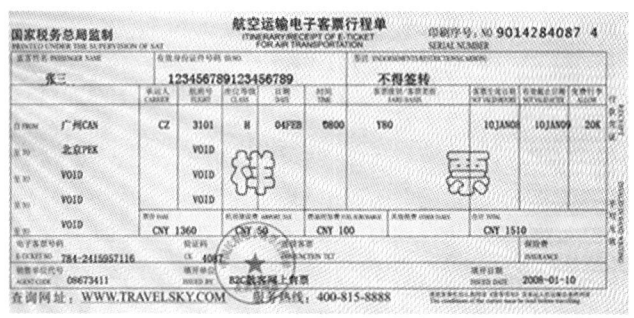

图 6-3　航空运输电子客票行程单

(3) 电子客票的使用

客票是旅客运输凭证，使用时有严格的规定。

①电子客票为记名式，只限客票上所列姓名的旅客本人使用，不得转让。

②电子客票不可签转到其他航空公司。

③使用电子客票的旅客，在办理乘机手续时，必须提供本人居民身份证或其他有效身份证件。

④电子客票的有效期与普通客票相同。

⑤旅客应在客票有效期内完成客票上列明的全部航程。

⑥含有国内航段的国际联程客票，其国内航班的乘机联可直接使用，不需要换开成国内客票。

⑦定期客票只适用于客票上列明乘机日期的航班。

（三）客票的有效期

普通客票的有效期：自旅行开始之日起，一年内运输有效；如果客票全部未使用，则从填开客票之日起，一年内运输有效。

特殊客票的有效期：按照承运人规定的该特殊票价的有效期计算。

客票有效期的计算：从旅行开始之日或填开客票之日的次日零时起，至有效期满之日的次日零时为止。

（四）客票的销售方式

目前客票的销售方式由航空公司的直销网络和航空公司销售代理网络共同确定，而电子客票的应用和普及为航空公司通过电子商务平台直销客票提供了机会。

我国 1987 年开始出现航空销售代理企业。1993 年 8 月，中国民航总局颁布了《民用航空销售代理业管理规定》，把销售代理企业分为两类：一类企业可以经营国际和地区航线的销售代理业务，要向民航总局提出申请，注册批准；二类企业只经营国内航线业务，向民航地区管理局提出申请，取得批准。

航空公司间的代理销售是根据双方签订的协议进行的，通常采用的协议销售方式有两种，一种是随售随报，一种是自由销售。随售随报的方式规定承运企业向销售企业提供协议中指定的航班或航段中的"座位可利用情况通知"，销售企业以此为依据，直接出售承运企业的客票后用电报通知承运企业。为防止超售，每份电报出售的座位数量都有限额，如超过限额要进行申请，经承运方同意后才能出售。

自由销售方式是在协议中规定停止销售的时限、座位限额、销售的限制后，销售企业可以自由地销售承运企业的客票。自由销售的限制是为了防止超售，如果航线拥挤，业务量大，一般不采用自由销售的方式。

四、航空公司收益管理

（一）航空运输产品的特点

1. 航空运输产品的不可存性

航空公司的核心产品是提供运输服务，而这种服务具有不可存性，当飞机起飞的一刹那，如果机票还没有卖出去，或者旅客还没有登机，飞机上的空置座位所提供的运输服务无法储存，相应的成本已经产生，但是无法取得收益。

2. 航空公司的预售性

所有运输产品都具有预售性，这个特性在航空业体现得尤为明显。一个航班的机票可以在数月前进行预订，也可以临时购买。预售机票可以帮助航空公司提前获得收入，但是有些订妥座位的旅客常常因为某种原因临时取消或改变行程，其原有座位由于无法及时销售给其他人而白白虚耗，给航空公司带来不必要的损失。为了增加收入，航空公司会通过预测，超售一定比例的机票。

3. 市场需求的多样性

旅客按照其旅行行为可以分为多种类型，有些旅客对价格比较敏感，如学生、旅游者；有些旅客则对服务比较在意，如公务旅客。航空公司应当将其市场按照旅客的不同需求进行划分，为不同类型的旅客确定不同的运价等级。实践证明，市场划分得越细，价格差异就会越大，收益管理的作用也就越显著。

4. 航空公司运输产品的高固定性、低边际变动成本性

对于某一具体航班来说，大部分成本，比如航油消耗、飞机折旧和机组薪酬等都可以看作是固定的，而旅客服务的变动成本，如餐食等所占的比例相对较小。所以，航空公司应当尽可能地销售现有航班中的座位，以增加收入，而不能单纯依靠增加班次来提高市场份额。

由于航空运输服务具有这些特性，航空公司需要在科学分析和预测市场信息的前提下，进行收益管理，以实现利益最大化。

（二）航空公司收益管理的核心内容

航空公司收益管理的核心内容包括以下几个方面。

1. 超售管理

航班超售是指航空公司所售机票数量超过了航班上实际的配额座位数。座位虚耗必然带来损失，如果航空公司不超售，除了收益将减少外，会让很多急于成行的旅客因座位虚耗而无法出行。而如果因超售而造成旅客溢出，航空公司则无法让部分旅客登机，必然产生拒载等一系列问题。

按照国际惯例，各航空公司都会实行一定比例的超售，争取更大的超售收益。航空公司基于市场客源预测、往年同期相关订座数据和离港数据分析，同时参考前期容易出现"实超"的航线和航班、被延误行程人数、补偿费用以及现场处置的难易程度，来决定是否对航班实行超售及超售数量。目前国内航班超售比率一般控制在 2% 左右。

2. 多等级票价、座位优化控制、团队管理

不同类型的旅客有不同的需求价格弹性。例如，休闲探亲旅客对票价比较敏感，而对时间性要求不高，可以提前预订机票，一旦机票价格超过预期，可能选择其他出行方式。对于商务旅客来讲，因为机票费用由单位承担，而且出行日期无法提前确定，所以对机票价格并不敏感，而是希望能有高质量的服务和灵活的选择，因此航空公司可以通过多等级票价体系来增加收入，一方面通过低票价吸引休闲旅客乘坐飞机，另一方通过高票价满足高端旅客的出行需求，并且针对不同的票价水平设置相应的限制条件，如机上服务、签转、改期和退票等，以防止能支付高票价的旅客购买低价票。通过这样的体系，能使每一航班的收入最大化。表 6-1 所示为多等级票价实例。

表 6-1 2013 年 3 月 8 日，南航广州到悉尼的 CZ325 航班客票情况

舱 位	票价（元）	限制条件		
		变更费（每次）	退票费	签转
头等舱	23810	免费	免费	不得签转
公务舱	21280	免费	免费	无客票签转限制
高端经济舱	6050	手续费 1000 元	手续费 1000 元	不得签转

续表6-1

舱 位	票价（元）	限制条件		
		变更费（每次）	退票费	签转
经济舱	4659	手续费1000元	手续费1000元	不得签转

图6-4 经济舱

图6-5 公务舱

图6-6 超豪华头等舱

3. 市场需求分析与预测及数据处理

成功收益管理的基础是掌握大量的市场信息并进行科学分析。例如，航班超售比率如果设置过高，可能导致已购买机票的旅客被拒载，航空公司得不偿失；如果设置过低，则可能影响航班客座率，使得座位空耗，减少航空公司收入。所以，不同的区域、不同的航班，到底应该设置多高的超售率，必须建立在科学的市场分析基础之上。

通过售票系统、座位控制系统、值机系统以及常旅客计划，航空公司日常可以掌握大量的旅客出行信息，采用科学的数据模型进行分析，才能制定合理的超售率和多等级票价体系，实现成功的收益管理。

五、航班座位管理

中国民航于1986年建立计算机订座系统（简称CRS系统）。该系统分为两大部分：订座操作和座位管理。订座操作由柜台售票人员完成，座位管理则由座位控制人员完成。

座位控制人员使用计算机订座系统对航班的座位进行优选控制和管理，并可通过该系统了解航班座位利用情况，进行预留或收回配额，锁定座位，限制座位销售，限制代理人销售，超订座位，实行多等级舱位管理，清理航班座位等。该系统能最大限度地减少人为的虚耗，提高座位的利用率。因此，计算机订座系统已成为航空公司管理航班座位的主要手段。各地售票处、销售代理人根据订座规定或订座协议，通过计算机订座系统进行自由销售。

六、值机与行李运输

（一）值机服务

值机工作，即航空公司的旅客运输服务部门为旅客办理乘机手续，主要内容包括办理乘机手续前的准备工作、查验客票、安排座位、收运行李及旅客运输服务和旅客运输不正常情况的处理等。

1. 值机准备工作

值机准备工作包括以下主要内容。

（1）收集航班信息和运输信息

查阅当天航班预报，了解执行航班的机型、机号、座位布局、预定离站时间、航线、经停站和终点站；通过计算机订座系统，了解乘坐航班的旅客人数、配餐情况，以及重要旅客、特殊旅客的服务要求；收集航班客运电报。

（2）检查设备，准备有关标牌和单据

在柜台上方显示所办航班号、目的地等内容的公告牌；按照预报订座旅客人数和平常行李流量准备行李牌；备齐办理值机时所需的头等舱邀请卡、行李标贴、免除责任行李牌、更改条及逾重行李通知单等；检查磅秤和行李输送带的运转情况。

2. 查验旅客客票和有效旅行证件

旅客运输凭证和旅行证件的识别和接收是机场出发、到达控制和运输管理中的一项重要工作，也是值机人员必须了解和掌握的知识和技能。它包括查验客票的乘机联、旅客联是否齐全，乘机联是否按顺序使用，客票内容是否完整，客票是否合法有效、真实，客票所列航班、航段、乘机日期和目的地等是否与旅客舱单一致等。除此之外，还需查验旅客旅行证件（身份证、护照、签证等）是否真实、有效。

（1）查验客票

检查客票的合法性、有效性、真实性和正确性。旅客乘坐飞机必须交验有效客票，承运人自办理乘机手续至到达目的地的这段时间，都有权查验旅客的客票。

客票的合法性查验包括：查验客票的出票人是否与本公司有相关的代理业务或理财结算关系；查验客票乘机联是否符合签转规定，是否加盖签转章；查验客票是否已经声明挂失。

客票的有效性查验包括：查验所接收的乘机联的运输有效航段、承运人，必须与实际承运的航段和承运人一致；查验客票各联是否齐全，所接收的客票应具备乘机联和旅客联，任何情况下不得接收无旅客联的单张乘机联；查验客票填写是否完整；查验客票是否在有效期内。

客票的真实性是指客票本身和客票上所反映的情况都是真实的，不得伪造或涂改。

客票的正确性是指客票乘机联上的内容正确无误，包括：承运人实际承运的航段与乘机联上黑框内的航段一致；实际承运人与乘机联上指定的承运人一致；客票所采用的运价正确，与座位等级、航程、折扣、特种票价一致；客票上所用各种代号正确。

（2）查验有效证件

旅客办理乘机手续时，航空公司工作人员除了接收旅客运输凭证外，还应查验旅客的旅行证件，如身份证、军官证、警官证，以及国际旅客的护照、签证等。必要时，根据有关要求还应检查相应的其他证件（如出境证明等）。

航空公司工作人员接收旅客后，将客票的乘机联撕下，将机票、登机牌、乘机证件交给旅客。接收及交还机票、证件时要采取唱收唱还的方式，严防旅客拿错。

3. 座位安排

安排旅客座位是办理乘机手续中的一项重要工作。为了确保飞行安全，提高服务质量，维护好上下飞机的秩序，规定在飞机上实行旅客对号入座。

在符合飞机载重平衡的前提下，尽量按旅客要求安排座位。旅客座位安排原则如下：

①按舱位等级安排：头等舱座位由前往后集中安排，普通舱座位由后往前集中安排。

②重要旅客安排在预留的前排座位，或按旅客要求安排。安排需要特殊服务的旅客在靠近客舱乘务员的座位或靠近舱口的座位就座（非应急出口），或按旅客要求安排座位。

③团体旅客、同一家庭成员或需要互相照顾的旅客，应尽量安排在一起。

④不同政治信仰或不同宗教信仰的旅客，不要安排在一起。

⑤携带外交信袋的外交信使及押运外币的押运员，应安排在便于上下飞机的座位。

⑥航班经停站有重要旅客、特殊旅客或需要照顾的旅客时，应事先通知始发站留好合适的座位。

另外，应急出口座位应严格按规定发放。出口座位是指旅客从该座位可以不绕过障碍物直接到达出口的座位，以及旅客从离出口最近的过道到达出口必经的成排座位中的每个座位。

4．托运行李接收

托运行李是旅客不便于随身带上飞机而交与航空公司保管和运输的小物品。行李运输是旅客运输不可分割的部分，关于收运行李的具体内容，将在后续章节中详细阐述，在此不做重复说明。

完成上述工作后，将座位号登记在乘机联和旅客联上，撕下相应的乘机联并在旅客舱单上登记旅客的行李情况、座位号等内容，最后将旅客的客票、身份证、登机牌等交给旅客。

5．值机柜台关闭

航班起飞前30分钟停止办理乘机手续，按到达站汇总普通舱、头等舱、公务舱旅客人数及行李的总件数、总质量，填写"行李交接单"和"航班数据表"，取下航班牌，清理柜台，关掉磅秤。

随后，值机人员向售票柜台提供剩余座位情况，供其销售，并给候补旅客办理乘机手续。最后向配载人员报告旅客人数、行李件数和重量、旅客在飞机上的座位占用情况。所报数据一定要与发出的登机牌、行李牌数目相符。如果有晚到的旅客，需征得配载人员同意，方可办理乘机手续。

旅客登机完毕后，值机人员应上飞机与乘务人员当面交接旅客人数。交接完毕，飞机关上舱门后方可离岗。

（二）行李运输

行李运输是旅客运输的重要组成部分，是民航运输业务的重要环节。行李运输工作直接影响飞行安全、航班正常和服务质量。

行李运输工作人员应熟练掌握行李运输专业知识，熟悉行李运输的规定，严格遵守行李运输规章制度，安全、高效地运送行李，正确处理行李运输不正常情况，努力提高行李运输质量。

1. 行李的定义及分类

行李是指旅客在旅行中为了生活和工作方便而携带的物品和财物。根据运输责任，行李可分为托运行李、自理行李和随身携带物品。

（1）托运行李（checked baggage）

托运行李是指旅客交由承运人负责照管和运输并填开行李票的行李。托运行李的重量每件不能超过50千克，体积每件不能超过40厘米×60厘米×100厘米。超过上述规定的行李，须事先征得承运人的同意才能托运。

（2）自理行李（unchecked baggage）

自理行李是指经承运人同意由旅客带入客舱自行负责照顾的行李，如易碎物品、贵重物品等。自理行李的重量一般不超过10千克（该重量计入免费行李额），体积每件不能超过20厘米×40厘米×55厘米，并按要求能放入行李架内或座位底下，不妨碍客舱服务和旅客服务。

（3）随身携带物品/手提行李（carry on baggage/cabin baggage）

随身携带物品是指经承运人同意，由旅客自行携带乘机的零星小件物品。随身携带物品有别于自理行李，是旅客在旅途中所需要或使用而携带的个人物品，如少量食品、书报、大衣等。随身携带物品重量以5千克为限（此重量不计入免费行李额），体积每件不超过20厘米×40厘米×55厘米。

另外，旅客所携带的免费行李额是根据旅客所付票价、乘坐舱位等级决定的。持成人票或儿童票的旅客免费行李额：头等舱40千克，公务舱30千克，经济舱20千克。持婴儿票的旅客无免费行李额。

超过免费行李额的托运行李和自理行李均应按规定收取逾重行李费。逾重行李费率以每千克按填开逾重行李票之日所适用的直达普通经济舱票价的 1.5% 计算。

2. 行李的收运

收运行李工作是整个行李运输工作流程的第一道程序，是行李运输中关键的工作环节。收运人应在航班离站当日办理乘机手续时收运行李；如团体旅客行李较多，或因其他原因需要提前托运时，可与旅客约定时间、地点收运。

首先，应对要求托运的行李进行检查，了解行李的内容是否属于行李的范围，行李内有无夹带禁运物品、限制携带物品或危险物品；检查行李的包装、体积和重量是否符合要求，如不符合要求，应请旅客改善包装；对托运行李进行行李安全检查。

行李检查完成后，按照下列程序办理收运手续：

①清除托运行李上的旧行李牌。

②行李过磅，超过免费行李额的行李，应收逾重行李费，填开逾重行李票。托运行李过磅后，将行李的件数和重量填写在客票相应位置，并输入电脑记录。

③对于免除责任的行李，请旅客在免除责任行李牌上签字。

④将行李平置，拴挂行李牌及行李标签。将行李牌的识别联交给旅客，作为领取行李的凭证；将行李牌的存根联撕下，粘贴在乘机联的背面，以备发生不正常行李运输时查找。

3. 行李的变更和退运

旅客的行李由承运人收运后，由于种种原因需要退还或变更，可按如下规定办理：

①由于承运人的原因，需要安排旅客改乘其他航班，行李运输应随旅客做相应变更，已收逾重行李费多退少不补，声明价值附加费不退。

②在始发站旅客要求退运行李，必须在行李装机前提出。如旅客临时退票，已交运行李必须同时退出，不收退运费。

③在中途站旅客要求退运行李，已收的逾重行李费和声明价值附加费不退。

④已经办理乘机手续而未登机旅客的行李，不得装入或者留在航空器内。旅客在中途站自动终止旅行时，必须将其行李卸下。

4. 不正常运输行李

行李运输不正常是指行李在运输过程中，由于承运人工作疏忽、过失或其他原因造成的行李运输差错或行李运输事故，如行李迟运、错运、错卸、损坏和遗失等。

行李运输不正常情况发生后，应妥善处理，尽量减少由此给旅客带来的不便，挽回对航空公司经济和信誉的影响。

旅客交运的行李在运输过程中如发生遗失、损坏、内物短少或延误等差错事故，如确系承运人的原因，承运人应负赔偿责任。但是，下列情况造成的行李物品损失，承运人不负赔偿责任：

①自然灾害和其他无法控制的原因（战争等）。

②由于遵守国家的法律、规章、命令和运输规定，或旅客未遵守这些规定。

③行李本身的自然属性、质量或缺陷。

④行李内装有承运人规定不能夹带在托运行李内运输的物品，不论承运人是否了解，都不负赔偿责任。

⑤拴挂"免除责任行李牌"的托运行李，可免除行李牌上标明项目的运输责任。

⑥旅客收受托运行李时，未提出异议，也未填写"行李运输事故记录"和"行李破损记录"的，承运人不负赔偿责任。

⑦因行李延误而造成的损失，承运人应承担责任，但是承运人能证明已经采取一切必要措施或者不可能采取此种措施的，不承担责任。

根据旅客提出的赔偿要求，承运人一般在三天内答复旅客的赔偿要求；办理赔偿一般在事故发生后21天内完成。

根据《国内航空运输承运人赔偿责任限额规定》，乘坐国内航班的旅客托运行李赔偿责任限额，每千克为人民币100元；如行李的实际价值低于限额，则按实际价值赔偿，同时退还已收逾重行李费。赔偿行李的重量以客票和逾重行李票上的重量为准；无法确定重量时，每名旅客的丢失行李最多只能按该旅客享受的免费行李额赔偿；发生在上、下航空器期间或航空器上的事件造成旅客自理行李受损，对每名旅客随身携带物品的赔偿限额为人民币3000元。

如旅客已办理声明价值，赔偿额以声明价值为限。承运人如能证明旅客的声明价值高于行李实际价值，则按实际价值赔偿，否则按声明价值赔偿。

已赔偿的旅客丢失行李找到后，承运人应迅速通知旅客领取，旅客应将自己的行李领回，退回全部赔偿。一旦发现旅客有欺诈行为，承运人有权追回全部赔偿。

关于赔偿责任的诉讼时效为两年，从飞机到达目的地之日起，或从飞机应当到达之日起，或从运输停止之日起计算。

七、特殊旅客运输

特殊旅客是指需要给予特别礼遇和照顾的旅客，或由于其身体和精神需要给予特殊照料，或在一定条件下才能运输的旅客。特殊旅客根据其身份和地位的不同可以分为重要旅客和一般特殊旅客，一般特殊旅客主要包括无成人陪伴儿童、病残旅客、孕妇、盲人、醉酒旅客和犯人等。

特殊旅客的运输办法，是由各航空公司自行制定的。一般特殊旅客只有在符合承运人规定的运输条件下，经承运人预先同意并在必要时作出安排后方予运输。因此，在运输特殊旅客之前，必须了解各航空公司的有关规定，遵照公司规定，谨慎处理。

（一）重要旅客

1. 重要旅客的范围

①省、部级（含副职）以上党政负责人；

②军队在职正职少将以上负责人；

③公使、大使级外交使节；

④由各部、委以上单位或驻外使馆、领馆提出要求按重要旅客接待的客人；

⑤工商界重要客人；

⑥承运人认为需要给予此种礼遇的旅客。

2. 重要旅客服务

重要旅客购票后，售票处应在航班起飞前一天下午 4 点前将重要旅客的姓名、职务、随行人员、到达时间、所需的特殊服务等情况通知始发站的商务调度或值机部门;商务调度或值机部门应在航班起飞前一天晚上,通知值班领导和其他相关部门,并做好相关准备工作。

负责重要旅客地面接待服务工作的部门,在接到有关重要旅客的通知后,应事先准备好贵宾休息室,派专人协助重要旅客办理乘机手续、登机和提取行李,配合做好迎送工作。

值机部门应优先为重要旅客办理乘机、行李交运、联运等手续。在未设置头等舱的航班上,应尽可能将较舒适的座位提供给重要旅客。对于重要旅客交运的行李要逐件核对,防止丢失或损坏,并贴挂"重要旅客"标志牌。始发站和经停站在装卸行李、货物时,要将贴挂"重要旅客"标志牌的行李放置在靠近货舱门口的位置,以便到达站优先卸机和交付。

(二)无成人陪伴儿童

承运人接收的无成人陪伴儿童,是指年龄在5周岁(含)以上、12周岁(含)以下。无成人陪伴的单独乘机的儿童,年龄在5周岁以下的,原则上不予承运。对无成人陪伴儿童的运送工作,务必要细致周到,让儿童家长和监护人有信心,做到万无一失。

①无成人陪伴儿童购票时,应填写无成人陪伴乘机申请书,根据需要一式多份,正本由出票人留存,其中一份副本与客票订在一起。每个航班最多只能接收两名无成人陪伴儿童单独乘机,售票部门应办好儿童随身携带文件并将相关情况通知机场地面服务部门,地面服务部门按规定程序布置,做好准备工作。

②无成人陪伴儿童办理乘机手续时,其托运行李、自理行李、随身携带物品需贴挂"UM"标签。值机人员应查验该旅客各种随身携带文件是否齐全,与乘务员办妥交接手续。

③乘机时该旅客胸前佩戴无成人陪伴儿童标牌,便于服务人员识别。航空公司相关工作人员应将该旅客护送上飞机,安排好座位,并与乘务人员办妥交接。

④在航班始发站、到达站均由儿童的父母或监护人安排人予以接送和照料,并提供接送人的姓名和地址、联系电话。

(三)婴儿和孕妇

婴儿和孕妇属于身体较弱的旅客,现代大型运输机多在高空飞行,空气中氧气成分相对较少，气压较低，遇上恶劣天气，飞机还会产生颠簸，严重的会危及旅客安全，因此婴儿及孕妇的运输需要一定的限制条件。

运输部门接到有关特殊（孕妇）运输通知后，应按通知中所述的服务事项做相关安排。婴儿乘机必须由成人陪同。

办理乘机手续时，检查必备文件［包括医生开具的"诊断证明书"和"特殊旅客（孕妇）乘机申请书"］是否齐备和符合要求，座位安排应尽可能给旅客提供方便，如靠近客舱门口等。

处于预产期前 7 天之内的孕妇，以及出生不满 7 天的婴儿不予载运。

（四）病残旅客

1. 病残旅客的范围

病残旅客是指由于精神或身体上的缺陷（或病态）而无自理能力，或其行动需要他人照顾的旅客。依据病残的性质及程度，病残旅客可以分为以下四种：

①身体患病旅客及精神病患者（MEDA）。

②担架旅客（STRC）：在飞机上无法在客舱座位上就座，必须处于躺卧状态的旅客。

③腿部受伤打石膏的旅客。

④轮椅旅客。

A. WCHC：旅客完全不能自己行动，需由别人帮助才能到客舱就座。

B. WCHS：旅客不能自行上下飞机，但在客舱内能够自己坐到座位上，远距离（如前往或离开飞机和休息室）需要轮椅。

C. WCHR：旅客可以自行上下飞机，并在客舱内走到座位上，但远距离需要轮椅。

2. 病残旅客的服务

病残旅客要求乘机，必须持有县级以上医疗机构的诊断证明书。同时，必须填写申请书，以表明旅客在旅途中病情加重、死亡时，由申请人承担全部责任。另外，病残旅客乘机，原则上必须有陪伴人员。

接收病残旅客申请的部门，应详细了解旅客的身体及精神状况，对不能接收的病残旅客，承运人应做好解释工作；对于可以接收的旅客，承运人应向座位控制部门发病残旅客订座申请电报,根据旅客情况通知准备特殊设备,如担架、轮椅、升降机和餐食等。

值机人员应协助旅客或其家人办理乘机手续,安排在靠近客舱服务员的座位或靠近舱口的座位。对于担架旅客,应安排先上后下。

(五)醉酒旅客

由于酒精、麻醉品或其他毒品中毒,明显会给其他旅客带来不愉快或造成不良影响的人,属于醉酒旅客。承运人不接收酒醉旅客。承运人有权根据旅客外形、言谈、举止来自行判断其是否属于醉酒旅客。

在旅客上机地点,对于酒后闹事或可能影响其他旅客旅途生活的醉酒旅客,承运人有权拒绝其乘机。在飞行途中发现旅客处于醉态,不适合旅行或妨碍其他旅客时,机长有权令其在下一经停站下机。上述醉酒旅客被拒绝乘机,需要退票时,按非自愿原则予以退票处理。

(六)犯人

由于犯人是受到我国现行法律管束的,在处理犯人运输时,必须由公安部门申请,经始发站负责人批准方可运输,同时应积极与公安部门联系和配合。在犯人运输的全程,公安部门必须派出至少两人监送,监送人员对所监送的犯人负全部责任。

运输犯人只限在始发地申请办理订座售票手续,座位尽可能安排得离一般旅客远些,在整个旅途中,须给犯人戴上手铐,并适当伪装,以免影响其他旅客。

(七)患有传染病、精神病等疾病的旅客

为了确保旅客及机组人员的人身安全,严禁国家规定的甲类烈性传染病旅客乘坐飞机;对于国家规定的乙类急性传染病人,如因急救等特殊原因须乘机,应由医疗单位出具证明,并按规定采取防止传染和隔离措施,通知机组做好防范工作。这类病人运输一般应采取包舱或包机运送。

对于患有精神病的旅客,如果病情严重或影响其他旅客安全,应谢绝购票乘机。

第三节 民航货物运输业务

航空运输业的发展历史，其实就是航空货邮业务的发展历史。人类历史上首次开通的定期航班就是用于邮件运输的，之后的相当长的时间内，航空公司收入的主要部分来自邮件运输。一直到第二次世界大战以后，由于飞机机型的改进以及飞机性能的提高和电信事业的发展，航空运输被越来越多的公众所接受，航空客运逐渐占据了航空运输的主要部分。

随着宽体客机投入航空运输，飞机的载运能力得到很大的提高。从20世纪80年代开始，由于经济全球化的发展，产品的自动化和小型化，航空货运的市场迅速发展，尤其是随着全货机的出现，航空货运在整个空运市场中所占的比例逐年提高，极大地促进了世界各国贸易与经济的发展。

一、航空货物运输的特征

交通运输业是国民经济运行的动脉，是国民经济发展的基础产业。航空货物运输作为交通运输业的一个重要组成部分，对国民经济和贸易往来的发展发挥着重要作用。航空货物运输是指通过航空器，把货物从一地运往另一地的空中交通运输。与其他行业、其他运输方式相比，航空货物运输具有一定的经济和社会特征，这里主要说明其经济特征。

（一）航空货物运输的经济特征

1. 运输速度快

利用飞机作为运输货物的工具，其最大的特点就是速度快，尤其是随着高性能、大容量和更快速的先进机型不断投入使用，对于运输距离比较远或者对时间要求比较高的货物来说，航空运输能够快速地将货物运送到目的地，极大地增强托运人的市场竞争力。

2. 安全性高

与其他运输方式相比较，航空货物运输有着严格的运输要求，运输中间环节少，少了地面运输方式的颠簸，货物在运输过程中发生破损等意外的可能性大大减少，因此尤其适合运输对安全性要求比较高的货物，如精密仪器、易碎物品等。

3. 特别适合鲜活易腐及生存周期短货物的运输

由于对运输时限的要求，鲜活易腐货物（如鲜花、水果、海鲜等）如果运输时间得不到保证，货物的损耗将远超过它的运价；对于生存周期短的货物（如时装、报纸、杂志等），一旦超过流行期（发行期），价格就会直线下降。因此，运价不是这类商品的重要影响因素，时间才是最主要的。而对于这样的货物来说，航空运输具有其他运输方式所不具有的优势。

4. 可节省包装费用

大型宽体客机主要采用集装设备装载货物，在货物收运、运输、中转、到达交付等环节对单件货物的装卸简单，因此对货物的包装要求相对较低，可以在一定程度上节约货物运输对包装要求的成本以及各种费用。

5. 成本和运价高，运量有限

由于飞机的载运量和航班数量有限，航空运输的载运量相对较小。租赁、购买飞机及航材的费用不菲，加上世界范围内的能源危机日益严重，航空燃油价格持续上涨，致使航空运费比其他运输方式的运费偏高。

随着新技术革命的深化和知识经济的到来，销售方式不断变化，适合航空运输的商品无论从范围还是从种类上讲都会越来越丰富。尽管航空货物运输在整个运输业中所占的比例还不大，但作为一种快速、方便、安全的现代化交通运输方式，它在国民经济发展过程中所发挥的作用会越来越显著。

（二）航空货运与航空客运的不同

①航空货运处理的货物类型多样，尺寸、价格、重量变化很大，因而运价体系复杂。

②货物运输需要装箱、装卸、储存等需要较多的设施、场地和服务；而旅客运输，旅客可以自主办理登机手续，场地和服务人员相对较少。

③货物运输一般要涉及发货人、收货人、运输公司、航空承运人、仓库、海关等多个参与方；而旅客运输通常只是旅客和航空公司双方参与。

④货运只要求按时间到达,对运输路线没有特殊的要求,航空公司可以在时限之内灵活安排航班和路线,以提高航班的载运率;而旅客运输原则上不能改变航班和运输路线。

⑤航空货运的单向性强,而航空客运总的来说是双向的。

(三)航空货物运输的分类

航空货物运输按运输形式大致可以分为普通货物运输、急件运输、特种货物运输、包机运输、航空快递等。

1. 普通货物运输

普通货物是指托运人没有特殊要求,承运人和民航局没有特殊规定的货物。这类货物按一般运输程序处理,运价为基本价格。

2. 急件运输

急件运输是指必须在 24 小时之内发出,按普通货物运价的 150% 计算运费,航空公司优先安排的运输。

3. 特种货物运输

与普通货物运输相比,特种货物运输对运输条件、运送、储存、装卸设备以及机型等都有严格的要求,操作难度大,容易出现问题,因此对不同的特种货物,都有特殊的规定。

4. 包机运输

包机运输是指包机人和承运人签订包机合同,按照双方约定的时间、航线、机型等条件,由包机人充分利用飞机业载运输货物的一种方式。包机的最大载重量和运输的货物要符合飞行安全的条件和民航局的有关规定。

5. 航空快递

航空快递是指由承运人组织专门人员,负责以最早的航班和最快的方式把快递件送交收货人的货运方式。航空快递的承运人可以是航空公司、航空货运代理或专门的快递公司。航空快递安全、快速、准确,目前已经成为航空货运的一个重要部分。运输的货物以文件样品、小件包裹为主,主要以门到门的方式进行。

二、航空货物运输的有关规定

在货物运输过程中,为了保证飞行安全、运输质量和操作便利,对货物体积、包装和标志标贴提出了严格的要求。

(一)货物的重量和体积

一般情况下,不承运超大超重货物,但如果不超过机舱地板承受力和飞机货舱门尺寸限制,在始发地、经停地、目的地可以解决装卸问题的,可以根据运力情况收运,并按规定收取超限货物附加费。

1. 机舱地板承受重量

货物压在机舱地板上的重量就是机舱地板所承受的重量,在承运货物特别是承运体积小、重量大的极重货物时,要注意机舱地板每平方米所承受的重量是否超过机舱地板每平方米的额定最大负荷(地板承受力)。如果超过,要考虑加垫板,否则不予承运。

2. 轻泡货物

每千克的体积超过6000立方厘米的货物称为轻泡货物。轻泡货物按体积折算计费重量,即每6000立方厘米折合成1千克。

(二)货物包装

货物包装对保证货物的安全运送有着十分重要的作用。航空货物运输具有中转、装卸次数较多和兼在地面运送的特点,为了保证飞行安全、运输质量和操作便利,货运工作人员应认真执行货物包装的有关规定,并根据货物的性质、大小、轻重、形状、中转次数、气候以及飞机装载等条件,要求发货人选用适当的材料及包装方法,对货物进行妥善包装。

①货物包装基本要求为坚固、完好、轻便。在一般运输中能防止:包装破裂;内件漏出散失;因码垛、摩擦、震荡或因气压、气温变化而引起货物损坏或变质,伤害人员或污损飞机、设备及其他物品。

②包装的形状除适应货物的性质、状态和重量外,还要便于搬运、装卸和堆放,包装外部不能有突出的棱角及钉、钩、刺等;包装要清洁、干燥,没有异味和油腻。

③在特定条件下运输的货物,如鲜活易腐货物等,其包装应符合对该货物特定的要求。

④凡用密封舱飞机运送的货物,不得用带有碎屑、草末等的材料做包装(如稻草袋绳等),包装内的衬垫材料(如谷糠、木屑、纸屑等)不得外漏,以免堵塞飞机密封设备。

⑤货物包装内不准夹带禁止运输或限制运输的物品、危险品、贵重物品、保密文件和资料等。

⑥对包装不符合要求的货物,发货人按照要求改进或重新包装后方可运送。

(三)货物标志

货物标志是贴挂或书写在货物外包装上的发货标记、货物标签和指示标志的总称。货物标志对准确地组织货物运输,防止差错事故发生,提高运输质量都有着重要的作用。

1. 包装储运指示标志

适用于在储运中怕湿、怕震等有特殊要求的货物的外包装,如"防湿""小心轻放"等。其作用是要求有关人员按标志的要求进行操作,达到安全运输和保护货物完整性的目的。

2. 危险货物包装标志

适用于危险货物的外包装,如"易燃品""放射性物品"等。其作用是要求有关人员按危险货物的特性进行操作,预防危险事故的发生。

(四)货物运输凭证

1. 货物托运书

托运人托运货物,应先填写货物托运书一份,提供货物运输的有关证明,并对所填写内容的真实性与正确性负责。托运书是托运人和承运人之间签署的运输文件的一部分,货运人员在检查托运书和发送的货物相符后才能受理。

2. 航空货运单

航空货运单是托运人和承运人之间签订的运输合同,是货物运输的凭证,同时也是计收货物运费的凭证。按照货物运输的有关规定,航空货运单应由托运人填写,航空货运单内容填写不正确造成的损失由托运人承担。

国内货物运输的货运单一式八份(国际货物运输一式十二份),其中正本三份：第一份交承运人，由托运人签字或盖章；第二份交收货人，由托运人和承运人签字或盖章；第三份交托运人，由承运人接受货物后签字或盖章。三份具有同等效力。其余为副本，承运人可根据需要增加副本。航空货运单的承运人联应当自填开货运单次日起保存两年。

（五）货物的运输

1. 货物托运

托运人托运货物应遵守国家法律，政府规定、命令或要求，以及承运人关于货物包装运输的相关规定。必要时，托运人应提供与托运货物有关的文件，并对其提供文件的真实性和准确性负责。

2. 货物收运

货物收运的一般程序：

（托运人）填写托运书→（承运人）检查证件→检查包装→货物安全检查→重量核准→尺寸检查→托运书检查→填制货运单→制作、贴挂标签→收款→交接货物、货运单→编制销售日报

3. 货物运送

（1）货物运送流程

货物交接→货物仓储→货物组装→货物配载→制作舱单→货物出仓→货物装机

（2）货物运输的组织原则

在一定的经济效益下，按照保证重点，照顾一般，合理运输，安全、迅速、准确、经济的原则组织货物运输，充分体现人民航空为人民的宗旨。承运人应根据运输能力，按照货物的性质和急缓程度，有计划地安排货物吨位，并从宏观上合理利用每一航段的最大吨位，充分发挥航空运输的时效性，有效地提高运输服务质量。

4. 货物到达和交付

货物到达和交付是货物运输的最后环节，到达站应迅速、准确地办理提货通知和货物交付，以便于收货人及时提取。

货物进港的一般程序：

接业务袋→分拣货运单→分拣货物→货物入仓→到货通知→查验有效证件→货物交付→货物销号

（1）货物到达

货物到达后，应分清货物是在机场还是在市区提取。对于在市区提取的货物，应填写货物交接清单，一般应在到达当日送市区，最迟不能晚于次日。

（2）通知提货

货物到达以后，承运人应该在规定时间内用电话或书面通知的形式及时通知收货人。

（3）货物交付

收货人应在承运人指定的提货地点提取货物。

（六）特种货物运输

特种货物是指在收运、储存保管、运输及交付过程中，因货物本身的性质、价值、体积或重量等需要采取特殊措施，给予特殊处理的货物，包括贵重货物、活动物、尸体、骨灰、危险品、作为货物运输的行李、鲜活易腐货物、超大超重货物等。

运输特种货物操作难度大，容易出现问题，因此，除遵守一般运输规定外，还应严格遵守每一类特种货物的特殊运输规定，才能保证飞行安全。

1. 贵重物品

①贵重物品的包装应坚固完好，不得有任何破损迹象，最好装在木制或铁制的箱内，必要时外面用"♯"字形铁条加固。包装上应有托运人的封志，如蜡封、铅封等。封志上托运人的名称、地址必须与货运单上一致。

②货运单上必须写明托运人和收货人的姓名和详细地址、始发站机场的全称，并注明贵重物品字样，不可与其他货物混用一份货运单。

③贵重物品的运输尽量选用直达航班；如果必须中转，应检查续程航班承运人载运贵重物品的能力，保证贵重物品的运输安全。

④贵重物品运输应设置保安措施较好的贵重物品库，并严格交接手续，保证贵重物品的运输安全。

2. 活动物

由于航空运输的特点，活动物的运输在航空运输中占有非常重要的地位。活动物不同于其他货物，它们对环境的变化很敏感，而且活动物的种类繁多，各具特性，因此，在活动物运输过程中应该根据不同活动物的特性，按照活动物运输的规定组织运输。

3. 鲜活易腐货物

鲜活易腐货物是指在装卸、储存和运输过程中，由于气温变化和运输延误等因素可能导致其变质或失去原有价值的物品，因此要求在运输和保管过程中必须采取特别的措施，以保持其鲜活或不变质。

4. 尸体、骨灰

①尸体、骨灰属于等级货物，并具有很强的感情色彩，因此，应把这类货物视为较敏感货物，没有特殊原因，承运人不会受理此类货物的运输。

②尸体必须是非传染性疾病死亡，并经过防腐处理、在防腐期限内或焚化后（骨灰）方可收运，并且要确认已订妥全程吨位。

③托运人应备齐有关国家对进出口及转口运输尸体、骨灰的所有文件，如死者所在国主管部门出具的死亡证明，骨灰还应出具焚化证明。在我国，运输尸体还应提供殡葬部门出具的入殓证明和有关部门出具的准运证。

④货运单上应详细注明托运人和收货人的全称和地址，以便于及时交付。

⑤尸体、骨灰的运输应预定航班，并在航班起飞前2小时由托运人送往机场。

⑥装机时回避旅客，并安排在全货机或与客舱分开的货舱内运输；要与活动物分开放置。

5. 作为货物运输的行李（无人押运行李）

作为货物运输的行李，仅限于旅客本人的衣服和与旅行有关的私人物品，包括手提打字机、小型乐器、小型体育用具等。

①凡作为货物运输的行李，只能在旅客客票中所列各地点的机场之间运输，并且行李的交运不能晚于旅客乘机的当天。

②旅客必须如实申报行李内容、提供有关的文件、自行办理海关手续，并支付所需费用。

③作为货物运输的行李不能与旅客同机到达目的站。如果旅客要求同机到达，应预定吨位。

6. 危险品

危险品是指在航空运输过程中，具有燃烧、爆炸、腐蚀、毒害、放射等性质，在运输、装卸、保管过程中能引起人身伤亡和财产损毁而需要特别防护的货物。IATA 的《危险品运输规则》将危险货物按其主要特征分为九类，具体的运输规定这里就不赘述了。

第四节　航空运输企业

航空运输企业是指以飞机为主要手段从事生产运输，为社会机构和公众提供服务并获取收入的企业。根据主营业务的不同，航空运输企业可以分为客运航空公司、货运航空公司、通用航空公司三类。

一、航空运输企业的经营特征

（一）航空运输企业是一种资本、技术集中的企业，进入市场的要求高

航空运输企业的主要生产工具飞机是高技术、高价值的产品，没有足够的资本是无法进入航空运输市场的。出于安全考虑，政府对运载工具和人员的技术水平都有严格的要求，使得航空运输企业的资本集中程度和技术要求远高于其他运输企业。

（二）航空运输企业要求一定的规模经济

由于航空运输企业的高投资，需要达到一定的产量才能降低成本，取得回报；同时，高技术的专业人员需要一定的生产规模才能充分发挥其作用。再加上航空运输严格的时间要求，必须有一定的运载能力才能保证运输的持续、顺利进行。通常在具备三架以上同一级别的运输飞机时，航空运输企业才能在市场竞争中生存。

（三）航空运输企业之间有较紧密的依存关系

航空运输企业之间开展联运或者相互代理业务，会使双方的市场得到拓展并且降低经营成本。

（四）航空运输企业通过合并来扩大规模

由于航空运输企业的高投资、高成本和高技术以及规模效益，只靠增加投资来扩大规模往往是不成功的。从航空运输业的发展来看，大多数的小公司通过合并形成大的集团，才能在航空运输市场上站稳脚跟；或者是大的企业通过吞并小企业而迅速扩大规模。从世界范围来看，正兴起跨国的大航空公司合并或联合的浪潮，我国的航空运输企业也在经历合并的过程。

二、航空运输企业的组织和运营

航空公司的基本业务职能及相对应的基本组织结构包括飞行与航务、机务维修、运输营销和行政管理四个部分。

（一）飞行与航务

飞行与航务机构主要负责处理整个公司有关飞行和空中服务的事务。

（1）飞行人员的管理机构

针对公司使用的机型及现有飞行人员状况进行科学有效的日常管理，制订符合公司正常运营要求的飞行人员工作计划。

（2）空中乘务人员的管理机构

对公司的乘务人员进行日常管理，并根据公司不同机型对乘务人员的配备要求对乘务人员进行培训，保证公司正常运营对乘务人员的数量和技能水平要求。

（3）空中交通和安全部门

负责飞行安全检查，保障导航设备的完好和无线电通信系统的通畅，保证飞行安全。

（4）飞行程序和训练部门

制定程序与标准，安排模拟器训练及管理人员训练。

（5）飞行签派机构

组织公司内航空器的放行和运行，与民航各级空中交通服务部门密切协作，使整个空中交通有序进行。

（二）机务维修

机务维修的主要任务是保持航空公司的飞机处于"适航"和"完好"状态，并保证能够安全运行。"适航"意味着航空器符合民航管理部门有关适航的标准和规定；"完好"表示航空器保持美观和舒适的内外形象。

（三）运输营销

运输营销机构管理着航空公司整个运输业务的销售、集散和服务环节，航空公司的收入主要依靠这些环节来实现。

（1）广告和市场部

负责广告策划和显示，研究及预测市场情况，制定航班计划，确定实际运价。

（2）销售部

负责客运和货运的销售业务，并协调代理客货运公司与其他航空公司之间的业务。

（3）运输服务部门

负责飞机客舱内的乘务服务、物品配发及机场和地面的各项服务。

（4）饮食服务部门

主要负责航班的配餐服务。

（5）各地区的办事处及营业部

作为二级机构，负责处理当地的上述各项业务。

（四）行政管理

行政管理机构是航空公司的核心管理部门，负责整个航空公司的管理和运行，包括财务管理、人事管理、计划管理、公共关系、信息服务、法律事务等。

三、中国航空运输保障企业

（一）中国航空器材进出口集团公司

中国航空器材进出口集团公司是在中国航空器材进出口总公司的基础上组建的，以民用航空产品进出口业务为主的综合性服务保障企业。经营范围包括飞机、发动机、航空器材、各种设备、特种车辆的进出口、租赁、维修、寄售以及与民用航空有关的各种工业产品和原材料的进出口业务，从事与此相关的招投标、国内外投融资、技术咨询、培训、服务、展览、航空表演业务，开展合资经营、合作生产、加工装配以及多种形式的对外贸易。

（二）中国民航信息集团公司

中国民航信息集团公司是以民航计算机信息中心为主体，将中国航空结算中心整体并入组建的国有企业，是经国务院同意进行国家授权投资的机构和国家控股公司的试点企业。集团公司组建后，对其全资企业、控股企业、参股企业逐步依照《中华人民共和国公司法》进行改组和规范。

（三）中国航空油料集团公司

中国航空油料集团公司（简称中国航油集团公司，英文缩写为CAOHC），是在中国航空油料总公司的基础上组建的国有大型航空运输服务保障企业，是国务院确定的国家授权投资的机构和国家控股公司的试点企业。成员单位包括中国航空油料总公司中航油津京管道运输中心、北京中航油建筑工程设计研究院、北京航油工程咨询公司中航油大厦管理中心等五个全资企业和中国航油（新加坡）股份有限公司（75％股权）一个控股企业。中国航油集团公司主要经营航空油料及其他成品油的批发、储存和零售业务，航空油料、航油供应设备及与航油供应有关的特种车辆的进出口业务，供油系统工程及其他配套设施的工程设计、施工业务，国家批准经营的其他业务。

四、航空联盟

航空运输的主要特点是速度快，因此航空运输从一开始就具有国际性的特点，优秀的航空公司必须拥有完善的国际性航线网络。随着世界航空运输竞争的加剧，为了树立在全球市场上的形象，有效降低运营成本，克服在外国航空市场上合并和设立新航空公司的限制，加入航空联盟理所当然成为众多航空公司的一种战略选择。

（一）加入航空联盟的好处

1. 代码共享，优化航线网络

仅凭自己的力量，任何一家航空公司都无法满足所有旅客的出行需求；而通过代码共享，合作伙伴可以共享对方的航线网络，将自己的服务延伸到更广阔的目的地，增强市场竞争力。加入航空联盟，就可以提供全球范围的航线网络，增加更多的航班到达城市。

2. 航班时刻协调

加入航空联盟以后，通过联盟的内部机制，成员航空公司协同制定航班进出港时刻表，优化多方联系，这样可以使航班的衔接更为顺畅，大大减少旅客转机时的等待时间，提高服务质量。

3. 旅客服务共享

每一家航空公司提供的机场旅客服务，比如值机柜台、咨询窗口和贵宾休息室，只能在自己的枢纽机场和基地机场占有优势，航空公司不可能在所有的目的地机场都设置完善的旅客服务设施。加入航空联盟以后，航空公司通过共享合作伙伴在世界各地的服务设施，可以为旅客提供更好的服务。

4. 常旅客计划的点数分享

为了留住宝贵的旅客资源，目前世界上大部分航空公司都有常旅客计划，联盟成员之间互享里程积累，乘坐任一家航空公司的航班，都可以积累所有联盟成员的里程，而随着里程数的增加，能够在整个联盟内部享受更周到的服务，这样就可以显著提高对旅客的吸引力。

5. 降低运营成本

联盟成员通过共用维修设施、运作设备、职员，相互支援地勤与空厨作业以及全球范围内的广告宣传等合作途径，可以优化成本结构，降低运营成本。

（二）世界三大航空联盟

1. 星空联盟（Star Alliance）

星空联盟是1997年5月14日成立的国际性航空公司联盟。初期是由加拿大航空、德国汉莎航空、北欧航空、泰国国际航空和美国联合航空创建，总部位于德国的法兰克福。中国国际航空公司已加入该联盟。

2. 天合联盟（Sky Team）

天合联盟于2000年6月22日由法国航空公司、达美航空公司、墨西哥国际航空公司和大韩航空公司联合成立，总部位于荷兰的阿姆斯特丹。

中国东方航空公司和中国南方航空公司已加入该联盟。

3. 寰宇一家（One World）

寰宇一家是1999年2月1日成立的国际性航空公司联盟。由美国航空、英国航空、国泰航空和澳洲航空共同创建，总部设在加拿大温哥华。

复习思考题

1. 简述运输业的性质以及现代五种运输方式的区别。
2. 简述航空运输的特征。
3. 比较城市对式航线和中转辐射式航线的特点。
4. 简述民航旅客运输的定义及分类。
5. 简述航班的定义及分类。
6. 客票有哪些作用？电子客票与传统客票有什么区别？
7. 比较计重行李与计件行李的免费行李额的规定。
8. 简述值机工作流程。
9. 了解特种货物运输的一般规定。
10. 简述航空运输企业的经营特点。

第七章　通用航空

第一节　概　述

一、世界的发展情况

在飞机出现以后，早期的航空活动没有军事和商业用途，这时的航空活动家们主要是展示飞机新的性能和创造新的飞行记录。例如1909年悬赏飞越英吉利海峡的活动，吸引了全世界最好的飞机和最优秀的驾驶员，同时也吸引了全世界公众的注意力，激励着很多航空爱好者从事航空业，促进了航空业的发展。这可以算作通用航空的开始。

随着1914年第一次世界大战的爆发，航空活动展现了其军事用途，军事航空迅速发展，中断了通用航空的发展进程。

1918年战争结束，出现了大量的军用飞机和退役的驾驶员。这些飞机驾驶员不愿放弃飞行而改行，就探索着把飞机运用到各种民用领域中去。首先是继续战前的创造纪录的各种飞行，如横跨美国大陆的飞行（1923年），环绕全球的飞行等，其中最著名的是1927年美国人林德伯格驾驶单座单发飞机用33小时完成的从纽约到巴黎的跨大西洋飞行，以及1937年苏联的契卡洛夫机组从苏联穿越北极到达美国的飞行。这些飞行展示了飞机的性能，引起了全世界的轰动，对和平时期促进航空业发展起到了巨大的作用。

之后，飞机开始用于为农业服务，为交通不便的地区，如澳大利亚内陆、阿拉斯加、太平洋上的岛屿提供医药、邮递、救援等服务。同时，开始出现了飞行训练学校和特技飞行队。1920 年后在欧洲和美国出现了大量的私人飞机，有的大公司和企业开始拥有自己的飞机或机队，为高级员工提供交通方便，于是出现了公务航空。为了向私人飞机和企业的飞机提供维修、供应燃油等服务，以及从事二手飞机买卖和飞机出租等业务，在美国出现了以机场为基地的通航服务站（Fixed Base Operator，FBO），这样就形成了一个完整的通用航空供需市场。

第二次世界大战的爆发再次中断了通用航空的发展进程。战后，通用航空又形成了发展高潮。通用航空发展到更多的领域，如在农业领域承担了更多的工作，空中游览服务的发展等。1950 年直升机进入通用航空领域，大大拓展了民航服务的范围，开始有了海上石油平台服务，山区或无机场地区的救援，空中吊装服务等。"通用航空"这个术语就是在 1950 年出现的。

随着跨国公司的出现，公务航空得到了巨大发展。这些公司拥有自己的机队，使用着通用航空领域起飞重量最大、装备最先进的公务飞机，还有为荒野地区职工提供的能载 20 人左右的通勤飞机，为公司高级经理人员远距离出行（航程在 5000 公里以上）提供的豪华公务机等。

到 1985 年，全球通用航空的飞机数为 32 万多架，占民用飞机总数的 98％，但是直到 1999 年这个数字并没有太大变化，这反映了通用航空的发展受到了限制。其原因是：

①飞机的价格和其他使用成本的增加限制了私人飞机的发展。

②航路的拥挤和各国民航管理部门对飞行安全的要求使得通用航空的飞机数量饱和，不能像以前那样任意飞行。

③环境保护对通用航空的一些作业提出了要求，如对噪声的限制，对喷洒农药、施肥的限制等。

通用航空在一些发达国家不再在数量上扩张，而主要是业务内容的拓展和服务质量的提高；而在发展中国家，通用航空不论在数量上还是质量上，都还有很大的发展潜力。

二、我国的发展情况

我国航空界的先驱冯如 1911 年在广东进行飞行表演。1913 年在北京南苑创办了我国第一所飞行学校。这可以算做我国早期通用航空活动的开始。而真正把航空活动用于非运输目的的民航事业是从 1930 年国民政府创建航空摄影队，承担水利、铁路、地质的测绘任务开始的。但直到 1949 年通用航空都没有太大发展，航空摄影队飞机最多的时候是 1937 年，也仅有 12 架飞机。

中华人民共和国成立后，1951 年民航总局组建了航空护林队，开展了农田灭虫和森林防护作业。随着我国建设事业的发展，通用航空用于农业领域的飞机播种、锄草、施肥及工矿业的勘测物探、石油开发等多个方面。当时没有"通用航空"这一概念，对工农业服务的航空统称专业航空。1956 年民航总局成立了专业航空处，负责管理全国的通用航空事务。到 1966 年"文化大革命"爆发前，我国的通用航空逐年发展，1967 年飞行小时数达到创纪录的 29000 小时，当时拥有通用航空飞机近 500 架。此后的十年通用航空停止了发展，直到 1979 年改革开放后才重新有了进展，当年的飞行小时数就由 1978 年的 28900 小时增至 39700 小时。1980 年民航总局下设专业航空局（后改为专业航空司），通用航空的管理提升到更高的层次，表明了国家对通用航空的重视和扶持。1981 年到 1986 年组建了通用航空公司及直升机公司。1986 年国务院正式使用"通用航空"这一名词来取代"专业航空"，标志着我国通用航空事业与国际的接轨。在 1987 年的体制改革中，民航总局撤销了专业航空司，通用航空开始以各大航空公司的一个部门或独立的通用航空公司名义，按照市场经济规律运行。通用航空面向市场后，缺少了国家的经济补贴，面临经济效益不高、市场需求不旺的新问题，到 2003 年全年的飞行小时数为 63500 小时，多年的年均增长率仅为 1‰。在淘汰了大量旧飞机，引进了先进机型后，2003 年通用航空的飞机总数为 496 架。我国为工农业服务的通用航空在今后要进一步适应市场经济形势，深化改革，才能取得更大的发展。

我国的体育航空属于国家体育运动委员会领导，在 1949 年以后得到迅速发展，其中的航空模型和跳伞运动于 50 年代在全国普遍开展，在这

两项运动中拥有多项世界纪录和世界冠军。

我国的滑翔运动始于 1953 年，到 20 世纪 80 年代初开始出现动力滑翔机、伞翼机、超轻型飞机等各类新的航空器，进行体育、生产或休闲活动。随着生产力的发展和人民生活水平的提高，近年来这个领域的航空活动正在迅速发展，它将成为我国未来通用航空事业的一个重要组成部分。

我国的飞机飞行运动和热气球运动开始得比较晚，到 1985 年才试飞了热气球，民用航空的飞行运动也仅限于新机的试飞和性能演示，这些都是通用航空未来发展的新领域。

随着经济建设的发展，人民生活水平的提高，在正确的方针政策引导下，相信在不久的将来，我国的通用航空事业将会迎来发展的高潮。

三、通用航空企业的组织形式

我国的通用航空企业有两种形式，一种是专门从事专业服务的通用航空公司，另一种是航空运输公司下属的一个通用航空部门或机队。

在通用航空发达的国家，通用航空组成一个很大的市场，这个市场由航空器使用者、制造厂和服务经营部门组成。航空器使用者包括通用航空公司、非航空企业的机队和私人飞机拥有者。服务经营者的主要企业形式是通用航空服务站，这些服务站将通用飞机制造厂与使用者联系起来。它们在经营多项通用航空活动之外，又为航空器使用者提供买卖飞机和维修养护等一系列服务，成为通用航空业中的一个关键环节。

（一）专营通用航空的公司

这是我国通用航空企业的主要形式。到 1997 年我国共有 12 家这种航空公司。它们的资金来源主要是中央政府的各个部门或地方政府。除了中国通用航空公司和飞龙专业航空公司规模较大，在全国范围内开展业务外，其他航空公司的规模都较小，飞机数量有限，只在一省或几个省内服务。公司的组织形式和航空运输公司基本相同，公司内航行、维修、商务等部门齐全。由于通用航空的很多业务带有强烈的季节特性（农、林业航空公司）和不固定性（救援），这些公司的业务通常不是全年饱和的，加之有的业务还带有一定的社会公益性质，因而利润很低甚至不能赢利，经常性亏损阻碍了这类企业的发展。目前这类企业有的已经和其他公司合并

（如中国通用航空公司并入东方航空公司），有的也在经营航空运输业务或其他业务，以适应市场经济的发展。

（二）航空运输公司兼营通用航空

这是我国通用航空的另一支重要力量。这类公司以航空运输为主业，下设一个通用航空分部或飞行队，完成一定的通用航空作业任务。这种形式的好处是不必设立整套的行政机构、维修和后勤保障系统，因而效益得以提高。其存在的问题是，在一个公司内部如何协调好航空运输和通用航空两种类型的任务，使它们互相协调、互相补充而不致互相矛盾。

（三）通用航空服务站（固定基地经营站）（FBO）

这是国外通用航空服务企业的主要形式。它以一个机场为依托，主要为通用航空的飞行服务，也为一定数量的通用航空飞机提供其他类型的服务，如为通用航空提供加油、维修、机库等航线服务，经营飞机备件或整个飞机的交易，经营飞行训练，出租飞机，从事专业航空的飞行任务等。美国有近4000个这类企业，有的规模很大，有好几个基地，有的规模很小，只从事某一方面工作。这些基地都租用或占用机场的一定区域，在这个区域内独立地开展业务，机场（特别是为通用航空服务的机场）与这些服务站之间有着互利的关系，因而有些服务站得到机场的资助。

由于通用航空服务站业务的多样性，它们作为通用航空的一个部分，得到了稳定的发展。20世纪80年代以后，在新的经济条件下，为了取得规模效益，一些小的航空服务站正向着连锁经营发展。

（四）非航空企业的公务机队（社团航空）

从20世纪70年代开始，企业出现大型化和国际化趋势，一些大公司和大型组织考虑拥有自己的机队来为高级经理人员和客户服务，或是运送职员或货物。前一种情况如一些大公司的经理人员要到上千公里外的几个子公司去处理业务，或是把重要的客户接到生产现场进行参观或谈判；后一种情况如在澳大利亚北部的一些矿区，要用飞机运送职工从几百公里外来上班，这样做会给公司增加利益，提升形象。

到20世纪70年代末，公务航空已经成为通用航空中的一个重要部分。据统计，世界500强企业大部分都有自己的公务飞机。这类公司都设有一个航空部或飞行部来管理飞行事务。小的航空部只有一个主任飞行员

和其他工作人员，管理一架飞机；大的航空部管理着一个机队，有一个完整的飞行和维修队伍，并制定有相应的发展和培训计划。

第二节　农业航空

一、概况

航空为农业服务的历史可以上溯到1918年，美国用飞机喷洒杀虫剂。但是，真正建立起农业航空产业则要从第二次世界大战结束之后算起，当时各类新的化学农药和肥料的出现以及大量飞机的剩余，使农业航空得到迅速发展。如20世纪50年代之后为农业用途设计的专用的农业飞机的出现，直升机在农业领域的使用以及新的喷洒设施的出现，建立起完整的农业航空体系。

我国是农业大国，1949年中华人民共和国成立后，通用航空首批执行的任务就是控制虫害和护林防火。到2003年，我国的农业航空有护林防火、人工降雨、飞机播种、飞机施肥等各种作业，有各种类型的用于农业飞行的飞机200多架，完成飞行量25489小时，农业病虫害防治面积38万公顷，施肥面积123万公顷，全部作业面积占全国耕地面积的8％。虽然发展很快，但与世界平均水平——占耕地面积的5％～17％相比，还有相当大的差距。

二、农业航空的任务

农业航空的任务是为农、林、牧、渔业服务，主要有下列各项。

（一）航空喷洒

这是指使用航空器喷洒化学制剂或生物制剂，保证作物的生长和控制病害。

1. 防治虫害、鼠害

使用飞机喷洒杀虫剂是目前最有效的防治大面积农业和林业虫害的方法，特别是过去危害严重的蝗虫灾害，由于航空灭虫的实施，基本上得到根治；农业中其他虫害如螟虫、粘虫，使用飞机喷洒杀虫剂后也基本上得到控制。对森林中的各种虫害特别是松毛虫危害，使用飞机喷洒杀虫剂，可以解决地面交通不便、作业效率低的问题，有着独特的优势。在草原上投撒鼠药灭鼠也取得了非常好的效果。

2. 作物施肥

用飞机对一些作物喷施肥料和生长激素，在我国开始于20世纪70年代末。这种方法的应用使农作物提高了抗旱、抗灾能力，生长旺盛，大面积增产，大幅度提高了经济效益。目前已经施用到小麦、大豆、水稻、棉花等各种作物，对粮食作物的增产效能为5%～8%。

3. 化学除草

杂草对农作物的危害巨大，能使农作物严重减产。水稻种植期内，用于除草的工作量几乎占到全部工作量的1/3，其他旱田矮秆作物如大豆、小麦等受杂草危害减产在20%～30%。20世纪50年代末，化学除草剂的出现使除草工作发生了巨大变化。化学除草是应用得最普遍的方法。化学除草剂有多种，针对不同的杂草和不同生长期的作物，要使用不同的除草剂。航空除草及时、效率高，能使农作物大量增产。

图8-1　飞机在喷洒农药

4. 喷洒生长调节剂

主要用于棉花，喷洒生长调节剂乙烯利，能使棉花落叶早熟，缩短生长期，提高产量，并有利于机械采摘。

（二）飞机播种

适用于大面积的播种作物，效率高，速度快，播种均匀。

1. 飞机播种造林

飞机播种造林特别适用于交通不便、地广人稀和水源缺乏的地区。飞机播撒树种要根据当地的气候条件、土壤情况，选择在雨季前和雨季中进行。飞机播种造林比人工造林成本低、速度快，特别在我国这样国土面积广大、林地较少的国家，更具有特殊的意义。

2. 飞机播种草

飞机播种草是用飞机将草种播撒在荒原和荒山上，利用草种的自然萌发来形成植被，对防治水土流失、保护环境有着巨大意义。我国的飞机播种草工作开始于20世纪70年代，在20世纪80年代全面发展，20世纪90年代进入稳定发展时期。它是我国改造西北荒漠，恢复广大牧场的重要手段。

3. 飞机播种农作物

飞机播种农作物开始于第二次世界大战之前的苏联，由于地广人稀，用飞机播种一些饲料和绿肥作物，可以节省大量劳动力，但仅限于一些粗放耕作的作物。在20世纪60年代初，由于除草剂的发展，美国开始用飞机播种水稻，并取得了很好的成绩，使美国在70年代成为世界上主要的稻米出口国。水稻直播需要大块的土地，此外要控制水稻生长初期田中杂草的繁殖，直到20世纪50年代成功地研制出高效无害的除草剂后，利用飞机除草、施肥，才使水稻直播成为现实。水稻直播的单位亩产量不如人工插秧的高，但是它节省了大量劳动力。人工插秧，一般一个劳动力只能管理1~1.5亩稻田；使用飞机播种、除草，一个劳动力可以管理300亩以上的稻田，最多可以达到1000亩。

其他旱田作物都可以用飞机播种，但效益不如水稻显著。我国的飞机播种主要用于新疆和黑龙江生产建设兵团的农场。

（三）航空监护

1. 航空护林

护林工作包括林区的监视巡逻、勘测、救援、灭火、运送设备和人员等。每年的春、夏季，天气干燥，风大，更是护林工作最繁忙的时期。

护林使用的航空器的要求与农业专用的有所不同，它要求有较大的载重量，必要时能运送人员和器材，并且能及时在出事地点降落。护林的机队通常由直升机和起飞重量在5吨以上的飞机组成。

航空护林的优点是巡逻范围大，发现火情及时，并且能迅速进行灭火工作，提高灭火效率，使森林火灾的发生率大大降低。

2. 渔情通报和空投鱼苗

航空在渔业上也有广泛应用。在海洋捕捞上，用飞机或直升机监视鱼汛，能及时发现远离海岸的鱼群，使生产率提高，成本下降。在淡水养鱼方面，由于许多鱼种的鱼苗不能在池塘中自然繁殖，所以需要把大量鱼苗从原产地空运到所需的地方，有些鱼苗需要直接空投到湖泊等天然水面。空运鱼苗极大地减少了鱼苗的死亡率，促进了淡水养鱼养殖事业的发展。

3. 野生动物的监护

随着人类环境意识的加强，对野生动物的监测和保护成为保护环境的重要环节。在野生动物的资源调查和动物保护区的防护上，航空都是极为重要和有效的手段。在野生动物的资源调查方面，航空器由于速度快、视野宽，使得过去无法完成的任务得以顺利完成。如对珍稀鸟类丹顶鹤的迁徙规律和种群生活规律的调查，主要是由飞机完成的。在野生动物保护区，防止偷猎和破坏行为，直升机或小型飞机是必不可缺的工具。

4. 人工降水

云是大量水蒸气凝聚而成的，但当没有聚集成为足够的水滴的条件和气流扰动时，是不会降水的。用飞机在云层中扰动并撒放结晶核心和催化剂，能使云层中的水滴或冰晶迅速凝结，向地面降水，这种方法称为飞机人工降水。播撒的催化剂有干冰、盐粉、碘化银等十多种。根据云层的不同情况，人工降水可以使降水量增加10%到1倍以上。人工降水对于解除旱情、森林灭火、增加水库库容量具有重要作用。

三、农业航空的装备

20世纪50年代以前,一般都是使用小型飞机,经改装后安装一些喷药的设备就成为农业飞机。20世纪50年代以后,根据农业飞机的使用特点专门生产了农业飞机。

(一)使用要求

农业飞机75%的任务是喷洒农药和播撒种子,大多在低空或超低空进行。为使喷洒的农药发挥药效,要求:

①飞行的高度离农作物越近越好。根据实验,飞离农作物上空8米,药效会损失95%。一般要求在作物上空2米作业。此外,飞行高度高时,农药飘散对周围环境有污染。有的国家制定了喷药高度标准,如美国就限制喷药高度在农作物上空4.6米以下。

②飞行的速度不能太快。速度太快,作业效果不好。飞行速度限定在300公里/小时以内,一般在150~200公里/小时。

③农业飞机发生的事故多是坠毁事故,因此要求飞机的坠损安全性好,前机身坠地时能吸收能量。

④作业时转弯多,要求横向机动性好。

⑤在田间工作,要求能使用土跑道。

(二)设计特点

①农业飞机绝大多数是活塞式螺旋桨飞机,因为活塞式发动机成本低,在低速时效率也高。近年来有少量涡轮螺旋桨飞机用于农业飞行,但成本较高。

②为提高升力,增加机动性,农业飞机多采用下单翼布局,下单翼也有利于在翼上安装喷洒装置。也有的用双翼机,双翼机升力大,结构轻,但机动性差,上翼影响视野和喷药机的喷幅。

③农业飞机的前机身和驾驶室结构要加强,以保证在一般使用中和触地事故中的安全性。

④农业飞机的体形不能太大,一般起飞重量为1~2吨,多为单发动机,有效载重占飞机总重的30%以上并可允许超载20%~30%。

（三）使用情况

全世界农业飞机数量最多的是美国和俄罗斯，美国有 8000 架左右，俄罗斯有 5000 架左右。目前专用的农业飞机只占农业用机的 75% 左右，原因是专用农业飞机只能按农业季节工作，一年中空闲时间有 1/3，因而很多地方使用多用途飞机执行农业飞行任务。如我国农业飞机的主力机种是运 5，占我国通用飞机总量的 1/3 以上。这种起飞重量为 5 吨的多用途飞机可以进行运输、游览、救护等多方面工作，用做农业飞行性能不高，体形过大，使用成本较高，但它可在农闲时从事其他工作。此外，在农业和林业中还使用着一定数量的直升机。直升机使用成本高，维护困难，但在一些特定条件下，直升机有突出优势。

（四）喷洒设备

喷洒设备分为喷粉和喷液两种。喷粉设备用于喷洒粉剂农药、颗粒状化肥和各类种子，由药桶、搅拌器和扩散器组成，固定在机身下方，要求喷洒均匀，喷洒量准确。喷液装置由装药桶、搅拌器、喷液泵、控制阀门、喷液管道和喷口组成。喷液泵一般采用单独的小螺旋桨，靠迎面气流吹动来增压。喷液管道和喷口通常沿机翼的后缘均匀分布，也有集中安装在翼尖的。为了避免出现药害和提高喷洒效率，新的喷液设备都增加了雾化设备，能对喷洒量进行精确控制，可以进行常量、低量、超低量的喷洒。

四、农业航空的发展和面临的问题

农业飞行作业的优势在于工作速度快，作业面积大，可以到达不容易通行的山区、林区和荒漠地区。但是，它的使用受到一定的条件限制。

①从环境保护的角度来看，喷洒任何化学制剂都会给环境造成一定程度的污染，如 20 世纪五六十年代大量使用的 DDT、六六六等都给环境和生物圈造成了难以根除的污染，因而这方面的作业会受到越来越多的限制。

②农业飞行适用于大面积的作业，对于小面积、园艺化的精耕细作，除了大范围的控制病虫害外，通常是不适用的。

③农业飞行季节性很强，初期建设成本比较高，因此必须构建一个有

一定规模的服务系统,降低成本,才能赢利。

由于以上原因,从世界范围看农业航空在近十多年间规模保持不变,我国还略有缩减。随着生物工程的进步,农业航空的发展主要应该是质的提高,在量上不会有很大的增长。质的提高体现在以下方面:

①改进防治的手段和药物,如生物防病、防虫,改进农药,减少污染和对环境的影响。

②改进航空器的性能,使之更适于农业飞行。

③进行精细作业。一方面,在控制药物量上做到更精确,投撒的位置也要更准确;另一方面,使作业小型化,如使用超轻型飞机、伞翼机或遥控的飞机模型,使在小块田地上的作业有更高的效率。

第三节　工业航空

一、概况

工业航空是一个不大确切的名称,它最初只限定在为工矿企业提供的航空服务上,用来和农业航空相区别。随着航空服务内容的不断拓展,单纯以服务对象的行业区分航空的性质就显得不适用了。目前一般按飞行作业的方式,把工业航空分为两类。

(1) 航空观察和探测

包括航空摄影、航空物理探矿、航空遥感和航空观察。

(2) 航空作业

包括航空救援、石油开发服务、空中吊装等。

这些活动中,以航空观察和航空摄影出现得最早。1911 年,意大利飞机就进行了航空侦察和照相;1915 年,英国制造出飞机上使用的半自动相机,揭开了航空摄影的序幕。这些最初的应用都是在军事方面。第一次世界大战结束后,航空摄影和航空观察转为民用,用于测绘地图、调查资源,并迅速发展起来。我国的通用航空也是在 1930 年由航空测绘地图开始的。在20世纪三四十年代，航空在救援、搜索方面已经广泛应用。在第二次世界大战中发明的遥测遥感技术，战后用于气象、地质勘查，形成航空物理探矿。20世纪50年代直升机进入通用航空，使航空服务的范围大为拓展，特别是在60年代初开始近海油田的开发，直升机成为海上石油平台与陆地联通的主要交通设备。此外，直升机还能完成过去无法进行的峡谷和江河上的架线和吊装等任务。

二、航空观察和探测

（一）航空摄影

航空摄影包括使用胶片和用磁带记录的摄像的成像技术，在不同的领域有着广泛的应用。首先用于地图或地形图的绘制，它代替了艰苦的野外作业，极大地提高了准确性，而且速度快、效率高，是世界上测绘地形的主要方法之一。其次用于大规模的工程建设，如城市规划，水利建设，铁路、高压输电线、输油管道的勘察和选线，以及矿山、油田的建设，都需要事先通过航空摄影来取得相应的地形、地质资料，然后才能开始进行。第三用于调查土地资源、森林资源、农业土壤分布以及作物情况等。

航空摄影使用的相机在成像原理上与普通相机没有区别，对它的要求是自动化，能连续拍摄一定时间，要有长焦距和大视野，能一次拍摄地面较大的区域，要有高分辨率，畸变要小；有的相机还要求能在飞行中处理底片。

航空摄影使用的胶片可以分为黑白片和彩色片，还有红外底片和多光谱底片。利用不同光线拍摄的底片对于判别所拍摄的物体有不同的效果，如通过植物反射红外能力的分析，能对作物情况、水源以及古代遗迹作出判断。

航空摄影是按照预定的航线，保持准确的飞行高度连续拍摄的。拍摄一个区域的照片，要在平行的航线上往返拍摄，相邻两条航线拍摄的照片要有30%的重叠。航空摄影的照片要经过有专业经验的人员判读，才能得到必要的信息。

（二）航空遥感

将物体对电磁波的辐射和反应特征记录下来，进行识别和判断的技术称为遥感。它是20世纪60年代在航空摄影判读和电子计算机高速运算的基础上产生的。把遥感器装在航空器上进行探测就称为航空遥感。

航空遥感使用的航空器有气球、飞艇、直升机和飞机。整个系统由遥感器信息传输装置、接收装置和图像及信息处理装置组成。遥感器的种类有照相机、电视摄像机、多光谱扫描仪、微波辐射仪和合成孔径雷达等。遥感器接收的信号经过传输和接收设备传送到设在地面的信息处理装置。这是一台强力高速的计算机处理设备，它经过对信息的校正、滤波形成图像，再对图像做进一步判读和分析。

遥感使用多种电磁波，由可见光、红外光、紫外光、微波或多波段组合使用。其中，可见光遥感只用于白昼，红外遥感可昼夜使用，微波遥感感测由雷达发出的微波，是由人来控制的主动遥感系统，任何时刻都可以使用。

遥感的优越性在于它可以使用多种手段进行探测，探测到的数据直接传输到大型处理系统，处理系统对数据进行校正，清除误差，然后可根据要求对图像和信息进行分类提取或综合分析，使我们可以及时得到有用的专项的或全面的图像及数据资料。

航空遥感广泛地应用于气象观测、地球资源考察、生态考察的各个方面，并对考古专业的发展起到了意想不到的推动作用。遥感器装在航天器上的称为航天遥感。目前航天遥感和航空遥感联合使用。航天遥感可以定时地宏观感测大范围的状况，航空遥感则可以快速、低高度地对特定地区进行精确的较小范围的感测。航空、航天遥感可以进行实时的定性分析、静态的定位分析和动态的趋势分析。现代化的大型的工农业建设都离不开遥感技术。1998年我国长江特大洪水发生时，航空、航天遥感提供的气象水情资料对抗洪斗争起到了巨大作用，是成功使用遥感技术的例子。

（三）航空物理探矿

利用探矿仪器在航空器上从空中探测地球各种物理参数的变化来寻找矿藏，称为航空地球物理探矿，简称航空物理探矿。它是在第二次世界大战之后发展起来的。

首先使用的是磁力探矿，利用磁力计测量地球各点磁力的大小，磁力异常的地方表示有磁性矿藏，如磁铁矿和其他铁矿。利用磁力分布图可以分析地质结构，从而寻找石油和天然气。

利用能谱计可以测量地球放射性射线的强度，通常是测量 γ 射线强度，在放射性强的地方就预示着有放射性矿藏如铀矿等。

通过测量地球的重力和电磁波情况也可以探测到地质结构的变化，测出矿藏的分布。航空物理探矿利用探测到的地球的这些物理参数，迅速建立起地质结构的图形，找出矿藏。航空物理探矿不受地形条件限制，能在短期内大面积获得勘察资料。它使用的航空器通常是低速的小型多用途飞机，上面加装各种探测仪器和相应的屏蔽设施，以避免对磁场、电场、放射性辐射的干扰；还装有精确的定位导航设备，以保证飞机在探测区内精确定位。

随着遥感技术和卫星导航定位技术的发展，航空物理探矿发展到一个新阶段。使用卫星导航定位技术后定位精度大为提高，使用遥感技术可以对各种测量方法和遥感测量的数据和图像进行综合分析处理，使物理探矿的质量有较大的提高。航空物理探矿正与航空、航天遥感技术融合起来，使地质勘探工作取得一个质的飞跃。

三、航空作业

ICAO 的文件中把航空作业作为通用航空的一个单独部分，包括为各种行业提供的航空服务（包括前述的工业航空、农业航空）。因为种类繁多，我们只介绍其中主要几种。

（一）海上石油开发服务

20 世纪 40 年代美国已经在近海开采石油，但由于运输不便、成本太高而没有太大发展。70 年代初的石油危机以及直升机的使用才使海洋石油的开发有了急速发展。目前世界石油的 20％左右由海上油田供应，使用的直升机达 2000 架以上。

海上石油的生产基地是采油平台，它相当于在海洋中固定的 10 万吨级以上的大型船舶。它的人员轮换、食物供应、医疗救援、备件供应、人员撤离以及一些设备的吊装都要依靠直升机来进行。海上石油的飞行服务是一个多任务的项目，据统计，每个大型的海上油田都需要 4~5 架直升机专门为它服务。与船舶运输相比，直升机速度快、安全性强、舒适度高，能实现从平台直接到陆地和海上很多地点的直达运送。

海上石油平台的着陆面积有限，周围又有不少的障碍物，气候变化很大，因而对使用直升机提出较高的操纵性要求。机上要携带紧急救援用的各种设备，如救生衣、救生筏、信号发射装置等；机体本身也要在设计上考虑增强抗海水腐蚀的能力。

（二）空中巡逻

空中巡逻使用的航空器可以是飞艇、飞机或直升机，执行的任务有对高压输电线路、输油管道沿线以及交通情况、火警情况的巡逻。空中巡逻的速度不宜太快，留空时间应该较长。上面提到的三种航空器各有优势：飞艇的速度较慢，留空时间最长；直升机的速度居中，机动性好，可以就近悬停或者落地观察和处理；飞机的速度快、反应快、作业效率高。它们在不同的场合应用。

（三）空中吊装作业

直升机在各种建设项目上的主要用途之一是空中吊装，它可以解决许多建设上的困难任务，大量节约成本。在建筑业中，吊装高层建筑的大型预制件，吊装高大的广播电视塔和烟囱。在电力行业中，吊装高压输电线的塔架，架设高压输电线路，特别是在深山峡谷中架设高压电线。在架设桥梁和铺设管道中，也使用直升机吊运或吊装。此外，在林区或山区，用直升机吊运木材或其他设施，也有着广泛的应用。

在吊装任务中使用的直升机通常是双发动机的大、中型直升机，要求稳定性好；对驾驶员的操纵技术有较高的要求。

（四）空中游览

空中游览是指在某一个地区的上空进行观光飞行。使用的航空器是小型多用途飞机或直升机。这种飞行多在旅游景点，如山区或海滨；也有的在城市上空。由于它的对公众营业的性质，因而它的运营受到民航管理部门的严格审查。

（五）空中广告

这方面的应用在我国还较少，在国外利用飞艇或者飞机牵引旗帜飞行，也有用飞机拉烟在天空中形成文字或图像广告，都能产生很好的广告效应，因而用于广告服务的航空器在国外的通用航空中占有一定比例。

第四节　驾驶员培训

一、概况

培养民用航空驾驶员的训练飞行是通用航空一个重要的组成部分。因为它的特殊地位，一般把它作为一个独立的系统来考虑。驾驶员是民用航空业中最重要的职业之一，特别是近些年来，航空器可靠性的大幅度提高，使得由设备故障造成的事故占整个事故的比例下降到10%以下，而人为事故则上升到70%以上。驾驶员的素质成为影响飞行安全的主要因素。随着航空技术的进步，对驾驶员知识和能力的要求也在不断提高，驾驶员培训或训练飞行就成为通用航空的一个主要内容。

据统计，世界民用训练机有3万架左右，占整个民航飞机的7%~8%。目前我国民航飞行员严重短缺，而飞行人员的质量和数量的提高是保证民航事业顺利发展的必要前提条件。如何高效、低成本的培养合格的高质量的飞行人员是飞行培训机构面临的重要课题。

二、民航驾驶员的分级和培训要求

航空驾驶员承担着巨大的安全责任，国际民航组织对各级驾驶员都提出了相应的建议标准，各国民航管理部门都在此基础上制定了结合本国情况的条例或规定，只有达到规定要求，通过严格考核，取得执照后，才能担任驾驶员。

国际上通常把驾驶员由低到高分为五个级别：飞行学员、初级（私人）飞行员、商业飞行员、教员、航空公司航线飞行员。每升高一个级别，对驾驶员的要求也要相应地提高。驾驶员要有合格的身体，并要定期检查；要具有必备的航空和飞行的知识，有熟练的操纵技巧；还要有一定时间的飞行经验和处理飞行中不同情况的能力等。这些具体要求在CCAR第61部中都有详细的规定。

例如，对初级飞行员有以下要求：

基本知识方面：对事故报告的要求、VFR飞行规则、基本气象知识、如何安全和经济地操纵航空器以及空气动力学的基本原理和飞行基本原则。

基本技能方面：飞行前检查，按机场和飞行区的空管航线飞行，对地面障碍物的规避飞行，以临界低速度飞行，不同情况下的起飞、着陆，依靠仪表的单独飞行，城市上空飞行，夜间飞行和紧急情况处理。

其他级别的要求不再列举（有兴趣者可参看CCAR-61部）。每提高一级，都会有新的要求。例如，商业飞行员就要求有100小时的飞行经验。成为商业飞行员，就可以驾驶小型的通用飞机。要成为航空公司航线飞行员，还必须在公司的航线上，针对要驾驶的飞机进行一定时期的培训。

三、飞行训练设备

（一）教练飞机

教练飞机是培养民航初级飞行技术（飞行学员、私人驾驶员）使用的初级教练机。这种飞机是按照专门要求设计的，用于培养学员掌握基本飞行技术，检验学员的飞行素质和适应飞行的能力。它的飞行速度低，起飞、降落速度低，容易操纵，有较高的安全性。一般为单发、双座的活塞式飞机。双座采用并列的驾驶员座位，操纵机构联动，教员可及时纠正学员的操作错误。飞机的结构结实，能经受不正确操作或硬着陆的冲击。机内只安装目视飞行规则要求的最基本的飞行表。

培养商业飞行员要使用高级教练机，培养飞行员掌握仪表飞行规则的飞行和多发、长距离、较大吨位和多种天气条件下的飞行技能。它的要求和公务机相近，一般选用和培训要求相近的小型公务机。这种飞机装有仪表飞行规则要求的基本仪表，能做较长距离的航线飞行。通常选用双发，座位数为6～7人的公务机。

培养航线飞行员，只能使用相应的运输飞机。运输飞机吨位大，使用成本高，训练飞行还要占用飞机生产的时间，因而这种飞行都要经过航空公司的精心安排。

（二）飞行模拟机

20世纪50年代末，利用电子模拟和人工视景技术制造了飞行模拟机，用来在地面模拟飞机在空中的操作状况，从而使飞行训练的一大部分可以在地面进行，使训练费用大为降低，效率大幅提高。现代模拟机的模拟真实度非常高，并且可以设定各种各样的操作状况和情境。它在四个方面具有优越性：第一，它降低了训练成本。飞机特别是航线飞机的使用成本很高，使用模拟机训练，使成本下降到了使用飞机训练的十分之一以下。第二，它避免了飞行训练中的安全问题，不仅减少了事故损失，同时学员可以在压力较小的情况下操纵，增强了培训效果。第三，模拟机可以制造各种飞行状况，如大雾、侧风、跑道结冰等，这些状况在使用飞机训练时很难遇到，而且又是极力避免的。第四，模拟机可以随时使用，不必考虑气象状况。很多模拟机中心都是24小时开放，使训练能按预定的时间和计划完成。

模拟机由控制计算机、驾驶舱、运动系统和视景系统组成，驾驶舱内部和真实的飞机驾驶舱在整体布局、仪表、操纵机构上完全一致，不同的是驾驶员前方的风挡上是由视景系统显示的外部场景。计算机是全机的控制中心，它根据编好的程序协调驾驶员的指令，使显示系统在仪表上显示出模拟的数据，同时使视景系统显示相应的外景。视景系统使驾驶员看到和飞机飞行时相似的三维外景，可以看到外面的城市、机场、河流、障碍物等，从而得到"飞行"位置和飞行状态变化的真实感觉。视景系统过去是由光学系统经摄像机把地面模拟投影到显示屏上构成的，20世纪80年代之后开始使用计算机图像处理技术生成图像。运动系统是由机械液压伺服系统组成的基座，驾驶舱装在它上面。根据计算机的指令，运动系统可以使驾驶舱在多个自由度上做一定范围的运动，模拟飞机绕自身的各轴旋转和加速、减速的运动。

四、驾驶员训练的进展

近二十年来对民航驾驶员的培养出现了很大的变化。模拟机的出现，航空生理学和航空心理学的进展，使技能训练和经验的增长方式由原来只能在空中教学变为地面培训和空中训练相结合的方式，学员的选拔和效果的评估由原来只凭少数人的主观判断变为综合性的科学测试。其结果是培养的成功率大为提高，成本大幅度下降。

第一，飞行模拟器的引入使空中培训的时间大为缩短，特别是一些驾驶员更换机型的改型训练时间和航线驾驶员的飞行训练时间缩短得尤为显著，相比原来的飞行训练时间缩短了一半以上。要解决的问题是如何把模拟机的训练和飞行训练组成一个总体，各自发挥应有的作用，相互之间很好地衔接起来。

第二，航空生理学的进展，对驾驶员的身体条件有了更科学的依据和要求。航空中出现的噪声、振动、运动、低气压对身体器官的影响，人对环境的适应和耐受能力这些方面研究的深入，使得对体格标准有了新的规定，而且对某些生理反应和易发生的症状有了预防和保护的措施，使驾驶员的选拔和培养成功率都有了改进。

第三，航空心理学在这个领域应用、发展得最为迅速。对驾驶员的心理素质和飞行能力之间关系的研究，促使选拔和培训驾驶员的一整套新的方法和规定的产生。飞机驾驶员的心理素质包括感知判断能力、注意力分配及转移、反应速度、手足动作的协调能力，以及判断能力和合作倾向等，这些在飞行操作中起着重要作用。对这些潜在品质的检测，过去只能经过长时间的观测才能得出结论，而对于如何进一步提高这方面的素质也缺少方法。航空心理学的发展，为检测驾驶员心理素质提供了具体方法，也为培养驾驶员的计划中增加了这方面的教学内容，这样就使培养高级驾驶员的淘汰率从过去的30％以上降到20世纪80年代的10％以下，有的国家甚至报道他们的培养成功率达到了100％。

第五节　公务航空和私人航空

在一些航空发达国家，通用航空的主流是公务航空和私人航空。在世界范围内，通用航空飞机有34万架，其中公务飞机和私人飞机有30多万架，进行航空作业的飞机不足4万架。美国的公务飞机和私人飞机数占其通用航空飞机总数的 94%，达到 21.4 万架。在这一领域，我国还处于起步阶段。随着我国经济的发展，我国的公务航空和私人航空必将不断发展壮大。

一、公务航空

公务航空是指一个社团（包括企业和事业团体）使用自主控制的航空器进行的以公务活动为目的的航空活动。

（一）概况

早在 20 世纪 30 年代已经有少数行业（如石油行业）的大公司拥有自己的飞机，为公司的高级领导人提供旅行服务。到了 20 世纪 60 年代，随着跨国公司的发展，其生产经营及市场的分散性，使得公务航空迅速发展起来。公务航空能提供快捷的航空服务，满足这些企业的需要，大型的企业和社团纷纷组建自己的飞行部门，或采取其他一些方式来自己控制飞行活动。公务航空在 20 世纪 90 年代末出现了发展高潮，到 2002 年世界 500 强企业中有 71% 拥有自己的公务飞机。

（二）用途及优越性

1. 用途

公务航空主要用于以下方面：

（1）企业重要人员的出行

使他们能迅速往返于公务活动地点。

（2）为客户提供服务

包括拜访客户或邀请客户访问总部，及时向客户演示产品，为顾客提供所需要的其他服务等。

（3）市场营销

在大范围内进行产品、服务等的营销活动。

（4）工程技术团组的差旅或一些特殊情况下的通勤班机

例如，紧急处理一些距离很远地方的停产故障，以及解决海上油田、沙漠矿区的通勤问题。

（5）运送重要货物、零部件及文件等

（6）高级职员个人或家庭使用

2. 优越性

（1）可以节省时间

首先，公务飞机不像定期航班那样，按固定时刻表出行。其次，在自己的机坪和控制区域登机，可节省大量的办理手续、候机、安检的时间。第三，如果是多个航段的旅行，可以节省中转时间。

（2）可以飞往更多的目的地

公务飞机都是中、小型飞机，其通行的机场数目要比定期航班已开通的多很多。例如，在美国定期航班使用的机场数只有通用航空机场的 1/10，通用航空机场多达 5000 多个。

（3）保证旅途的安宁和隐秘性

由于是自己的飞机，因而旅途中的"失密"可以大大减少；还可以在机内开会、办公、休息，使工作效率大为提高。

（4）提升企业形象

拥有自己的飞机，说明公司财力雄厚，业务兴旺，它吸引着员工和顾客，在社会上有着重大影响。

（三）多种经营形式

公务航空最初出现时只有一种形式，即社团自建飞行部门，拥有自有的航空器。随着公务航空的发展，较小的社团也需要这种灵活的服务，因而在 20 世纪 80 年代后出现了多种公务航空形式。

（1）自建飞行部

大的社团有自己的飞行总部，特大企业有自己的机队，大多数企业的飞行部只有一架飞机，两三个专职工作人员。

（2）托管公司

企业买来飞机，自己无力或不愿在飞行上投入精力，便交由一个专门从事飞行的公司管理。这个公司一般代管几家公司的公务飞机，为所有雇主提供所需要的航空服务。

（3）联合所有或部分所有

小的公司的财力不足以支持一架飞机的运行，于是它们两家联合购买一架飞机，或者只购买部分产权，由一家公司经营管理，这家经营公司按照产权的比例提供航空活动时间，收取相应的费用。

（4）使用或租用私人飞机进行公务活动

多种经营方式拓宽了公务航空的范围，特别是部分所有制满足了中小企业跨地区、跨国经营的需求，是近年来公务航空增长最快的部分。

二、私人航空

私人航空是指私人拥有航空器并以个体形式运营的航空活动。飞机发明之初的航空活动就是私人航空，后来才有了其他航空活动。

私人航空以美国最为发达，私人飞机数量达到 15 万架。其他如巴西、澳大利亚私人航空也很发达。

（一）使用范围

①私人飞机主要用于个人的娱乐和旅行，这类航空活动占使用总量的 2/3。

②私人经营的出租业务，主要是承担一些没有航班或者交通不便地区的计程出租服务。例如阿拉斯加的出租飞行承担着这一地区 80% 以上的客运任务。其他如空中观光等活动。

③用私人飞机开展一些航空作业和执行公务航空任务。

④进行体育或探险活动。

（二）私人航空器

尽管有些大富豪拥有高档公务机，作为自己的私人座机，但绝大部分的私人航空器是 4 座以下的飞机和直升机，其中 90% 以上是活塞式飞机。私人航空器种类繁多，从超轻型飞机、动力飞行伞，一直到可以乘坐 4 人，飞行 500 千米以上的小型家庭用飞机，适于某些作业的直升机，甚至航空爱好者自制的飞机。

私人航空器是一个庞杂的群体，它将会在未来的交通发展中发挥越来越大的作用。

第六节 通用航空的空域使用和未来发展

一、通用航空的空域使用

(一) 通用航空使用的空域

我国执行的是 2003 年颁布实施的《通用航空飞行管制条例》，凡是从事通用航空的，都需要事先提出申请，由管制部门划定临时空域，批准后可在这一空域进行通航飞行。这种空域使用的最长时间是 12 个月，超过后再行申请。这一规定相比以前的每次飞行都需要申请的规定放宽了很多，并且在执行中有一定的弹性，但是对于通用航空的发展扶持力度不够。随着我国通用航空事业的发展，在空域的限制和使用上还需要进一步放宽。

在通用航空发达的国家，由于通用航空飞机的数量庞大，在空域的使用上采取了不同的方法。如美国的空域划分，其中在 5400 米高度以下、地面以上，除管制区域以外的非管制区是留给通用航空活动的，这样就给了通用航空广大的活动空域。

(二) 对通用航空飞行的空中交通管制服务

在划定的通用航空空域进行的飞行活动，在我国，需要提出飞行计划，申请被批准后才可飞行；在美国，由于在这一空域主要是目视飞行，所以只要提出飞行计划，经管制部门协调并备案后即可飞行。

"非管制区"并不意味着不实行任何管制，空管部门对于在这个空域飞行的航空器仍然要提供通信、导航、雷达、气象、航行情报等服务，只是不像对在航线上飞行的航空器那样进行全程监控。

如果通用航空飞机使用航线和进入机场管制区，仍然需要和航线飞机一样，每次飞行都要提供飞行计划，待批准后才能飞行。

二、发展前景

通用航空的发展在 20 世纪末处于停滞状态,原因是购机成本高,对驾驶员的技术要求高;而用通用航空器飞行极大地增加了航路拥挤程度,影响航班飞行,空管当局对其进行了限制。这样就使得通用航空不能像公路运输那样成为大众化的交通手段。

航空技术的进步使得飞机的成本下降,同时培训方法的改进使得取得私人驾照的培训时间缩减到 7~10 天,更重要的是在航线飞机上使用的精密电子仪表的价格降到了一般通用航空飞机使用者可以承担的程度。在此基础上,美国于 20 世纪 90 年代提出了自由飞行设想和小型飞机运输系统(SATS)计划,其目的是通过驾驶员在通用航空空域中"自由"地飞行,把全美国现有的 5000 多个通用航空机场连接成一个网络,使小型飞机使用者可以方便出行。这样就使私人飞机如同私人汽车一样,成为一种公众交通工具,从而发挥出巨大的效益。

三、自由飞行设想和小型飞机运输系统

小型飞机大多是螺旋桨飞机,主要活动在 5400 米以下的非管制空域。从事定期航空运输的大型喷气客机使用着 7800~13000 米的空域,而且只能在全世界不到 1/10 的主要机场运行。它需要地面运输系统的配合,而且由于存在因机场拥挤而延误的缺点,越来越难以满足经济全球化发展的需求。而另一方面,大量的通用航空飞机和散布各地的中小型机场都没有得到充分利用。限制使用通用航空飞机的主要目的是保证飞行安全,各国民航管理部门都对没有加装无线电仪表,用目视飞行的小型飞机在空域上和规则上进行了限制,通用航空飞机和航空运输飞机在空管和机场资源的使用上也出现了矛盾。在此背景下,在 20 世纪 90 年代中期,有人提出了在小型航空器上装备现代化的仪表和更先进的 TCAS 系统,在卫星导航的条件下,实现"自由飞行"。它的意思是每个航空器都可以"看见"并计算出周围航空器和它们的动向,并可以通过卫星接收到它所需要的全部信息,这样空中交通就可以像地面交通一样,按照一定的规则运行,交通主管部门只需引导而无须管制,航空器的使用者可以按照自己的意愿和需

要在规则下"自由"飞行。

2000年,美国提出了小型飞机运输系统计划,它的目标是把同型飞机作为交通运输的一部分,整合到整个国民经济体系中来。这是一个庞大的计划,第一部分是使小型飞机装备必需的电子仪表,能满足充分收发信息和了解周围情况的要求。由于飞行电子仪表价格的大幅下降,现在不少小型飞机已经装备了和现代大型飞机上的先进仪表功能相近的飞行仪表。第二部分是驾驶员的培训,主要是在保证培训质量的前提下把培训时间和培训费用降低至一般人可以接受的水平。对一些已经在飞行的驾驶员,要求其学习使用新的仪表和了解遵守新的条例和规则。第三部分是把机场和空管系统用数字化通信和卫星导航(GN)系统装备起来。这三方面的技术基础和经济基础都已经具备,SATS计划如今已基本成形,学会通用航空飞行现在和取得汽车驾驶证一样方便。美国全部的5000多个通用航空机场都可以为通用航空飞机服务,驾驶员可以按自己的意愿安排行程,在邻近的小型机场起降。这样就把空运的优势扩展到1000千米以内的范围,形成"空中高速公路网"、地面的高速公路和商业航空共同满足高速运输需要的局面。

通用航空前程远大,我国的通用航空处于大发展的前夜。从综合交通运输体系来看,我国交通运输的主要领域都已经居世界前列:我国高速公路里程与汽车产销量、高铁通航里程与铁路装备制造产值、内河通航里程与港口运输量、船舶制造量等均处于全球第一。相对较弱的是航空运输,但从2005年起我国成为仅次于美国的第二大航空运输国。

与交通运输其他领域相比,我国通用航空的发展相对落后。从通用航空器保有量的世界排名来看,2015年我国仅排在第19名,排在西班牙、新西兰、瑞士、荷兰等国之后。我国通用航空机队规模不仅落后于发达国家,而且仅占到巴西的10%和南非的17%。以人均通用航空规模来衡量,就更加凸显我国通用航空发展水平的滞后,我国人均通用航空飞行量和人均通用航空器拥有率仅为全球平均水平的9%和3%左右。

根据国务院在《关于促进通用航空业发展的指导意见》中的要求,2020年至少要达到5000架的发展中国家的先进水平,对比美国服务于私人应用领域的航空器13.57万架的数量,相差甚远,可见我国通用航空还有很大的发展空间。

复习思考题

1. 简述通用航空的组织形式。
2. 简述农业航空的任务。
3. 简述工业航空的类别。
4. 简述公务航空的优越性。

附录一 中国主要机场三字代码

省　份	三字代码	机场所在地	机场名称
黑龙江省	HRB	哈尔滨市	太平国际机场
	NDG	齐齐哈尔市	三家子国际机场
	MDG	牡丹江市	海浪国际机场
	JMU	佳木斯市	东郊机场
	HEK	黑河市	黑河国际机场
	YLN	依兰县	依兰机场
	DQA	大庆市	萨尔图机场
吉林省	CGQ	长春市	龙嘉国际机场
	YNJ	延吉市	朝阳川国际机场
	JIL	吉林市	二台子机场
	TNH	通化市	通化三源浦机场
辽宁省	DLC	大连市	周水子国际机场
	SHE	沈阳市	桃仙国际机场
	CHG	朝阳市	朝阳机场
	JNZ	锦州市	小岭子机场
	DDG	丹东市	浪头国际机场
	IOB	鞍山市	鞍山机场
	CNI	长海县	大长山岛机场
	XEN	兴城市	兴城机场

续表

省　份	三字代码	机场所在地	机场名称
新疆维吾尔自治区	URC	乌鲁木齐市	地窝堡机场
	HTN	和田市	和田机场
	YIN	伊宁市	伊宁机场
	KRY	克拉玛依市	克拉玛依机场
	TCG	塔城市	塔城机场
	KHG	喀什市	喀什机场
	AAT	阿勒泰市	阿勒泰机场
	AKU	阿克苏市	阿克苏机场
	KRL	库尔勒市	库尔勒机场
	KCA	库车县	库车龟兹机场
	IQM	且末县	且末机场
	HMI	哈密市	哈密机场
	FYN	富蕴县	可可托海机场
内蒙古自治区	HET	呼和浩特市	白塔国际机场
	BAV	包头市	包头机场
	HLH	乌兰浩特市	乌兰浩特机场
	HLD	呼伦贝尔市	呼伦贝尔东山国际机场
	XIL	锡林浩特市	锡林浩特机场
	CIF	赤峰市	土城子机场
	TGO	通辽市	通辽机场
	NZH	满洲里市	西郊国际机场
	WUA	乌海市	乌海机场
西藏自治区	LXA	拉萨市	贡嘎国际机场
	BPX	昌都市	昌都邦达机场
重庆市	CKG	重庆市	江北国际机场
	WXN	万州区	万州五桥机场
北京市	PEK	北京市	首都国际机场
	NAY	北京市	南苑国际机场

续表

省　份	三字代码	机场所在地	机场名称
上海市	PVG	上海市	浦东国际机场
	SHA	上海市	虹桥国际机场
天津市	TSN	天津市	滨海国际机场
香港特别行政区	HKG	香港特别行政区	香港国际机场
澳门特别行政区	MFM	澳门特别行政区	澳门国际机场
台湾地区	TPE	桃园市	台北桃园国际机场

注：部分机场升级为国际机场或更名以实际为准。

附录二　国内主要航空公司二字代码

代码	航空公司	代码	航空公司
CA	中国国际航空股份有限公司	JD	北京首都航空有限公司
MU	中国东方航空股份有限公司	9C	春秋航空股份有限公司
CZ	中国南方航空股份有限公司	PN	西部航空有限责任公司
HU	海南航空股份有限公司	NS	河北航空有限公司
ZH	深圳航空有限责任公司	JR	幸福航空有限责任公司
SC	山东航空股份有限公司	KY	昆明航空有限公司
MF	厦门航空有限公司	VD	河南航空有限公司
FM	上海航空股份有限公司	CN	大新华航空有限公司
3U	四川航空股份有限公司	GS	天津航空有限责任公司
EU	成都航空有限公司	KA	国泰港龙航空有限公司
8L	云南祥鹏航空有限责任公司	CX	国泰航空有限公司
BK	奥凯航空有限公司	NX	澳门航空股份有限公司
G5	华夏航空股份有限公司	CI	中华航空股份有限公司
KN	中国联合航空有限公司	BR	长荣航空股份有限公司
HO	上海吉祥航空有限公司	TV	西藏航空有限公司
UQ	乌鲁木齐航空有限责任公司	FU	福州航空有限公司
OQ	重庆航空有限责任公司	AQ	九元航空有限公司
DR	瑞丽航空有限公司	GJ	浙江长龙航空有限公司
J5	深圳东海航空有限公司	QW	青岛航空股份有限公司

附录三 国内主要航空公司性质、总部、主运营基地、IATA 代码以及机型

中国国际航空股份有限公司（央企）

总部：北京

主运营基地：北京首都国际机场、成都双流国际机场

IATA 代码：CA

机型：空客 A319、A320、A330、A340，波音 737、747、757、767、777、787 等

中国东方航空股份有限公司（央企）

总部：上海

主运营基地：上海浦东国际机场、上海虹桥国际机场

IATA 代码：MU

机型：空客 A319、A320、A330、A340、A350，波音 737、767，麦道 90，ERJ－145，庞巴迪 CRJ－200 等

中国南方航空股份有限公司（央企）

总部：广州

主运营基地：广州白云国际机场、北京首都国际机场

IATA 代码：CZ

机型：空客 A319、A320、A330、A340、A380，波音 737、747、757、777，麦道 90，ERJ－145 等

海南航空股份有限公司（地方国企）

总部：海口

主运营基地：海口美兰国际机场

IATA 代码：HU

机型：空客 A319、A330、A340，波音 737、767，多尼尔 328 等

深圳航空有限责任公司（地方国企）

总部：深圳

主运营基地：深圳宝安国际机场

IATA 代码：ZH

机型：空客 A319、A320，波音 737 等

上海航空股份有限公司（地方国企，东航系）

总部：上海

主运营基地：上海浦东国际机场、上海虹桥国际机场

IATA 代码：FM

机型：波音 737、757、777，麦道 11，庞巴迪 CRJ-200 等

厦门航空有限公司（地方国企）

总部：厦门

主运营基地：厦门高崎国际机场、福州长乐国际机场

IATA 代码：MF

机型：波音 737、757，庞巴迪 ARJ-121 等

四川航空股份有限公司（地方国企）

总部：成都

主运营基地：成都双流国际机场

IATA 代码：3U

机型：空客 A319、A320、A321，ERJ-145 等

附录三 国内主要航空公司性质、总部、主运营基地、IATA代码以及机型

山东航空股份有限公司（地方国企）

总部：济南

主运营基地：济南遥墙国际机场

IATA 代码：SC

机型：波音 737，庞巴迪 CRJ－200、ARJ－121 等

奥凯航空有限公司（民营）

总部：北京

主运营基地：天津滨海国际机场

IATA 代码：BK

机型：波音 737，新舟 60 等

春秋航空股份有限公司（民营）

总部：上海

主运营基地：上海虹桥国际机场

IATA 代码：9C

机型：空客 A320 等

重庆航空有限责任公司（南航系）

总部：重庆

主运营基地：重庆江北国际机场

IATA 代码：OQ

机型：空客 A320 等

东北航空有限公司（川航系）

总部：沈阳

主运营基地：沈阳桃仙国际机场

IATA 代码：NS

机型：空客 A319，ERJ－145 等

华夏航空股份有限公司（中外合资）

总部：贵阳

主运营基地：贵阳龙洞堡国际机场

IATA 代码：G5

机型：庞巴迪 CRJ-200 等

中国国际货运航空有限公司（国航系，货运）

总部：北京

主运营基地：北京首都国际机场

IATA 代码：CA

机型：波音 747 等

中国货运航空有限公司（东航系，货运）

总部：上海

主运营基地：上海浦东国际机场、上海虹桥国际机场

IATA 代码：CK

机型：麦道 11，波音 747，空客 A300 等

上海国际货运航空有限公司（上航系，货运）

总部：上海

主运营基地：上海浦东国际机场

IATA 代码：F4

机型：麦道 11，波音 747、757 等

扬子江快运航空有限公司（海航系，货运）

总部：上海

主运营基地：上海浦东国际机场

IATA 代码：Y8

机型：波音 737、747 等

金鹿公务航空有限公司（海航系）

总部：北京

主运营基地：北京首都国际机场

IATA 代码：JD

机型：空客 A319，公务机等

上海吉祥航空有限公司（民营）

总部：上海

主运营基地：上海虹桥国际机场、上海浦东国际机场

IATA 代码：HO

机型：空客 A319、A320 等

天津航空有限责任公司（海航系，原大新华快运）

总部：天津

主运营基地：天津滨海国际机场、西安咸阳国际机场

IATA 代码：GS

机型：空客 A320，ERJ-145 等

西部航空有限责任公司（海航系）

总部：重庆

主运营基地：重庆江北国际机场

IATA 代码：PN

机型：波音 737，空客 A319 等

深圳东海航空有限公司（合资，货运）

总部：深圳

主运营基地：深圳宝安国际机场

IATA 代码：J5

机型：波音 737 等

成都航空有限公司（民营）

总部：成都
主运营基地：成都双流国际机场
IATA 代码：EU
机型：空客 A319、A320 等

中国联合航空有限公司（上航系）

总部：北京
主运营基地：北京南苑国际机场
IATA 代码：KN
机型：波音 737 等

中国邮政航空有限公司（邮政系统）

总部：北京

主运营基地：南京禄口国际机场

IATA 代码：8Y

机型：波音 737 等

云南祥鹏航空有限责任公司（海航系）

总部：昆明

主运营基地：昆明长水国际机场、丽江三义国际机场

IATA 代码：8L

机型：波音 737 等

昆明航空有限公司（深航系）

总部：昆明
主运营基地：昆明长水国际机场
IATA 代码：KY
机型：波音 737 等

幸福航空有限责任公司（东航系）

总部：西安
主运营基地：西安咸阳国际机场
IATA 代码：JR
机型：新舟 60 等

澳门航空股份有限公司

总部：澳门
主运营基地：澳门国际机场
IATA 代码：NX
机型：空客 A300、A319、A320、A321 等

国泰航空有限公司

总部：香港
主运营基地：香港国际机场

IATA 代码：CX

机型：空客 A330、A340，波音 747、777 等

国泰港龙航空有限公司（国泰系）

总部：香港

主运营基地：香港国际机场

IATA 代码：KA

机型：空客 A320、A321、A330，波音 747 等

香港华民航空有限公司（国泰系，货运）

总部：香港

主运营基地：香港国际机场

IATA 代码：LD

机型：波音 747，空客 A330 等

香港航空有限公司（海航系）

总部：香港

主运营基地：香港国际机场

IATA 代码：HX

机型：波音 737 等

香港快运航空公司（海航系）

总部：香港

主运营基地：香港国际机场

IATA 代码：UO

机型：巴西 EMBRAER170，波音 737 等

中华航空股份有限公司

总部：台北

主运营基地：台北桃园国际机场

IATA 代码：CI

机型：波音 737、747，空客 A330、A340 等

长荣航空股份有限公司

总部：桃园

主运营基地：台北桃园国际机场、高雄国际机场

IATA 代码：BR

机型：波音 747、777，空客 A320、A330，麦道 90、11 等

参考文献

1. 谭惠单. 航空运输地理. 北京：北京航空航天大学出版社，1994.
2. 万青. 飞机载重平衡. 北京：中国民航出版社，2004.
3. 江群，王春. 民航基础知识应用. 北京：国防工业出版社，2011.
4. 黄建伟. 民航地勤服务. 北京：旅游教育出版社，2007.
5. 韩明亮. 民航运输生产组织. 天津：天津科学技术出版社，2001.
6. 田静. 民航国内旅客运输. 北京：国防大学出版社，1999.
7. 乐卫松. 航空客运营销实务. 北京：东方出版社，2000.
8. 刘得一. 民航概论. 北京：中国民航出版社，2000.
9. 黄永宁，张晓明. 民航概论. 北京：旅游教育出版社，2009.
10. 民航资源网：http://www.carnoc.com.
11. 中国民航局：http://www.caac.gov.cn.